国际法语境下
老年人权益保障法研究

林琳 著

中国水利水电出版社
www.waterpub.com.cn
·北京·

内 容 提 要

本书主要阐述了作者对国际法的看法，国际法指适用主权国家之间以及其他具有国际人格的实体之间的法律规则的总体。国际法又称国际公法，以区别于国际私法或法律冲突，后者处理的是不同国家的国内法之间的差异。国际法也与国内法截然不同，国内法是一个国家内部的法律，它调整在其管辖范围内的个人及其他法律实体的行为。在全面推进依法治国背景下，我国老年人权益保障法的实施机制在守法、执法和司法等方面有待进一步完善，应当加强公民守法意识培养，加强执法监督，提高司法效率和权威，充分发挥人民调解作用。

图书在版编目（CIP）数据

国际法语境下老年人权益保障法研究 / 林琳著. — 北京：中国水利水电出版社，2017.10（2024.8重印）
 ISBN 978-7-5170-5967-7

Ⅰ. ①国… Ⅱ. ①林… Ⅲ. ①老年人权益保障法—研究 Ⅳ. ①D912.704

中国版本图书馆CIP数据核字（2017）第257916号

责任编辑：陈 洁　　封面设计：王 伟

书　　名	国际法语境下老年人权益保障法研究 GUOJIFA YUJING XIA LAONIANREN QUANYI BAOZHANGFA YANJIU
作　　者	林琳 著
出版发行	中国水利水电出版社 （北京市海淀区玉渊潭南路1号D座　100038） 网址：www.waterpub.com.cn E-mail：mchannel@263.net（万水） 　　　　sales@waterpub.com.cn 电话：（010）68367658（营销中心）、82562819（万水）
经　　售	全国各地新华书店和相关出版物销售网点
排　　版	北京万水电子信息有限公司
印　　刷	三河市天润建兴印务有限公司
规　　格	170mm×230mm　16开本　15.5印张　253千字
版　　次	2018年3月第1版　2024年8月第3次印刷
印　　数	2001—2200册
定　　价	58.00元

凡购买我社图书，如有缺页、倒页、脱页的，本社营销中心负责调换

版权所有·侵权必究

前　言

　　国际法指适用主权国家之间以及其他具有国际人格的实体之间的法律规则的总体。国际法又称国际公法，以区别于国际私法或法律冲突，后者处理的是不同国家的国内法之间的差异。国际法与国内法截然不同，国内法是一个国家内部的法律，它调整在其管辖范围内的个人及其他法律实体的行为。

　　法律实施是指通过一定的方式使法律规范的要求和规定在社会生活中得到贯彻和实现的活动，一般包括守法、执法和司法等活动。在全面推进依法治国背景下，我国老年人权益保障法的实施机制在守法、执法和司法等方面有待进一步完善，应当加强公民守法意识培养，加强执法监督，提高司法效率和权威，充分发挥人民调解作用。

　　我国是世界上老年人口最多的国家。目前，我国60岁以上老年人口达到1.34亿，占总人口的10%以上；65岁以上人口超过9400万，占总人口的7%以上。按照国际通行标准，我国人口年龄结构已经开始进入老年型。在今后较长时期内，我国60岁以上人口还将继续以年均约3.2%的较快速度增长。

　　党的十八届四中全会《决定》强调："法律的生命力在于实施，法律的权威也在于实施"。全面推进依法治国，重点就在于保证法律得到有效的实施。我国老年人权益保障法颁布于1996年8月，并于2012年12月修订，该法的制定和实施对弘扬中华民族敬老、养老、助老的美德，增强全社会的责任意识，有效地保障老年人合法权益具有重要的理论和实践意义。在全面推进依法治国背景下，我国老年人权益保障法实施机制在守法、执法和司法等方面有待进一步完善。

　　我国人口老龄化呈现以下特点。一是老年人口基数大。60岁以上老年人口是世界老年人口总量的1/5，是亚洲老年人口的1/2。二是老年人口增长速度快。从1980到1999年，在不到20年的时间里，我国人口年龄结构就基本完成了从成年型向老年型的转变，而英国完成这一过程大约用了80年，瑞典用了40年。三是高龄化趋势明显。近年来，我国80岁以上高龄老人以年均约4.7%的速度增长，明显快于60岁以上老年人口的增长速度。目前，80岁以上老年人口达1300万，约占老年总人口的9.7%。四是地区老龄化程度差异较大。上海的人口年龄结构早在1979年就进入了老年型，而青海、宁夏等西部省（区）在2010年左右才进入，相差约30年。五是人口老龄化与社会经济发展水平不相适应。欧美一些发达国家在进入老年型社会时，人均国内生产总值一般在5000~10000美元，而我国目前尚不足1000美元，是典型的"未富先老"国家。

人口老龄化是我国社会主义制度优越性的体现和社会文明进步的重要标志，但同时也给我国社会经济发展带来一系列深刻影响。一是人口老龄化加大了老年抚养比，政府用于离退休职工养老金和福利费的财政支出增加。1982年到2000年的18年间，离休、退休、退职费增长了37.4倍。二是随着老年人口高龄化和家庭小型化的发展，老年人的医疗和护理问题日益突出，迫切要求社区提供良好的照料服务。三是老年群体对精神文化生活的需求日益多样化，参与社会发展的热情不断提高，需要政府有关部门和全社会积极为他们创造条件和机会。四是人口老龄化对经济增长、储蓄、投资、消费、产业结构、劳动力市场的调整等产生较大影响，需要认真应对。五是在市场经济条件下，老年贫困风险增加，代际关系出现了许多新情况和新问题，应予重视并妥善研究解决。总之，老龄问题已经成为一个不容忽视的重大社会问题。

我国老年人亲历了中华人民共和国成立、建设和改革的过程并做出了重要贡献，对党和国家怀有深厚感情，在党的领导和教育下形成了无私奉献、艰苦奋斗、顾全大局的优良传统。大部分老年人已经退出社会工作和劳动领域。切实保障老年人的合法权益，让他们度过幸福、美满、安祥、健康的晚年，共享我国经济社会发展的成果，是一项长期而艰巨的任务。

目 录

前言

绪论 ……………………………………………………………………………… 001

第一章 国际法概述 …………………………………………………………… 018
第一节 国际法的概念及效力根据 ………………………………………… 018
第二节 国际法的渊源和主体 ……………………………………………… 036
第三节 国际法的基本原则 ………………………………………………… 044
第四节 国际法与国内法的关系 …………………………………………… 053

第二章 老年人权益保障法的主要内容 ……………………………………… 074
第一节 我国老年人生活现状 ……………………………………………… 086
第二节 总　　则 …………………………………………………………… 115
第三节 家庭赡养与扶养 …………………………………………………… 116
第四节 社会保障 …………………………………………………………… 117
第五节 法律责任 …………………………………………………………… 120
第六节 附　　则 …………………………………………………………… 121

第三章 老年人权益保障法的贯彻落实 ……………………………………… 122
第一节 关于老年人权益保障法贯彻落实情况的调研 …………………… 126

第二节　如何保障老年人权益 …………………………………… 130

　　第三节　老年人权益保障机构 …………………………………… 144

　　第四节　老年人权益保障宣传 …………………………………… 146

第四章　老年人权益保障法重要性及实施的意义 ………………… 159

　　第一节　中国慈善机构和福利设施概况 ………………………… 159

　　第二节　中国老年人社会福利政策及其存在的问题 …………… 178

　　第三节　老年人社会福利机构的建设 …………………………… 187

　　第四节　中外老年福利机构和政策对比与反思 ………………… 195

　　第五节　传统"敬老"文化在新时期的发展 …………………… 218

参考文献 ………………………………………………………………… 236

绪 论

国际法指适用主权国家之间以及其他具有国际人格的实体之间的法律规则的总体。国际法又称国际公法，以区别于国际私法或法律冲突，后者处理的是不同国家国内法之间的差异。国际法与国内法截然不同，国内法是一个国家内部的法律，它调整在其管辖范围内的个人及其他法律实体的行为。

一、第一解释

作为国际法律关系主体的国家（或者地区）之间制定和实施的法律。

"国际法"，指适用于主权国家之间，以及其他具有国际人格实体之间的法律规则的总体。

国际法与国内法截然不同。国内法是一个国家内部的法律，它调整在其管辖范围内的个人及其他法律实体的行为。

国际法是西方世界的三重发展过程的产物。即中世纪的欧洲社会瓦解，进入近代欧洲社会的过程；近代欧洲社会向外扩张的过程；处在发展中的世界社会里，权力逐渐集中到数量迅速减少的主要世界强国手中的过程。

国际法的造法方式《国际法院规约》第三十八条将国际法的主要造法方式即国际法规则形成的方式归结为条约、国际习惯法和为各国承认的一般法律原则。这已得到几乎是普遍一致的赞同。国际法的基本原则是：各国主权平等，互相尊重主权和领土完整，互不侵犯，互不干涉内政，平等互利，和平共处，和平解决国际争端，禁止以武力相威胁和使用武力，以及民族自决原则等。

条约：条约和其他经一致同意的协议是具有法律拘束力的，国际法主体可以通过它们（如果是国际习惯法不要求任何形式）宣布、修改或发展现行的国际法。它们也可以通过条约将尚未组织起来的国际社会转变为联合的或凌驾于国家之上的全球性或区域性的国际社会。

国际习惯法：实质上就是适用于尚未组织起来的国际社会的国际法。国际习惯法的构成有两个要素：①普遍的或区域性的国家实践；②这种实践为有关国家承认为法律。国际习惯法常常是以早期条约的某些条款为其渊源，这些条款后来就被承认为法规。但是也有个别的国际法规则是由世界列强大致相同的实践发展而成的。

为各国所承认的一般法律原则：只有在国际习惯法或条约法没有相应的规则与之平衡的情况下才起作用，所以它的造法作用是辅助性的。这种原则必须是一般的法律原则，而不是作用范围有限的法律规则；它还必须得到有相当多的国家（至少包括世界上所有主要的法律体系）的承认。

二、主要原则

概括为7个基本原则，即主权、承认、同意、信实、公海自由、国际责任和自卫。

（一）主权

依照国际法，共处的各主权国家一律平等。它们只能对在其领域内的人和事行使管辖权，只有在特殊情况下（如从领海到公海的紧追权或者报复权）才被允许对在其领域外的人和事行使管辖权。各个国际法主体除受普遍适用的国际习惯法的规则约束外，不经它同意，不得令其承担任何外加的国际义务。

（二）承认

承认的主要作用是，承认一个实体作为国际法主体而存在，或者承认它的首脑为该国的代表并希望与之维持外交关系。承认的主要形式是承认一个国家或政府在一块领土上行使事实上的或法律上的管辖权，简称为事实上的承认和法律上的承认。承认可以是无条件的，也可以是有条件的；可以是明示的，也可以是默示的。承认也可能并不是全面的，而只限于承认一群人为交战团体或叛乱团体，如果这些叛乱者事实上已经控制了该国部分领土。承认在原则上是可以自行斟酌决定的，但过早地承认别国的交战团体或叛乱团体是和该国专有的国内管辖权不相容的，因而也是非法的。

（三）同意

国际法主体在订立协定时，在不损害第三者权利的情况下，可以修改和补充国际习惯法的某项规则或者为各文明国家所承认的一般法律原则。遵循国际法的要求所作出的同意，为缔约双方确定了相互之间的权利与义务。经缔约双方同意所订立的协定，其中止、修改和终止也应经缔约各方的同意或默认。

（四）信实

在国际法发展的早期阶段，所谓信实，主要是指不背信弃义。以后，信实的含义逐渐与公平合理、符合常识的要求一致起来。缔约双方或者应对自己的单方面行为负责的一方，必须恪守信义地解释和执行协定。

（五）公海自由

公海航行自由的规则不准许任何国际法主体占用公海的任何部分。在和平时期，一个国家只能对有权悬挂该国国旗的船舶行使管辖权；而在战争时期，则可根据海战规则和捕获法规干扰敌国及中立国的航运。对于公海、公海上空和海床的利用，必须合理照顾其他国家的利益。海盗行为和贩运奴隶都是对公海的非法利用。

（六）国际责任

关于国际责任的规则要有两个前提：①国际法主体的下属机构违反国际义务，构成了不法行为或国际侵权行为；②这种国际侵权行为引起赔偿的责任。这些规则所规定的义务是独立于任何个别的国际法主体的意志之外的，但是它们是可以经过同意和默认加以修改，它们也可以用双方同意的规则规定类似国内刑法的那种处罚来加以强化，或者通过默认和不行使权利而予以放弃（也称消灭时效）。

（七）自卫

国际习惯法允许国际法主体对其他国际法主体的不法行为采取自卫措施，也可以对不受任何其他国际法主体保护的个人、船舶或飞机的行为采取自卫措施。自卫必须是迫不得已、刻不容缓的。只有为了击退即时的、紧迫的入侵才有权采取自卫行动。

支配国际法基本原则的各项规则相互作用的结果，又规定了一些次要规则和法定地位，其中最重要的有领土、外交法及豁免、保护国外的侨民、贸易和航行自由、引渡和政治避难、国际权利与义务的继承。

在有组织的国际社会里的国际法：在有组织的国际社会里，像国际联盟和联合国这样的机构是在各国一致同意和联合的基础上形成的全球性的综合性组织。它们对国际法的影响表现在以下三方面。

（1）经各成员国明示同意，对以国际法的基本原则为基础的那些规则进行修改。例如联合国宪章限制了国际法主体按照国际习惯法可以以武力相威胁或者诉诸武装报复和战争的权利。

（2）通过联合国大会的决议对国际法的规则进行间接的修改，联合国大会虽然不是行使造法职能的机构。但是它的许多决议具有间接的修改，因为这些决议确定了国际法的新规则，如果联合国的大多数成员国和联合国的绝大多数主要机构都接受这些国际法规则，认为它们具有法律上的约束力，那么，这些国际法规则迟早终究会过渡成为新的法律。

（3）对国际法作进一步的编纂和发展。国际法委员会作为联合国大会的下属机构，担负着编纂国际法的任务，但它同时也在开拓许多新的国际法领域。事实上，国际法委员会并未将下述两项任务即编纂国际法（重申现行的国际法）和发展国际法（通过起草新的国际法规则——包括变更现行的国际习惯法）加以严格区分。除此之外，政府间海事协商组织、国际劳工组织和海牙私法会议也曾分别就海洋法、国际劳工法、国际私法等专题完成了准立法性的起草工作。国际法在一些区域性集团的相互关系中，仍然是必不可少的。

三、第二种解释

国际法主要是国家在其相互交往中形成的，主要调整国家间关系的有法律拘束力的原则、规则、规章制度的总体。

国际法是法律的一个特殊体系。

因此它具有阶级性、规范性和强制性这些一切法律所具有的共性。

（一）国际法特征

（1）国际法的主体主要是国家；

国内法的主体主要是自然人和法人。

（2）国际法是国家以协议的方式来制定的；

国内法是由国家立法机关依一定程序来制定的。

（3）国际法采取与国内法不同的强制方式。

国际法主要是依靠有组织的国际强制机关加以维护，保证实施；而国内法的强制方式主要依靠国家本身的行动，但国际法仍然是法律。

（4）国际法为国家规定了一整套处理其对外关系的行为规则，为国家规定了国际法上的权利和义务。

（5）国际法具有强制性，只不过与国内法的强制方式不同而已。但是，特殊的强制方式仍然是强制方式。

（6）一些重要的国际条约都明确规定了国际法的效力。

（7）国际实践证明，国际法作为国家之间的法律，不仅为世界各国所公认，而且各国也是遵守的。

（二）战后国际关系新发展的特征

（1）自然法学派：维多利亚、苏亚利兹、普芬道夫；社会连带法学派：狄冀、庞德；规范法学派：凯尔逊。

（2）实在法学派：边沁、宾客舒克。

（3）格老秀斯（折中法学派）：格老秀斯、沃尔夫、瓦特尔。

（4）我们认为，国际法效力的根据应该是国家之间的协议。

1）国际法是国家之间的法律，国家是国际法的制订者。因此，只有国家之间达成的协议，都对各国具有拘束力。

2）各国达成的协议是各国作为国际法的制订者，通过一定的立法程序共同制订的法律文件。因此，成为各国必须和应该遵行的具有法律约束力的规范。

3）各国之间的协议是各国强制执行国际法的根据。

（三）基本原则

国际法的基本原则是指国际法中被各国公认的、具有普遍意义的贯穿于国际法各个领域、构成国际法基础的法律原则。国际法的基本原则属于强行法的范畴，而并非可以任意选用或者废弃的原则。现代国际法的基本原则主要有和平共处五项原则和民族自决原则等。

四、战后国际关系新发展的特征

（一）主要特征

1. 新独立国家的兴起。

2. 国际组织的增加。

3. 国际经济关系的变化。

4. 现代科学技术的突飞猛进。

（二）现代国际关系的新变化

第一，确认了一系列指导现代国际关系的新的国际法的基本原则。

第二，国际法调整的对象和范围的扩大。

第三，国际法内容的更新。

第四，国际法系统化、法典化。

第五，国际法产生了许多新的分支。

国际法是由一系列调整国际关系的原则、规则、规章制度组成的，这些原则、规则和规章制度第一次出现的地方，就是国际法的渊源。

《国际法院规约》第三十八条：

1. 法院对于陈诉各项争端，应依国际法裁判之，裁判时应适用：

（1）不论普通或特别国际协约，确立当事国明白承认之规则者；

（2）国际习惯，作为通例之证明而经接受为法律者；

（3）一般法律原则为文明各国所承认者；

（4）在第五十九条规定之下，司法判例及各国权威最高之公法学家学说，作为确定法律原则之补助资料者。

2. 前项规定不妨碍法院经当事国同意本"公允及善良"原则裁判案件之权。

国际条约：凡是符合国际法和有效的条约，对缔约国均有拘束力，都是法律渊源。

契约性条约：专为缔约国规定权利和义务的条约。

造法性条约：专门为确立或修改国际法原则、规则和规章制度的条约。

国际习惯：随着国际关系的产生，国家交往中必然会形成许多惯例，这些惯例如被接受为法律，就成为国际习惯法。

国际习惯的形成有两个要素：一是惯例的产生，这是"物质因素"，惯例来自国家在相当长时期内"反复"和"前后一致"的实践。在相当长的时期内反复着前后一致的实践，惯例便产生了。

另一个要素是这惯例能不能被接受为法律，这是一个心理因素。如国家认为这种规则是国际法所必需的，便相约接受它的拘束。这在国际法理论上被称为法律确信或法律的必然确信。

一般法律原则：理解为各国法律体系所共有的原则。

（三）编纂法典

编纂有两个意义：一是把现有的国际法原则、规则和规章制度订成法典，使分散的原则和规则法典化；二是按照法典形式把所有的原则和规则进行法律上的整理，订成新法律，并促进其发展。

编纂有两种形式：一是把所有的原则、规则和规章制度纳入一部完整的法典之中，这是全面的编纂，这个任务因过于繁重，迄今尚未实现；二是把各个部门法的原则、规则和规章制度进行系统化的编纂，成为部门法的专门法典。

国际法委员会的任务：①就国际法尚未规定的一些问题或各国实践尚未充分发展成为法律的一些问题草拟公约草案，以促进国际法的进步发展；②编纂现有国际法，使国际法更加精确的条纹化和系统化。

委员会编纂国际法的程序是：委员会向联合国大会提出选题或由大会提出选题，由委员会草拟公约草案，然后提交大会讨论通过。公约草案一般由大会召开外交会议讨论通过，开放给各国签字和批准。

五、国际法与国内法

国际法与国内法的关系。

第一种认为国际法与国内法同属于同一个法律体系，这是一元论的观点。

一派认为国际法从属于国内法，即国内法优先说（耶利内克、佐恩、考夫曼）；另一派认为国际法优先，国内法受制于国际法，这是所谓的国际法优先说（狄骥、波利提斯）。

第二种认为国际法与国内法是分别属于两种不同的法律体系，这两种体系是对立的，不相隶属的。

我国学者认为，国际法和国内法是不同的法律体系，但由于国内法的制定者和国际法的制定者都是国家，这两个体系之间有着密切的联系，彼此不得互相对立而是互相紧密联系的、互相渗透和互相补充的。

国家在制定国内法时，应考虑国际法的原则和规则，不应违背所承担的国际义务，国家在参与制定国际法时，应考虑到国内法的立场不能干预国内法，国际法的原则和规则可以从各国的国内法得到补充和具体化，国内法可以从国际法的原则和规则得到充实和发展。两者互相补充、互相渗透，但不是互相干扰和排斥的。国际法不得干预国内法，国内法不得改变国际法，两者的关系应该是协调一致的。

国际习惯法规则若不与现行国内法相抵触，可作为国内法的一部分来适用。

对待条约，大部分国家如我国、日本、奥地利认为凡是本国签订的条约，即使与本国国内法有抵触，也要遵从条约。

国际法与我国法的一个重大区别在于国际法的许多重要法律文件和国际法院的判决均由英文起草而成。结合英文国际法律文件学习国际法有助于学生准确理解国际法规则的真实含义和解决国际法领域的问题。

六、分类

国际法按其适用范围，有一般国际法和特殊国际法之分。一般国际法是对所有国家具有拘束力的国际法，特殊国际法是对两个或少数国家具有拘束力的国际法。从地理上分，有普遍性国际法和区域性国际法，普遍性国际法是对全世界各国都有拘束力的国际法，而区域性国际法是仅对某一地区国家有拘束力的国际法，例如"美洲国际法""拉丁美洲国际法"。这些是国家之间关系多样化和复杂化的表现。但是，从本质上说，只有一般的、普遍性的国际法才是通常所说的国际法，而所谓特殊国际法或区域性的国际法都必须受一般的、普遍性的国际法的制约。

七、渊源

关于国际法的渊源的权威论述见于《国际法院规约》第三十八条之规定。
1. 法院对于陈述各项争端，应依国际法裁判之，裁判时应适用：
（1）不论普遍或特别国际协约，确立诉讼当事国明白承认之规条者。
（2）国际习惯，作为通例之证明而经接受为法律者。
（3）一般法律原则为文明各国所承认者。
（4）在第五十九条规定之下，司法判例及各国权威最高之公法家学说，作为确定法律原则之补助资料者。
2. 前项规定不妨碍法院经当事国同意本着"公允及善良"的原则裁判案件

之权。

据此，国际法的渊源包括以下几个方面：①条约；②国际习惯法；③一般法律原则；④司法判例及学说。

八、国际法与国内法的关系

自从19世纪末叶以后，在国际法学界流行的是二元论，即认为是两个不同的法律关系，两者没有隶属关系而处于同等的地位。两者之间的关系是彼此"转化""采纳""接受"等。它们认为，两者的主体、对象、渊源都不同。国际法的主体主要是国家，而国内法的主体主要是个人（包括自然人与法人）；国际法调整的对象主要是国家之间的关系，而国内法调整的对象主要是个人之间的关系；国际法的主要渊源是国际条约和习惯，而国内法的主要渊源是国内立法和习惯，等等。但是，这两个不同法律体系是互有联系的。国内法和国际法都是国家意志的表现，区别只是在于前者是一个国家的意志的表现，后者是协议的各国意志的表现。国内法和国际法同是国家制定的，区别之处在于，前者由一个国家独自制定，后者是由各国协议制定。因此，它们是互有联系的两个法律体系。

在实践中，各国对于解决国际法与国内法的关系问题的办法很不一样，但主要的倾向是把国际法和国内法看作两个不同的法律体系。有些国家认为国际法是国内法的一部分，甚至作为一项基本原则在宪法中作了明文规定。这项原则并不否定国际法和国内法是两个不同的法律体系，也并不表明国际法高于国内法，或者国内法高于国际法，不过是指明在国内，国际法要像国内法一样作为法律加以适用。国际实践还清楚地表明，国际法和国内法之间是彼此联系、彼此补充的。这种联系曾被说成国际法被"转化""采纳"或"接受"为国内法而成为国内法的一部分。

国际法和国内法的关系可以从国际法和国内法两个方面来看。

从国际法方面看，首先应该肯定，公认的国际法原则、规则和制度是各国所应遵守的。因此，任何国家都不能用国内法加以改变或否定。例如，国家不能以本国宪法或法律为理由来拒绝履行国家自己所承担的国际义务。国际常设法院就曾指出:"一国不能引用其宪法以反对另一国,以便逃避其依据国际法或现行条约所承担的义务"("对在但泽境内波兰国民的待遇案",1932)。另一方面,国家是主权国家,国际法也不能干预国家所制定的国内法。这是作为国际法基本原则之一的不干涉内政原则的一种体现。《联合国宪章》第二条第七项规定:"本宪章不得认为授权联合国干涉在本质上属于任何国家国内管辖之事件"(见国内管辖事项)。事实上,在很多场合,国际法原则、规则和制度需要依靠国内法的规定加以实施,或者需要国内法的补充以使其具体化。

从国内法方面看,国际法被认为是国内法的一部分。由于国际法是各国协议制订的,也就是每个国家参与制订的。因此,在原则上,它在国内应该与国内法处于同等的地位,具有同等的法律效力。同时,国内法在一些情况下还须依靠国际法或者需要以国际法为补充,这不仅因为国内法在一些情况下必须符合国际法的要求,而且国内法的规定在一些情况下也只有参照国际法原则、规则和制度,才能得到具体化而具有实施的效力。

国内法与国际法发生冲突,这种情况有可能发生,是一个复杂的问题。各国解决的办法不同。总的来说,首先在解释上推定国内法与国际法并无冲突,因为国内法和国际法都是国家意志的表现,在原则上是不冲突的。如果国内法的规定与国际法显然有冲突,在签订公约中,有冲突的国家可以对有冲突的条款予以保留。在国内,可能的解决办法有三种:①国际法处于优越的地位;②国内法处于优越的地位;③国内法和国际法处于同等的地位,后法优于前法,时间在后者优先。但是,如果采取②、③两种解决办法,而适用国内法,在国际上,国家仍然要负违反国际法的国际责任(见国家责任)。

九、历史发展

国家之间有了来往关系,就有可能产生对一些国家具有拘束力的原则、规则和制度。在这个意义上,古代世界早就有了国际法。古代埃及、古代印度以及古代中国都可以说有了国际法。当然，在古代，国家之间的关系不多，它们有一些关于使节、条约、战争的原则和制度，这些原则和制度只能说是国际法的雏形。

古希腊分为许多城市国家，它们彼此独立而来往频繁，因此，所形成的原则、规则和制度的范围较为广泛，与近代国际法颇有相似之处。但是，它们含有浓厚的宗教色彩，在体系上与近代国际法很不相同。古代罗马国际法有进一步的发展，在"市民法"之外形成一套称为"万民法"的法律，调整罗马人和与罗马处于友好关系的国家的人民之间的关系（见罗马法），对于后来的国际法有相当的影响。但它是罗马的法律，而不是国家之间的法律。

（一）国际法产生

作为独立的法律体系的国家之间的法律——国际法，是近代欧洲的产物。这样的国际法是以独立主权的国家为基础的。在1648年三十年战争结束、《威斯特伐利亚和约》订立以后，在欧洲出现了为数众多的独立主权国家。这个公约标志着近代国际法的产生，使国际法的发展进入了一个新的阶段。

这一时期，一些欧洲国家的法学家、神学家相继发表了与国际法有关的著作，其中特别重要的是荷兰法学家H·格劳秀斯，他发表了一部有完整体系的国际法著作，即著名的《战争与和平法》(1625)。这部巨著以战争为重点，涉及神学、历史等方面，系统地论述了国际法的主要内容，概括了国际法的全部范围，为近代国际法作为一个独立的法律体系奠定了基础，对于后来国际法学的发展产生了重大的影响。

国际法随着国际关系的不断发展而发展，重大的历史变动总是影响国际法的变化。1789年，法国资产阶级革命就曾对国际法的发展发生巨大的影响，它提出了国家基本权利和义务的概念，强调了国家主权原则既包括国家对领土的主权，也包括对在国外的公民的管辖权；它宣布民族自决的权利（见民族自决权），申明了以独立为基础的不干涉内政原则；它废除了一些关于战争的旧规则和制度，主张在战争法上贯彻人道主义精神。这些原则在当时反映着资产阶级国家的利益，但它们本身具有进步的意义，所以直到现在仍然构成国际法的一部分。

（二）帝国主义阶段

当资本主义发展到帝国主义阶段，国际关系中充满着强国欺侮弱国、掠夺别国领土、争夺殖民地的现象，帝国主义国家对外实行政治压迫、经济剥削和武装侵略的政策，国际法中进步的原则、规则和制度遭到破坏，产生了一些与帝国主义政策相适应的原则、规则和制度。尽管如此，国际法在某些方面还是有发展的。①它的领域从欧洲扩大到美国和整个美洲，扩大到土耳其、日本以及亚、非的其他一些国家。②国家之间的关系增加了，多样化了，出现了一些专门化问题有待处理，开始签订一系列的国际公约，建立了不少的国际行政联合。③战争的连续不断发生及其残酷性引起了人们的注意和对于制订战争法规的要求。从1856年《巴黎海战宣言》，经过1899年和1907年两次海牙和平会议，到1909年伦敦《海战法规宣言》，战争法规的人道主义化有所发展，和平解决国际争端的原则和制度也有所改进（见国际争端的和平解决）。

（三）俄国十月革命以后

第一次世界大战中，国际法遭到严重破坏，但是，国际关系毕竟还在发展。1917年的俄国十月社会主义革命，既为国际关系，也为国际法开辟了一个新的发展阶段。它提出了不兼并和不赔款的原则，宣布侵略战争为反人类罪行，宣布废除秘密外交和不平等条约等，成为新发展阶段的重大标志。第一次世界大战之后，签订了《国际联盟盟约》（见国际联盟），建立了历史上第一个号称世界性的国际政治组织；通过了《国际常设法院规约》，设立了第一个世界性的国际司法机构。接着，1928年在巴黎签订了《废弃战争作为国家政策工具的一般条约》（《非战公约》），反对以战争解决国际争端，废除战争为"推行国家政策的工具"，反映出各国人民反对战争、特别是反对侵略战争的要求。这些使原有的进步的国际法原则得到恢复和加强，新的原则开始不断地建立起来，表明新的现代国际法正在形成中。

（四）现代

第二次世界大战中，德、日法西斯国家发动的侵略战争，使国际法又一次遭到大规模的破坏。但是，在国际关系中，国际法仍然没有失去它的意义。相反，甚至大战结束之前，国际法在维护世界和平中的作用已经引起人们的注意。战后，《联合国宪章》签订了；依据宪章，成立了联合国组织。特别是在战后，新的民族独立国家纷纷成立，使国际法的领域扩大了，包括全世界所有国家。在第三世界国家的推动下，国际法的原则、规则和制度得到了新的发展。在国际关系中，层出不穷地出现新问题，如核武器（见禁止非法使用武力）、国际海底（见国际海底制度）、外层空间、环境保护等，都要求国际法加以调整，使现代国际法有了显著的发展。

（五）国际法的主体

主体是指有能力享有国际法上权利和承担国际法上义务，有能力进行国际关系活动的实体。所谓有能力，必须是直接的自主或独立的不需要经过别的主体的中介和授权。必备条件是：①具有享受国际权利和承担国际义务的能力；②具有参加国际关系活动的能力；③是"实体"特别行政区。

主体类型包括：①国家（基本主体）四要素，即固定的居民，确定的领土，政府和主权。②正在争取解放的民族或民族解放运动组织。其法律地位有一定的国际交往能力，派遣和接受使节，谈判缔结条约或协定。③不同程度地参加国际组织，视不同国际组织而定。并且有权采取包括武装斗争的不同方式来争取和维护独立，同时享有接受国际援助的权利，而非干涉。④国际组织。其人格和主体地位在其组织约章中有所规定。⑤个人。

十、国际法所受影响

（一）第三世界国家的影响

在第二次世界大战之后，国际关系的一个主要特征是新独立国家的兴起。战后独立的国家有90多个，加上战前已经独立的亚非拉国家，人口占全世界人口的70%以上，陆地面积占58%。这些摆脱殖民主义统治而获得独立的国家形成了第三世界，在国际舞台上是一股巨大的力量。它们对国际法的态度对国际法具有重大的影响。第三世界国家并不主张废除原有的国际法，而是要求对原有的国际法加以改革，以适应变化中国际关系的要求。同时，它们提出国际法的新的原则、规则和制度，以推动国际法向前发展。

特别值得重视的是，第三世界国家在树立作为国际法根基的基本原则方面做出了贡献。中华人民共和国和印度、缅甸倡议的和平共处五项原则就是一个显著的例子。在第三世界国家的推动下，联合国大会通过了一系列有关国际法基本原则的决议，例如1960年《给予殖民地国家和人民独立宣言》、1962年关于《自然资源的永久主权》的决议、1965年《不容干涉各国内政和保护各国独立和主权的宣言》、1974年《侵略定义》（见侵略定义）、《建立新的国际经济秩序宣言》和《各国经济权利和义务宪章》，以及1963年《各国在探索与利用外层空间活动的法律原则的宣言》和1970年《国家管辖范围以外海床洋底及其底土的原则的宣言》等。这些决议为现代国际法的发展指出了方向。

第三世界国家对国际法的态度也对国际法中许多具体规则和制度发生了影响。摆脱了殖民统治而取得独立的国家成为国际法的新主体；而正在争取民族解放和独立的民族，只要具备了自己的政治组织，控制着一定的领土，正在对帝国主义、殖民主义进行武装斗争，也应该拥有作为国际法主体的国际地位。因此，有关国际法主体、国家承认和继承（见《国际法上的承认》、国家继承）、国家领土等国际法原则、规则和规章制度，都发生了变化。第三世界国家反对殖民主义和种族歧视的态度、废除不平等条约的要求、国有化合法的主张、对侵略战争的谴责和对平等协商的重视，都使国际法上有关原则、规则和规章制度受到深刻的影响。这些变动构成了发展中的现代国际法的主要内容。

（二）数目庞大的国际组织

第二次世界大战后，由于国际关系越来越复杂，国际组织也越来越多。除了世界性国际政治组织—联合国以外，有许多区域性政治组织。此外，有18个与联合国有联系的专门机构（见联合国专门机构），还有许许多多全球性或区域性专门组织；有常设性国际组织，也有临时性国际组织。在政府间国际组织之外，再加上非政府性国际组织，国际组织的数目空前庞大。

这样，传统的国际法就需要扩大其内容以适应新情况的要求。国际组织在一定范围内作为国际法主体的问题、国际组织派遣的工作人员的地位以及特权和豁免问题、国际组织缔结条约的能力从而引起缔结条约程序和条约的效力的问题、国际组织与领土的关系问题、国际组织的武装力量问题，以及国际组织在武装冲突中的作用问题等，这些都是国际法上具有实际意义的新问题。因此，有人提出设立国际法的一个新的分支，名为"国际组织法"或"国际机构法"，甚至有人还提出"国际宪法""国际议会法""国际行政法"等。这表明对国际组织这个复杂现象需要作进一步的研究。

（三）国际经济变化的影响

国际经济关系的变化也要求国际法扩大其内容。国家深入地干预经济生活，国家之间的经济关系越来越繁多而复杂了，因此，经济因素越来越渗透于国际法之中，国际经济关系越来越多地牵涉到国际法问题。特别是，新独立国家获得了政治独立以后要求经济独立，要求经济发展，要求改变原先那种存在剥削和依赖关系的旧的国际经济秩序（见国际经济法），建立以平等互利为基础的新的国际经济秩序，这种要求必然要反映到国际法上来。因此，有的学者认为国际经济法成为国际法的一个重要分支，是国际法的一个重要发展。有的学者认为国际经济法已经成为一门独立的部门法。

（四）现代科学技术的影响

特别引人注意的，还有科学技术对国际法的影响特别显著。在这种影响下，一些传统的国际法部门改变了，一些新的国际法部门产生了。海洋法就是前一种情况的显著例子。海洋法是国际法中一个古老的部门，现在却发生了很大的变化。特别是近几十年海洋科学技术的发展，迫使旧的原则、规则和制度不能不有所变动，而同时则出现了新的原则、规则和制度，如关于大陆架、专属经济区、国际海底制度等。

外层空间法是后一种情况的例子。第一次世界大战之后，由于航空技术的发展，产生一个新的国际法部门—国际民航法。但是，不到50年，由于宇宙飞行技术的发展，在原来的国际民航法之外，产生了另一个更新的国际法部门——外层空间法，或者更扩大一点儿，叫作"星际空间法"，或"宇宙法"，或"太空法"。1963年，联合国大会通过《各国在探索与利用外层空间活动的法律原则的宣言》时，一个崭新的国际法部门开始形成了。

此外，还有国际环境法、国际水道、南极洲等，也都有可能成为国际法中的独立部门。可以预见，由于科学技术的迅速发展，国际法的新部门将越来越多。

第一章
国际法概述

第一节 国际法的概念及效力根据

一、论国际法效力基础的构成

国际法的效力基础，我国学者一般称之为国际法效力的根据或依据。虽然对这一问题的探讨之声自国际法产生伊始即不绝于耳，但是对这一基本国际法理论问题的讨论，迄今为止，仍在继续，似乎并无定论可言。

国际法学者对国际法效力基础问题孜孜不倦的探究历程凸显了两个基本事实。其一是国际法效力基础问题研究的重要性。国际法效力基础的问题，其实质也即国际法之所以成为法律而有效的基本问题，研究的重大意义是不言而喻的。其二是国际法效力基础问题研究的复杂性。国际社会正因为缺乏国内社会统一意义上的立法、司法和执法机关，那么，国际法何以对国家及其他国际法主体有拘束力呢？国际法的效力来自哪里？国际法是不是法呢？凡此种种疑问，倍显国际法效力基础问题研究的必要性和艰巨性。自格老秀斯以来的很多国际法学者都试图找到这一问题的答案。对此问题的解答，不同的学派、学者持有各种不同的观点。

不同学派、学者对国际法效力基础问题的观点。

在国外，17、18世纪国际法学家对于这个国际法基本理论问题的研究，主要分为自然法学派和实在法学派。这两种学派的区分，在早期国际法学者中是特别明显的。自然法学派主张国际法的约束力来自自然理性，国际法只是自然法的一部分。

自然理性包括法律良知、正义观念和社会纪律等。其代表人物有德国学者普芬道夫和法国学者巴比拉克。实在法学派主张国际法效力的根据不是抽象的人类理性，而是现实的国家同意或者共同意志，公认是国际法的唯一基础。

其代表人物有边沁、宾客舒克，著名国际法学者奥本海也属实在法学派。虽然在主张这两种学说的两个学派之间还有所谓的"折中学派"即所谓"格老秀斯派"企图调和这两个学派的主张，但是归根结底，"折中学派"学者还是有所偏重的，不是偏重于自然法学派，就是偏重于实在法学派。我国学者关于这一问题的观点，也众说纷纭，但较为普遍的认识是，国际法的约束力来源于各国"意志之间的协调"，这可以称之为"意志协调说"。持此种观点的学者主要有周鲠生、王铁崖和梁西等。著名国际法学家周鲠生先生在其遗著国际法一书中写道：国际法是各国公认的，它代表各国统治阶级的"协调的意志"。

值得注意的是，随着学者对国际法效力基础问题研究的深入，我国学者从一些新的视角对这一传统理论问题进行了新的阐释。有学者认为从博弈论角度，国家遵守彼此间的约定是国家博弈的合作结果；而从交易成本角度，国际法的效力来源于减少国家交往中的机会主义行为、增加可预见性从而降低交易成本的客观需要。也有学者认为国际法的效力与效力基础是不断演变的。从实在与理念状态而言，古代国际法以权力与理性为其效力基础，近代国际法以主权和契约为其效力基础，现代国际法的效力基础则是集体制裁与基本价值的实现。

以上学者对于国际法效力依据问题所持的观点，不可谓不正确，但笔者认为都有其局限性。这些学派或学说从不同层面或方面论述了国际法的效力基础，提出了各自不同的看法，在一定程度上揭示了国际法效力的来源。但是综观这些学派、学者的观点，不难发现各学派、学者主要侧重从某一方面来解读国际法的效力基础问题，难免有疏漏之嫌。笔者认为对国际法的效力基础问题的研究不能生硬地割裂国际法效力基础的各构成要素的联系，而应本着全局、科学和现实的态度，来审视国际法的效力依据。因此，笔者主张，国际法的效力基础应由国际法的程序效力基础、实质效力基础和现实效力基础三部分构成。

（一）国际法的程序效力基础

毋庸置疑，研究国际法问题，就需围绕该问题对各种国际法正式渊源尽可能地进行全面和有针对性的分析，最终找出一般性的规律。依通说，国际法院规约第三十八条第1款常常被认为是关于国际法渊源内容的一种权威性的说明和例举。尽管对国际法渊源问题学界还有争议，但肯定国际条约和国际习惯是国际法的正式渊源却是国际法学者一致的看法。笔者认为，无论是在国际条约的制定过程中，还是国际习惯法的形成演变中，有一些共同的程序性的要素构成了国际法的效力基础，笔者称之为程序效力基础。国际法的程序效力基础可进一步细分为当事方权利义务的共识、信守国际法的同意表示与国际法争端解决机制的保障。

当事方权利与义务的共识与国内社会由独立的自然人、法人和其他组织等活动主体组成不同，国际社会是由国家和国际组织等政治实体组成。既然国内社会需要各种法律规范来调整各国内法主体之间的行为关系，同理，国际社会也毫无疑问需要一系列的法律规范、制度和原则来调整国际法主体的权利和义务关系，这些法律规范、制度和原则就是国际法。但我们意识到，适用国际法的国际社会和国内社会相比，它是一个高度分权的社会。国际社会的基本结构显示，它是一种横向的平行式社会，在其成员（各国）之上不可能有一个超国家的世界政府存在。

因此，国际社会没有一个统一的最高立法机关来制定法律。国际法是作为国际社会平等成员的各国，在相互协议的基础上逐渐形成的。无论是条约法还是国际习惯法，都必须有主权国家的明示同意或默示同意才能生效。笔者的硕士毕业论文通过对一个小型语料库（30篇英语国际条约）的考察，并在量化分析的基础上，分析了英语国际条约的特定语法结构及其主要交际目的。正因为缔约各方在权利与义务方面的共识，各当事国才能遵循诚实信用的原则，按照条约的内容享有权利，承担义务，从而实现制定条约的宗旨和目的。作为另一国际法正式渊源的国际习惯，是各国在其实践中形成的一种有法律约束力的行为规则。它同条约相比，是国际法更为古老（原始）的渊源。

国际法院规约第三十八条关于国际习惯的规定，特别强调通例（又称常例）的存在和被接受为法律。这是国际习惯（法）得以形成的两个要件。国际习惯的形成，首先必须有通例的存在，即各国在相互关系上，对某种事项长期重复地采取类似行为（或不行为）这一客观事实的存在。

有些学者称这个客观要件为形成国际习惯的物质因素。从法律性质来分析，通例的存在，并不等于国际习惯已经形成。国际习惯的形成，还应具备另一个要件：存在的通例已被各国接受为法律。这个要件常被称为形成国际习惯的心理因素。这种心理因素，与对国际礼让的那种单纯感到社会有此需要的意识不同，它是一种承认国际法约束力的法律意识。这种承认国际法约束力的法律意识，笔者认为就是各当事方对权利与义务的共识和信守习惯的同意表示。

1. 信守国际法的同意表示

一个合法缔结的条约，在其有效期间内，当事国有依约善意履行的义务。这在国际法上称为条约必须信守原则或条约神圣原则，是条约法上的一个最重要的基本原则。

各方在条约缔结后必须按照条约的规定，行使自己的权利，履行自己的义务，不得违反。善意履行条约也就是诚实地和正直地履行条约，从而要求不仅按照条约的文字，而且也按照条约的精神履行条约，要求不仅不以任何行为破坏条约的宗旨和目的，而且予以不折不扣地履行。维也纳条约法公约第二十六条规定：凡在有效期中的条约对各该当事国有拘束力，必须由其善意履行。条约信守的重要意义，在于为国际间的互信和互赖创造条件，从而确保国际关系的稳定和国际和平的维持。

联合国宪章强调指出该原则对于国际社会的重要作用，在宪章的序言中说：我联合国人民同兹决心创造适当环境，俾克维护正义，尊重由条约与国际法其他渊源而起之义务，久而弗谢。宪章第二条规定，为了实现联合国的宗旨，各会员国应一秉善意，履行其依本宪章所负担之义务，以保证全体会员国由加入本组织而发生之权益。

实际上,如果没有条约必须信守原则,很难想象国际社会可以存在,因为全部国际往来建筑在诚实和信用上,所以条约如果不必信守,国际往来就不可能继续维持,从而国际社会也不可能继续存在。虽然国际法学家都主张国际法上存在着条约必须信守的原则,但是对于这个原则基础理论上的阐明,却很有歧异。自然法学派、实在法学派和基本规范法学派提出了不同的学说。李浩培先生认为,条约必须信守原则的拘束力,是国际习惯法所赋予的。如所共知,习惯,不论在国内法还是国际法上,都是公认的法律渊源之一。特别是在国际社会尚在比较原始的现阶段,习惯仍然是国际法的一个重要的渊源,而在国际习惯法中确实存在着一个要求条约当事国信守其所缔结条约的规则。

这个以国际习惯为基础的原则,不仅由于各国以法和必要的确信经过长时期的经常惯行而成立,而且也由于各国政府、国际组织、国际会议、国际条约、国际裁判和国际法学说的庄严宣告和重申而得到确认。由此可见,信守国际法的同意表示构成了国际法效力基础的要素之一。

2. 国际法争端解决机制的保障

与国内社会不同,国际社会没有一个处于国家之上的司法机关来适用和解释法律,也没有这样一个行政机关来执行法律。国际法的实施,在很大程度上仍是凭借国家本身的力量。可见,国家不仅是自己应遵守的国际法规范的制定者,而且在一定程度上又是这些约束它们自己的规范的解释者和执行者。因此,传统国际法因对司法判决缺乏保证强制执行的手段或机制,常被称作软法或弱法。于是,制定一套有效的争端解决机制以保障国际法的效力和强制约束力,就成了国际社会在制定和实施国际法过程中渴求的目标之一。

随着国际社会组织化,其法律执行或制裁也趋于制度化。国际条约的争端解决机制是为国际法律秩序提供安全和可预见性的核心因素,是缔约国维护自己依据国际条约享有的权益,纠正其他成员违反国际条约义务行为的不可或缺的手段。

联合国宪章第六章和第十四章等规定了联合国和平解决争端的制度和一系列

方法，规定了有关禁止使用武力和集体强制措施的各种原则、规则和制度。宪章除了规定国际法院作为联合国的主要司法机关，可依其职权处理法律性质的争端外，还规定联合国安理会和大会对和平解决国际争端负有重要责任。此外，还规定了区域机关和区域办法。并且在现实中，联合国也曾分别对南罗得西亚、南非和伊拉克等国分别进行过经济制裁和武器禁运。以世界贸易组织为例，经过乌拉圭回合的艰难谈判，在最后形成的世界贸易组织争端解决机制，即WTO的争端解决机制赖以确定的法律文件关于争端解决规则与程序的谅解中，司法裁决倾向以完全压倒外交解决的倾向，已经达到一个司法性程序体制所要求的度，即质的规定性。即世界贸易组织在国内法上表现为各国的法院诉讼体制，在国际社会则表现为国际法院和国际海洋法法庭的诉讼体制。

（二）国际法的实质效力基础

国际法的实质效力基础包括全人类价值共核的形成和国际强行法的遵守两个方面。

（1）全人类价值共核形成法的价值是指法的规范体系（客体）有哪些为人（主体）所重视和珍视的性状、属性和作用。它体现了一种主客观之间的关系，表明了法律对人们而言所拥有的正面意义，同时包含了对实然法的认识和对应然法的追求。

法的价值，就其实质而言，是法作为客体，对社会主体的作用，能不能满足人们的需要以及满足需要的程度。但众所周知，法的价值具有多元性，而且任何法律秩序都以特定的价值秩序为基础，并且人们对法的价值的回答都会不尽相同，比如对具体价值的内容和判断标准等问题难以取得统一意见。

因此，一位德国学者的论述是有道理的：国际法总是被用作实现利益的手段，这符合法的本质，并非必然会导致有害的后果；关键的问题是，国际社会成员之间是否存在着某些共同的、伦理的、道义的和法的基本观念，以及法的义务是否在原则上被视为有约束力的。

这些共同的基本观念，笔者认为就是人类所追求的价值共核，是整个国际社会的共同利益之所在，也是确确实实存在并在不断形成发展和日益扩大的，在国际交往的实践过程中，有形或无形地起着决定性的作用。

　　正如卢梭所言，如果说个别利益的对立使得社会的建立成为必要，那么，正是这些个别利益的一致才使得社会的建立成为可能。正是这些不同利益的共同之点，才形成了社会的联系；如果所有这些利益彼此并不具有某些一致之点的话，那么就没有任何社会可以存在了。因此，治理社会就完全应根据这些共同的利益。

　　基于此，魏德士认为法哲学的任务就是要研究法律秩序的基本价值及其效力基础，即法学和法律实践在哪里、并且怎样才能发现监督其发展的法律内容与标准的可靠点（固定坐标）。他认为，基本价值的效力依据应建立在得到人们赞同的理性、法律共同体中具有不同动机的多数人的信仰、信任或者认可的基础上。

　　一般认为，自由、秩序和正义等能满足人们根本的、共同的、基本的需要，故为法的基本价值。魏氏发现自18世纪到现今，各种关于人权和公民权利的宣言使几乎所有文明国家的宪法基本权利有着类似的结构。这暗示了各文明民族的法律意识在基本价值的问题上具有一致性。在不断增长的对人权和基本价值的共同信仰的背景下，已经计划设计独立的国际刑事法院来管辖损害人权的犯罪和战争犯罪。英国学者斯塔克也认为，国际法的主要目标在于建立一个与其说是合乎正义的，不如说是有秩序的国际关系机制。

　　历史的经验和教训都证明，一个不具坚固的正义基础的法律秩序所依赖的只能是一个岌岌可危的基础，法律如果要恰当地完成其职能，就必须旨在创设一种正义的社会秩序。

　　（2）国际强行法的遵守。李浩培先生在谈到国际条约的实质有效要件时，认为有三：①缔约能力的具备；②同意的自由；③符合强行法。那么何谓强行法呢？1969年维也纳条约法公约第五十三条明文宣示，国际法上存在着不得由各国协定变更或排除适用的强行法（jus cogens），这是国际法的一个重要发展。李浩培先生认为，违反一般国际法强行规则的条约无效的原则，正是各文明国家承认的一个一般法律原则。这个一般法律原则起源于世界各国国内法都承认的违反国内强行法规则的契约无效的原则，而输入到国际社会就成为背离一般国际法强行规则的条约无效的原则。由于国际法强行规则本身的重要性，要求每一国家对整个国际社会负担应予遵守的绝对义务，而不仅在缔约国相互间负担应予遵守的相对义务，所以应当对全世界国家有拘束力。

（3）在国际法上，一个不是全世界国家都参加的条约规定对第三国有拘束力的条款，也不乏先例。例如，联合国宪章第二条第六款规定：本组织在维持国际和平及安全之必要范围内，应保证非联合国会员国遵行上述原则。一般国际法强行规则也是为国际社会的总的利益而规定的，对国际社会也是不可分的，因而也应当不问第三国是否同意对之适用。不难发现，李浩培先生在论述国际法强行规则的有效性时，也是从符合国际社会的总的利益方面来阐释的。笔者十分赞同，认为国际强行法的效力根源源自国际社会的共同利益至上，其价值基础则为国际社会的价值共核至上。

（三）国际法的现实效力基础

与国内法的效力外在取决于国内强制机制不同，国际法的外在效力取决于国际社会正义力量对霸权主义、强权政治和恐怖主义等异化势力的遏制。所以，国际法的现实效力基础就是国际社会正义力量对强权政治、霸权主义和恐怖主义等异化势力的遏制。

国际社会的正义力量和各国共同利益的存在和持续发展为遏制和打击强权政治、霸权主义和恐怖主义等异化势力奠定了坚实的社会基础和物质基础。曾令良教授认为，国际法的软法、弱法、特征，一旦外在地体现于国际关系之中，其有效性还受制于其他诸种因素。尤其重要的是：第一，国际法的有效性受到国际政治的极大制约。第二，国际法的效力受各主权国家对其民族利益追求的制约。

笔者认为，曾教授所说的国际政治指的就是国际政治格局或局势，具体指的是国际社会和平和正义力量与强权政治、霸权主义和恐怖主义等异化势力的力量对比或权势均衡。第二点制约所涉及的若主权国家全然置他国利益或国际社会共同利益于不顾，只求狭隘的民族利益最大化，将最终导致强权政治甚至是霸权主义，更严重的可能会质变为恐怖主义，发展到站在国际社会绝大多数的和平和正义力量的对立面。

权力政治学家摩根索在谈到国际法的产生时也认为，国际法的存在、施行源于两个因素：国家之间的权势分配（均势）和他们之间的一致或互补的利益。凡是没有均势和共同利益就没有国际法。均势是国际法存在必不可少的条件；国际法只有在国际大家庭各成员中有均势的态势下才能存在，若各国不能相互制约，任何法律规则都不会有任何力量；而共同利益是一种客观需要，它们是国际法的生命线。我们注意到，在国际社会内，各国信守条约已有长时期的历史，各国所缔结的条约绝大多数是善意履行的。而且他们的信守条约是由于确信他们应当信守条约，确信违反条约他们将遭受违法的谴责，从而遭受不利的结果。

正如哈佛条约法公约草案所指出，民族的自利、责任心、对于庄严地作出的许诺的尊重、避免违约恶名的愿望以及习惯的力量，在压倒多数的情形下，这些力量证明还不够，那么，对于报仇的恐惧大概会阻止一个国家违反条约。在实践上，当一个国家不履行条约义务时，他方即加以谴责；如果坚持违约而并无有理由的证明，由于违约而致无过失的一方遭受任何损害，无过失一方即要求其赔偿（《美国国际法学报》第29卷，1935年增刊，第990页）。但值得我们警惕的是，国际社会的发展与进步历来并非一帆风顺，国际法的效力一直时不时受到国际强权政治、霸权主义和恐怖主义等异化势力的威胁和挑衅。二战结束以来发生过的侵略朝鲜、攻打伊拉克的战争，轰炸我国驻南斯拉夫大使馆的行径，伊拉克入侵科威特以及美国"9·11"灾难等历史事件，无一不在提醒人们应时刻提防强权政治、霸权主义和恐怖主义等异化势力的卷土重来和对国际法效力的不断侵蚀和公然践踏。值得庆幸的是，国际法的生命力正是在与国际社会多种异化势力不断斗争的过程中沐浴着和平与正义的阳光，日益焕发出蓬勃的生机和活力。历史将证明：国际法的效力一定会在国际社会爱好和平、维护正义的中坚力量的捍卫下不容亵渎，永葆青春。

二、浅谈国际法的效力依据特征

"国际法的效力根据"（the basis of international law）是国际法学中的一个

术语，指的是，国际法何以对国家及其他国际法主体有拘束力。它是国际法的一个基本理论问题，要解决与它紧密相连的另一国际法基本理论问题，即国际法是否是法律，国际法是否有法律约束力？国际社会的这种"无政府"状态，以及世界范围内资源的有限性，使得国家间的冲突成为可能。但另一方面，由于各国具有共同的利益，而单边追求本国利益又会受到其他国家的遏止（国际格局），所以，国际合作又成为每个国家的现实选择。为了规范国际社会行为主体的行为，国际法作出了法的要求与规章制度，与此同时，随着现在全球范围内国际社会行为主体之间的联系与交往越发密切，国际社会无论在内容、内涵层面上都得到了巨大的飞跃，全球的飞跃发展、出现的一系列新的全球问题使得对"国际法的效力依据"存在与否以及强弱的思考越发深刻。

（一）国际法的概念与产生

国际法随着国际关系的形成与发展而产生。一般的概念上，国际法是指国家之间的"法"，国际社会上国家的存在是国际法产生的前提，在国际社会行为主体之间产生了范围广泛、内容深刻的联系与关系，为了调整这些关系，国际社会行为主体才在交往的实践中以"共同意志为基础、协商为方式"产生了一系列调整这些关系的有约束力的原则、规则和制度。

国际法在更大程度上是以国际社会为基础，而国际社会与一般我们所称的社会最大的不同之处在于"国"成为国际社会最基本、也是最重要的交往主体。除了国家这一必不可少的主体要件外，"际"，即国家之间的相互交往同样是促使国际社会形成的一个不可或缺的要素。由此可知，国际法的产生必须满足两个条件：①若干国家同时存在；②这些国家进行交往与协作而形成各种国际关系。简言之，就是必须有国、有际。

从国际法的概念当中我们已经认识到，国际法是调整、规范国际行为主体之相互行为。国际行为主体之间的行为根源于全球资源的有限性与对利益最大化追求之间的矛盾。换句话说，国际行为主体之间相互交往的行为是实现在全球范围内优化资源配置的选择，因为随着科学技术与社会财富的增加，一个"国家"或地区的地域的限制使得人类不得不寻求更广泛的空间来发展自己的实力，在此过程中,"国家利益"表现出极强的意识控制力,每个国家为了自我利益的保护与争夺使得国际社会矛盾交结,战争等暴力、不公正的"国与国交往方式"终因矛盾的激化而展开,带来的不仅仅是社会财富的严重破坏,更严重的是带来了国际社会的无续,国际社会的无续就使得国际行为主体之间的交往缺乏和平、稳定的环境,甚至"国国自危"。例如20世纪的两次人类世界大战使得人类从血与泪中理解到国际社会有续的重要性,认识到国际法的重要作用。国际法公正、平等等一系列原则与规范在人类不断发展的理性当中得到强化,逐渐为世界普遍接受。

(二)国际法的效力依据

国际法的效力依据是指国际法具有法律拘束力或具有法律效力的依据,即国际法依据什么对国际行为主体具有约束的效力。按照上述中国际法的形成是各国协议、共同同意的结果,无论是以条约或习惯还是其他协议都表现了国家的意志协调,也可以说国家的同意。下面以国内法与国际法的比较来分析国际法的效力依据,这样的分析基于国家是国际社会的最主要组成因素、国内法的效力依据从未受到质疑以及"法"在国内法体系与国际法体系的共同点——强制,以及国际法与国内法均具有法律约束力。

1. 国内法的效力依据

(1) 法的概念

对于法的产生与出现,按照一般的传统理论可以理解为:法的本质是占统治地位的势力依靠公共强制力把自己的意志上升到必须,将其定义为"由国家制定或认可,体现统治阶级意志,以国家强制力保证实施的行为规则(规范)的总和。"但是随着商品经济已经在全球范围内得到肯定与认可,商品经济的繁荣带来的是人类对自身经济利益(既得、欲得)的意识增强,维护自身利益的有效武器——法律,所以在现代对法律的定义更应该注重法律在社会领域内所起到的作用,即社会性。这样的定义与传统对法的定义最大的区别与进步在于:前者体现意志的社会群体得到了补充。

"法",目前在世界上仍然主要是依靠国家制定与认可而产生,并且以"国家"为保障进行实施执行,社会管理模式仍以国家行政管理为中心,法律的社会性仍以国家行政执法机关为载体，因而"国家意志性"与"强制性"仍然是法的主要特征。

（2）国内法的特征

①法由公共权力（国家）制定或认可，具有国家意志性

法的产生是人类社会发展到一定阶段的必然产物，法不是从来就有的，也不是永恒不灭。法首先是作为一种客观现实存在于人类社会，同时也是人类对客观世界的反应方式与现象之一。法由公共权力机构制定或认可，人类社会发展至今，国家是公共权力的中心，所以法是由国家制定或认可。国家制定法律是指有权制定法律的国家机关制定的规范性文件即成文法。就现代国家而言，它包括国家最高权力机关或立法机关制定法律或重大议案，国家最高行政机关制定行政法规。国家认可法律是指国家根据需要赋予某些习惯具有法律上的效力，使之成为法律。

从法律的出台与制定看，法律是由国家制定或认可，具有国家意志性。制定或认可法律是创立法律的两种方式，也是法律区别于其他社会规范的重要标志。法律由国家制定或认可，表明它以国家的名义对人们行为进行规范和要求，体现的是国家意志。同时，法律的国家意志性表明它与表现统治阶级意志的社会规范，如道德规范、宗教规范等的区别，后者不具有国家意志的属性。

②强制性及其实施保障

"强制性"是指压制或强迫的力量。一般来说，任何社会规范均具有一定的约束力，但是各自的性质、范围和方式等都不相同，如政治组织或社会团体的规则、章程是由该组织的纪律来保证实施的；道德规范是由社会舆论、人们内心的信念和教育的力量来维护的，违反道德一般都会受到舆论的谴责。法律作为特殊的社会规范，与一般的社会行为规范的最本质区别在于：法律的国家意志性，进而引起的约束效力强弱（效果）的不同。

法律的国家意志性决定了法律必须由国家强制力保证实施，法所体现的国家意志具有高度的统一性、强大的权威性、一定的公共性之属性。强制性在国内法表现为通过国家执法机关的执法活动，对违反行为的制裁或者强制履行法定义

务。这种强制不是只适用于少数人或者个别情况，而是其效力范围内具有普遍约束力，强调任何人不得违反并且以国家之政权、军队、警察以及监狱等一系列国家强制裁行机构（国家机器）的执行活动为保障与后盾。

2. 国际法的效力依据现状

国际法是法律的一个特殊体系，是国家在国际交往中应遵守的行为规范。有一种观点认为，国际法不是法律，而是抽象的自然法则，是国际道德或国际礼让，是一种道义的力量。其实，国际法作为法律，已经为世界各国所承认和普遍遵守，违反国际法只是少数的例外，且要承担法律责任，接受法律制裁，国际法并不因为有违法行为的存在而失去其法律性质。当然，国际法与国内法相比，有其自身的特殊性，这种特殊性决定了国际法的调整对象、法律渊源等方面有不同于国内法的重要特征。

（1）国际法主体主要是国家

国际法主体，是指具有独立参与国际法律关系的能力，在国际法上直接享受权利或承担义务的当事者或人格者，其范围主要包括主权国家、国际组织以及争取独立的民族。主权国家因其在国际关系中的主导地位和主要作用（或因国际法的性质和国家所具有特殊的政治与法律属性）而成为国际法的主要主体。

①由国际关系特点决定

国际关系是国际法赖以存在与发展的基础。顾名思义，国际关系就是国家之间的关系，尽管从现代国际关系的基本结构看，国际关系无论在范围还是内容上都得到了巨大的发展，但是国家之间的交往关系仍是国际关系的主要内容和基本形式；离开国家的参与和交往，国际法律关系就不能形成与发展。

②由国家自身特点决定

国家具有深刻的主权属性，对外表现为独立权、平等权，不受其他实体管辖与制约，能够与其他实体在国际关系的全部领域内以各种形式进行交往，具有全面的交往能力。从法律角度看，国家不仅具有完全承受国际法上的权利与义务的资格，而且具有以自己的行为全部行使上述权利与义务的行为能力，从而决定了它是国际法的最基本主体。

③由国际法规定的内容决定

现代国际法尽管增加了调整国际组织和民族解放组织的规范，但从整体来看，不论从国际法的传统部门，还是从国际法发展的新领域，仍主要是调整国家之间关系和制约国家行为的规范，有关其他主体的制度仅是一种补充；从规范形式看，造法性条约的签订者主要是国家，国际习惯法的形成也主要依靠国家之间的反复实践。

再从国际社会的纵向发展看，在国际社会的发展历程中，没有形成一个完全凌驾于主权国家之上的实体，对于国际社会行为主体行为的规范与制约是完全自治，由法律关系的主体全面自主创设的法律，当然在自主协调的过程中，每个主体不同的利益需求结合在一起，并且成为国际法不断发展与革新的动力，换句话说就是国家独立、平等的绝对主权属性使得国际法不像国内法一样是一个在法律实施的有效范围内具有合法的政治权力和权威的主体来建立。

（2）国际法的协商意志性

在国际法的发展历史上，自然法学派认为国际法效力的根据是"人类良知""人类理性"和各民族法律意识的"共同性"。实在法学派则主张，每个国家的意志或国家的"共同意志"决定国际法的效力。国际法是调整国家之间关系的法律，对国家具有拘束力，而国际法又是国家协商制定的，因此，国际法效力的根据就是各国之间的协议，或者说是各国意志之间的协议。国际社会国际之间的协议主要以国际习惯与国际条约为表现，体现了国际法的意志性。

所谓国际习惯，是指国际交往中不成文的行为规则和国家间的默示协议，是各国重复类似行为而被认为有法律约束力的结果。国际法最初的形态即是所谓的习惯国际法，其法律渊源都由国际习惯组成，因而可以说国际习惯是国际法最古老、最原始的渊源。国际条约是指国际法主体之间根据国际法而订立的具有权利、义务内容的书面协议，是现代国际法最主要的法律渊源。古往今来，能成为国际法渊源的条约，通常是指大多数国家参加的具有普遍适用性的造法性条约，即创设新的、公认的国际法规范或者修改、变更原有的规范的条约。契约性条约不能构成国际法的渊源。当然，国家意志之间的协议并不是指国家自由意志之间的协议，国际法是适应国际交往的需要而产生的，国际经济的发展决定了国际法的发展，因此，国家意志之间的协议是指适应一定历史时期生产力发展水平的国家意志之间的协议。

国际法是通过国际社会主体平等协商而形成并发展，在国际法当中，"平等"是一切交往的基础与核心。所以国际法的国家意志体现为协商意志，具有相对性；而不是与国内法体现的是绝对的国家意志性，所以国际法的强制力以及对国际法律责任的追究也就是在平等基础之上实施，表现为集体或通过国际组织采取措施，而且在一定程度上，国际法强制基于一个国家对国际法在国内法的适用。

（3）国际法的强制力是以国家单独、集体或通过国际组织采取措施为保障

法律的基本特征之一，是法律对其主体具有强制性的拘束力，任何一个主体违反法律，都要承担法律责任直至受到法律制裁。国家作为国际法的最基本主体，按照这一理论，那么国际法调整的行为主要是国家之行为，有强制力保证国家不会产生国际不正当行为或国际法不加禁止的行为造成的损害，一旦国家的不当行为造成损害，那么国际责任必须承担。所谓国际法律责任，是指国际法主体（主要是国家）对其不正当行为或国际法不加禁止的行为造成的损害所应当承担的责任。

国际不当行为是国际法主体所作的违背国际义务的行为。依据联合国国际法委员会起草的《国际责任条文草案》，该行为必须具有主观要件和客观要件，国际法律责任才能成立。国际不当行为的主观要件是归因与国家，是指某一不当行为可以归因于国家而成为国家行为，或者说该行为在国际法上的国家行为。国际法律责任的客观要件是指违反国际义务，即该行为是违背其负担的国际法义务的行为。

对于法律责任的承担以及对国际法原则、规范的维护与保障主要是以国家单独、集体或者通过国际组织采取措施为保障来执行或由国际组织实行必要的制裁，如抗议、警告、召回驻外使节、中止或断绝外交关系、经济封锁、武装自卫等，使有关国家停止侵害行为，以达到保证国际法实施的目的。一旦有人破坏国

际法，某个或者几个国家，甚至也可能是整个国际社会就会遭到非法侵害，这时就需要整个国际社会联合起来，制止打击违法行为，使国际法得到维护和执行，使违法者回到国际法的立场上来。国际上虽然有国际法院，但它没有强制管辖权（以当事国的自愿为前提，不具有强制性），因此，国际法的实施除依靠各国自觉遵守外，主要依靠国家本身的力量。国内法依靠国家权力之下的司法机关、其他行政执法机关和国内的军队来保证遵守和执行，因为每一个主权国家都是国际社会平等的一员，在它们之上没有一个超越国家同意的最高立法机关，换句话即是国际法的强制实施是依靠国家本身的行动。例如1979年中国对越自卫还击战、1991年多国部队根据安理会第678号决议对伊拉克采取的军事行动等，是国家单独和通过国际组织集体采取措施保证国际法实施的例证，是国际法具有法律强制力的充分体现。

（三）当代国际法效力依据的发展趋势

现代国际社会目前虽然有国际法作为强制性规范，但是在世界的某些地区，国际争端与矛盾仍然普遍存在，大国强权政治、单边主义肆无忌惮等，国际秩序并未按照国际法的方向前进，甚至一些国际条约成为空纸一谈，对于这样无秩序的国际社会，国际法的强制性以及效力依据需要更进一步地加强与迈进。纵观现代国际法的发展趋势，国际法的强行法律体系已经开始出现并得到良好的发展，国际刑事法院的成立以及活动让人类在国际社会看见了国际法效力依据的曙光。

1. 国际强行法概念

所谓国际强行法，是指国际法上一系列具有法律约束力的特殊原则与规范的总称，这类原则与规范由国际社会会员作为整体通过条约或者习惯，以明示或默示的方式接受并承认为具有绝对强制性，且非同等强行性质之国际法规则不得更改，任何条约或行为（包括作为与不作为）如与之相抵触，完全归于无效。

1969年，联合国《维也纳条约法公约》在国际强行法问题上，率先迈出了重大的一步，它是世界上第一个对国际强行法作出若干规定的国际性法律文件。该公约第五十三条对国际强行法作出规定："条约在缔结时与一般国际法强制规律抵触者无效。就适用公约而言，一般国际法强制规律指国家之国际社会全体接受并公认为不准损坏且以后具有同等性质之一般国际法规律始得更改之规律。"《条约法公约》第五十三条适用于条约因与某项既存的国际强行法相抵触而无效的情形,而该公约第六十四条则适用于如下情况：即条约缔结后,因与新产生的国际强行法规范相抵触,使得该条约成为无效而终止。其具体内容为："遇有新一般国际法强制规律产生时,任何现有条约之与该项规律抵触者即成为无效而终止。"

以上两项条款是《条约法公约》就国际强行法有关方面所作出的主要规定,这一创举将对当代国际法的不断发展产生深远影响。在《条约法公约》中对国际强行法问题作出明确规定,这是国际法的一个新发展,表明世界各国已经逐渐认识到它们具有某种共同的权益和社会目标这一不可回避的现实；同时也体现了国际社会成员的相互交往正在趋于制度化、法律化,任何一个国际法主体都不能为了一己私利而任意践踏为世人公认的国际法准则。

2. 国际刑事法院

国际刑事法院（International Criminal Court—ICC）是根据联合国1998年外交全权代表会议通过的《国际刑事法院规约》（又称《罗马规约》）的规定,于2002年7月1日正式成立。根据《罗马规约》,国际刑事法院对批准国及安理会移交的案件进行审查,国际刑事法院与现有的国际司法机构不同,其他法庭均有一定的存在期限,国际刑事法院是一个永久性的国际司法机构,国际刑事法院的成立与发展预示着国际强制执行体系的萌芽。

（1）联合国宪章精神的体现

国际刑事法院建立的宗旨与《联合国宪章》所体现的正义、和平精神一脉相承,通过惩治严重国际犯罪突出强调了人类社会的整体利益。《罗马规约》同样重申了《联合国宪章》宗旨的精神,特别是各国不得以武力相威胁或使用武力,或以与联合国宗旨不符的任何其他方法,侵犯任何国家的领土完整或政治独立。并强调了灭绝种族罪、危害人类罪和战争罪的严重性及对世界的和平、安全与福祉的威胁,申明对于整个国际社会关注的最严重犯罪,绝不能听之任之不予处罚,为有效惩治罪犯,必须通过国家一级采取措施并加强国际合作。

(2) 法治原则的国际性延伸

在人类历史发展过程当中，一战和二战的历史显示出国际法体系的不完善、不健全的一面。依赖于国际社会公认的法治原则，以法律为武器来解决国际利益的冲突，并惩治、威慑严重的国际犯罪，维护人类的正义与和平已经成为历史的必然选择。《罗马规约》规定的法庭审判及上诉程序是普通法和大陆法的混合模式，同时遵从了国际社会绝大多数国家认可的法治原则：即罪刑法定、无罪推定和一罪不二审等原则。

(3) 惩治已然犯罪（实然性），防范未然犯罪（应然性）

对于国际犯罪的审判既不是国际刑法发展的开端，也不是国际刑法发展的终结。国际社会惩治犯罪和预防犯罪的实然和应然模式，并不仅仅依赖于缔约国的多寡，而在于规定本身所具有应然威慑性，以及缔约国能否实际履行其义务。从国际刑法的意义上讲，建立国际刑事法院的主要目标是有效发挥国际法惩治、威慑国际犯罪的突然以及应然作用。

要最终决定国际法的效力依据有赖于整个国际社会是否共同同意由外力来强制执行这些国际社会的行为规则。要使国际社会存在同意的外力来强制国际社会行为主体来行使国际法的规则与规范，首先要有长期的和有预见性的共同认识，当然达到同一认识是十分的艰难与不易的，但也不是完全具备操作的可能性。虽然目前国际社会的"无政府状态"使得矛盾与斗争成为现实，但是随着全球化等国际合作化浪潮以及国际社会行为主体对利益的最大化追求的趋势，也使得国际行为主体的合作成为必然。

共同的外力来自两个方面，首先是共同的利益。全球化浪潮的国际分工与合作以及全球资源的有限性与对利益最大化追求的矛盾使得合作成为国际行为主体的首选。现在一个国家或国际行为主体的某一行为不单单是自己的孤立行为，随着国际社会上行为主体的交往越发密切，一张复杂而又广大的关系网络已经或正在形成，任何一个参与这一网络的行为体的某一行为都会对其他与之相连的主体产生影响，不管这影响是好是坏。全球分工必然会创造巨大的社会财富，增强各个国际社会主体的实力，并且寻求更为广泛的共同利益。对于自身的利益的得失,任何一个主体不得不警惕其他行为主体做出的任何一个行为,以有利的手段来影响对手行为形成强大的外力实施保障。其次是人类正在面临的或者将要面临的全球性的社会危机使得国际社会的行为主体为其生存与继续的发展采取手段制止(比如全世界制定防范艾滋病的扩散)危机的扩散。共同利益的驱使以及共同危机的紧迫让国际社会正在形成一个强大的共同的国际社会基础,但是这一过程的时间与空间进程不甚遥远。

第二节 国际法的渊源和主体

一、国际法效力来源的启示

国际法的效力来源,是国际法领域长期以来争论不休的一个基本理论问题。历史上,不同的学派对此有不同的主张。然而,什么才是国际法真正的效力来源?国际法效力来源体现的是怎样的一种立法观念?从国际法的效力来源中,我们又可以得到什么样的启示?本书将为你揭晓这个谜团。

国际法效力来源,即国际法效力来源的根据,指的是国际法是依据什么对各国产生约束力的。这是国际法的一个基本问题。研究好这个基本问题有利于我们回归法的本质的研究,更好地理解法的效力的来源。

对于国际法的效力来源,历史上形成了不同的派别,主要分为自然法学派、实在法学派和格老秀斯学派三个派别。

自然法学派认为,国际法即自然法,或者是自然法的一部分,或者是自然法对国家之间关系的适用。它把国际法的效力来源归为"人类的良知、人类理性和人类的共同法律意识"等,具有很强烈的神学与抽象自然色彩。

实在法学派是另外一个比较有影响力的学派,认为在国家之间起实际作用的是国家的意志,即他们认为国家法的效力来源是国家的意志。实在法学派设想各国的意志可以合成为"共同意志",或者强调每个国家的意志是国际法效力根据的决定因素,这些理论对后来国际法效力根据的研究有较大的影响力。

最后,在以上两个学派之间还有一个"折中派",即格老秀斯派。格老秀斯认为,法律可分为自然法和意定法两大类。意志法又分为神意法和人定法。人定法又分为国际法、国内法和地方法。国际法是各国共同签订和公认的具有约束力的规范。国际法可分为两类:一是以理性为渊源的国际法,即自然国际法;二是根据各国共同的意志所制定的国际法,即意志国际法。自然国际法是制定意志国际法的依据。意志国际法不得违背自然国际法的基本原则。

然而,以上理论都是有所偏颇的。我们认为,研究国际法效力的根据,必须首先明确国际法的性质及概念。国际法是国家之间的法律,以国家之间的关系为对象,是国与国之间的公法,是一个独立的法律部门。因而,国家法是否具有效力应当由国家之间共同协定,因为国际法的主体主要是国家,国家才是履行国家义务、行使国家权利的主体。共同协定,即"共同意志",指的是各国之间意志的协议。

因此,关于国际法的效力来源最科学的说法应当是:各国之间意志的协议即各国的共同意志构成了国际法效力的根据。国际法的效力来源于各国之间的意志协议,那么,这里边体现的是怎样的一种法学观点呢?国内法的制定中,法律相当于统治者的命令,而统治者的权力又来源于人民的授权,人民是遵守法律的主体,即国内法律相当于民意与权利的结合体。同样,国际法的主体主要是国家,那么,它的制定者也应当是各个国家,应该集中体现国与国之间的意志。

然而,每个国家都有自己的利益、自己的意志、自己的民意,因而,国际法的效力只能由各国之间的共同意志决定,必须体现国与国之间的共同利益。正如国内法的效力来源于本国的民意,国际法的固有属性决定了国际法的效力来源于国家的授权。然而,民有多少,国有强弱,国际法的制定与实施必定受到不公正力量的影响。

此外,当今国际社会,没有任何国际组织和机构是凌驾于国家权力之上的,国家权力是至高无上的,强国、超级大国的权力更是令人汗颜的。他们对国际社会运行规则及国际事务解决机制的操纵使得一些弱小的国家在实际竞争中受到不平等的对待。在现实生活中，国际法不总是能满足各个国家的实际需要，尤其是大国的国际交往与发展需要。而当国际法的存在妨害到国家利益时，自然也就产生了国际法的破坏。"水能载舟，亦能覆舟"，将这个词的意思引伸一下，国际法是国家制定出来的，自然也就受国家意志的干涉。美国2001年以《京都议定书》不符合自身国家利益为由宣布退出这个国际条约就是一个很好的实例。美国的退出也使得《京都议定书》名存实亡。由此我们可以看出，国际法可能受到国家权力的影响，甚至是破坏，这一点已经是毋庸置疑的。

虽说国际法是依各国公约形成的，但在实际的国际生活中，大国违反国际法的行为，往往很难受到惩处。因而，我们不难看出，国际法上的国家平等只是一种形式上的平等，距离真实平等还是有一段距离的。对此，我们不得不深思。

要想让每个国家都获得真实意义上的平等，我认为，不能只是依靠国际法的强制规定、弱国的怨声载道以及部分国家的某些专家对于国际制度改革的呼唤。相反，更重要的是依靠国家自身综合国力的提升。综合国力强大了，意味着一国的经济发展起来了，科技发达起来了，人民的生活水平提高了，整个国家繁荣富强了，那么，相应地，也就获得了自己的国际地位和国际事务的主动权。

在制定国际法上，原则上虽然是依靠国与国之间的共同协定，但事实上也是对一国的国际地位和综合国力有所要求的一种体现。"弱国无外交，强国强出头"，可见，弱国的意志通常屈服于强大的力量面前。意志的表达有真实的和非真实的之分，而国际法效力的根据仅是国家之间的共同意志协定，并没说明是国家的真意的共同表达。因而，我们不能简单地把国际法的效力来源看作是国与国之间的平等协定，因为那种形式的平等之下还是有许多值得深思的问题的。国际法的效力来源于各个国家之间的共同协定，这是当今国际社会比较公认的一个观点，但在此基础之上，我认为，我们不只要究其概念，更要深入剖析其中的奥密，将没有关联的东西联系起来，成就我们思维的周密性。

二、国际法的效力来源于"协定必须遵守"

纯粹法学派首创者，美籍奥地利人凯尔森（1886—1973）在其代表作《法与国家的一般理论》中用很大的篇幅阐述他的动态法思想，即有关法律秩序与规范等级体系的理论。他从法律的基本规范入手研究，认为次级法律规范的效力来源于更高一级的法律规范，最高级的法律规范则是法律的"基本规范"。在解释国际法的效力根据时，他同样运用这种思路，即是说国际法的效力来源于"协定必须遵守"这一基本规范，而这个基本规范的效力是从法律解释国家行为时假设的。

康德在其著名文章《何谓启蒙》中定义"启蒙"为：启蒙说是人摆脱他自己造成的不成熟。不成熟就是没有别人指引就不会运用的理智。这种不成熟是自己造成的，因为其原因不是缺乏理智，而是缺乏决心和勇气。换言之，启蒙的关键在于，不是用什么外来原则或思想来驱散和消除自身的蒙昧，而是能够独立运用自己的理智来思想。

在以同样题目，即《何谓启蒙》的文章中，福柯对上述观点分析道，对于康德来说，启蒙既不是一个人所属的时代，也不是一个其信号为人们所感知的事件，也不是一个成就的开端。康德是以近乎否定的方式将启蒙规定为"出路"。启蒙并不是在一种总体性或一种未来的成就基础上理解现在，它只是寻找不同。它是一个过程，一项任务，一种能让我们摆脱不成熟而获得成熟的途径。他认为康德的理路可以被描述为对历史时代的不断批判。这种批判"将不再实践在寻找有普遍价值的形式结构中，而是作为一种对那些引导我们构成我们自己，将我们自己认作我们所做、所思、所说的东西的主体的事件的历史研究。在此意义上不是先验的，它的目标不是使形而上学可能：它在其结构上是普系学的，在其方法上是考古学的。考古学的——而不是先验的——是在这意义上，它不寻求认同一切知识或一切知识的道德行为的普遍结构，而是谋求将表示我们所思、所说和所做的话语例子当作如此多的历史事件。这种批判将在这种意义上是谱系学的，它不从我们是什么的形式中推出我们不可能做和认识的东西，但它将使我们成为所是的偶然性中区分出不再是、做、思我们是、做或思什么的可能性。它不是寻求使最终成为一门科学的形而上学可能；它是寻求尽可能广远地给自由的未确定工作一个新的推动。"

我们需要的正是福柯的态度，即一方面批判我们所是的，同时又历史地分析历史安放在我们身上的种种限制。其结果是，很容易摒弃一种先验的绝对主义立场。福柯向我们展示的是，他不明确某种善，某种伦理——政治的固定立场，而只是在粉碎我们最根深蒂固、最心安理得的信念。这无异说，并不是一切都是坏的，而是一切都是危险的，所以我们总有事可做。那么，是什么使某事物危险呢？倘若一切都危险的话，是什么使得某种危险比别种危险更危险？这里得有一个立场（标准），即一个评价性伦理——先入之见在起作用。否则，无从谈论危险。因之，我们无法放弃道德立场和价值判断，坚守怀疑与自我批判。

但仅此还不够。怀疑与自我批判最终仍要有某些先入为主的成见作为出发点。否则，人们将陷入无限循环而无法提出真正的问题。凯尔森"规范法"思想努力寻找这种自由，由此，他把法律秩序安排在一种动态的语境下，虽然看上去仍在先验立场上摇摆，但是法律秩序的逻辑（抑或科学性）使然。他认识到最终的标准——基本规范的缺失与循环界定相藕合这一现象，是值得称道的。

当然，我们仍有一种任务——亟须在问题的不断展开中对怀疑与自我批判的前提进行质疑。在这个开放的世界里，对立场的承认与肯定不等于不能改变这种立场。故而，我们需要提问、对话，需要秉持一种民主的思维方式，去真正展开问题，面对问题，而不是取消问题，漠视问题，从而通向真理，走向至善与福祉。我相信，对于什么是前提（标准），什么是公理（道德），什么是普世价值，就像对凯尔森玄虚的基本规范是什么进行质疑一样，我们不应该怀疑这些东西本身是否存在，但应质疑它们的内容的千篇一律。否则，这个世界赖于存在的基础将丧失，其"所是"的链条将被切断，其将陷入无限循环中而万劫不复，不论是物质上还是精神上。

三、论国际组织的决议在国际法上的效力

国际组织决议的法律效力是国际法学中一个具有重要理论价值和现实意义的问题。随着国际组织的发展壮大及其在国际社会中地位的提升,政府间国际组织决议的作用和影响也日益增大。随着形势的发展,国际组织决议有可能也有必要成为国际法的渊源。

国际法的渊源主要包括国际条约和国际惯例。长期以来,《国际法院规约》第三十八条第一款之规定已被认可为对国际法渊源的权威性解释。学术界盛行的观点是:条约和国际习惯是主要的渊源,其他各项是其他渊源或补助资料。

(一) 国际条约

通常,一个国家不仅通过制定国内法,而且通过缔结或参加国际条约来处理涉及本国的涉外民商法律关系。国际条约是国际法的一个重要渊源。所谓国际条约,是指国家间所缔结并受国际法支配的国际书面协定,不论其载于一项单独文书或两项以上相互有关的文书内,也不论其特定的名称是什么。国际条约有多边国际条约和双边国际条约之分。而多边国际条约可以分为普通性的国际条约和地区性的国际条约。国际条约,尤其是多边国际条约在国际法的统一化过程中发挥着日益重要的作用。在世界各国以及海牙国际私法会议、罗马国际统一私法协会、联合国国际贸易法委员会、美洲国家组织等国际组织的共同努力下,大量的私法领域的国际条约被制定,私法的国际统一正在迅速发展,一个被称为"国际统一私法"或"私法国际统一法"的法律分支正在形成。一些重要的多边国际条约不仅对缔约国有约束力,而且对非缔约国也会产生一定的影响。

(二) 国际惯例

1. 国际惯例的概念

国际惯例,又称为国际习惯,它也是一种国际行为规范。国际惯例分为两类:一类为属于法律范畴的国际惯例,具有法律效力;另一类为属于非法律范畴的国际惯例,不具有法律效力。有的学者将国际惯例分为国际习惯和国际常例两

类。他们认为，国际惯例一般是指在国际交往中各国重复类似行为而形成的具有法律约束力的不成文原则或规则。国际常例是指在国际交往中经反复实践而形成的具有确定内容不成文规则，也就是《国际法院规约》在给"国际惯例"下定义时所指的"通例"之意。国际常例是国际习惯的初级表现形式，不具有法律约束后，即转化为国际习惯。属于法律范畴的国际惯例也可以划分为国际私法上的国际惯例和国际公法上的国际惯例。

国际惯例作为国际法的渊源获得了我国绝大多数学者的认同。但是也有学者认为，国际惯例不是我国国际法的渊源，其理由是"国际惯例"主要是国际商事惯例，它与各种贸易术语、交货条件、标准合同、格式条款、示范法等一起构成了一个相对独立的"商人法"部门，商人法不同于国际法，也不同于国内法，是一个自治的法律领域，属于任意性规范，供从事国际商事交往的当事人任意选用。它既不是国际法的渊源，也不是国内法的渊源。

2. 国际组织的决议

二战后，国际组织发展得如火如荼，其活动已深入到整个国际社会关系的方方面面，国际组织决议的法律性质问题随之引起各国学者的广泛关注和讨论。愈来愈多的人认为国际法院规约第三十八条只是《常设国际法院规约》相应内容原封不动的移植，考虑到其后数十年国际社会及国际法的发展变迁，有重新加以解释和分析的必要。

国际法院规约第三十八条没有列出国际组织的决议，这成为许多人否认国际组织决议法律效力的根据之一。然而，对于该条规定是否是国际法渊源的表述是值得怀疑的。规约第一条"联合国宪章所设之国际法院为联合国主要司法机关，其组织及职务之行使应依本规约之下列规定"中明确指出，这是针对国际法院适用的行为规则，为其履行职务而设定。同时，第三十八条作了如下规定："一、法院对于陈诉各项争端，应依国际法裁判之，裁判时应适用：（子）不论普通或特别国际协约，确立诉讼当事国明白承认之规条者；（丑）国际习惯，作为通例之证明而经接受为法律者；（寅）一般法律原则为文明各国所承认者；（卯）在第五十九条规定之下，司法判例及各国权威最高之公法学家学说，作为确定法律原则之补助资料者。"可见，从规约本身出发，其目的是为国际法院履行司法职能设定一套机制，而从文本中也无法找出其为国际法设定表现形式的意图。所以，该规定只是为了法院在具体审理时适用法律的方便，指引法官的司法活动，而并非对于国际法渊源的表达。

此外，即使承认其确系国际法渊源的正式表达，那么其文义是否穷尽，即其是否列举了国际法的所有表现形式呢？这同样是应予置疑的。《规约》本身是条约，因此，它同任何其他条约一样，只约束当事国和参加国际法院某种诉讼程序的国家，理论上对除此以外的其他国家没有约束力。虽然目前绝大多数国家是《规约》的当事国，但在《规约》制定之初，很难说它是国际法渊源具有代表性的权威性说明。"我们认为，就理论说，国际法的渊源是随着国际社会的发展而发展的，从而不能说已详尽无余。"所以《规约》第三十八条第一款所列举的，不是详尽的国际法渊源。"在这方面，过去50年最大的变化是国际组织数目的增加和任务的发展，它们对国际法的渊源有很大的影响。"不容否认，法是社会关系的调节器，是对现实的映射，它伴随着现实的发展而不断变化。该规约拟定之时，国际组织数量尚少，作用也远不及如今。而时至今日，国际组织在世界舞台上扮演的角色日渐重要，以规约没有列明为理由来否认联大为代表的国际组织决议的法律地位，显然是不合时宜的。

由此可见，随着形势的发展，国际组织决议有可能也有必要成为国际法的渊源。

一般来说，国家的法律信念可以通过明示的或默示的协议表现出来。前者如订立条约，后者如形成习惯。对于国际组织的决议，国家可以订立条约（组织约章或其他协定）赋予其法律效力，也可以通过实践逐渐形成对决议规范的法律信念。

除这两种途径之外，国家的法律信念还可以从决议本身直接反映出来。现代国际组织的机构，特别是像联大这样的"世界论坛"，为世界上绝大多数国家提供了方便条件，使各会员国能够充分和及时地对所讨论的问题发表自己的意见。如果它们在决议案的讨论中明确承认决议条款为法律规范，并表示愿意承担遵守的义务，而且决议的文字用语也体现了这一点，那么就应该认为已经存在了关于这一决议的法律信念，也就应承认其法律拘束力，从而具有国际法渊源的地位。

总而言之，国际组织是现代国际生活中促成各国合作的一种有效的法律形式。随着国际社会的日趋组织化，国际合作的思想将进一步发展，国际相互依赖的事实将进一步加强，国际组织决议所涉范围也日渐广泛，其成果与积极影响势必得到国际社会成员的充分肯定。联合国作为重要的世界性国际政治组织，它的主要机关——联合国大会的决议，不仅在国际政治上有重大影响，而且在国际法上也有重要意义。联合国大会的决议"反映了各国政府的意愿，是世界舆论的积累和集中表达，有很大的政治影响力。特别是直接有关法律问题的那些决议，必然影响产生国际习惯的传统方式，它们代表一种普遍的信念，可以作为国际习惯形成的有力证据。它们在不同程度上具有某种阐明、确认或宣示国际法原则及规则的作用。事实上，联合国大会的决议，有些已为各国进一步缔结为国际公约（如外层空间条约等）。从这个角度来看，国际组织的决议起到促进公约签订的作用，国际公约是国际组织决议的一种发展。"而其对于国际法渊源的作用，仍应围绕国际法中"国家意志"这个核心来展开，那些不加辨别地认为联大决议或宣言直接具有"造法"功能的主张是十分危险的，因为，一旦一项决议通过，会员国便不得不立刻改正或修正现有的实践与态度，以遵循新规则，那么很可能出现弱国意志被忽略的局面。同样，全盘否定决议可能具有的国际法效力，仍然背离国际法的本质，阻碍国际法的发展和国际交流与合作的进一步推进。

第三节　国际法的基本原则

本书在肯定国际法是法律的基础上展开国际法效力根据问题的探讨，并回归到法的效力问题，甚至法的本质问题上展开论证。认为将国际法的效力根据归结于"理性"或者"共同意志"，抑或是"协调意志"都有失偏颇，主张国际法的效力根据包括两个层次的内容，即主观意义层次的直接依据和客观意义层次的根本依据。进而指出,将格老秀斯的理论简单地称为"折中学派"是不够严谨且过于草率的。

"国际法的效力根据"(the basis of international law)是国际法学中的一个术语,指的是,国际法何以对国家及其他国际法主体有拘束力。它是国际法的一个基本理论问题,笔者认为在探讨这一理论之前,要解决与它紧密相连的另一国际法基本理论问题,即国际法是否是法律?国际法是否有法律约束力?早期的法学家曾经否认国际法的法律性质,19世纪的英国法学家奥斯汀(Austin)把国际法称为"实在道德",对国际法采取否定态度。王铁崖先生认为问题在于法律的定义。如果不把法律与国内法律等同,国际法就不是法律,也不可能是法律。但是法律是对社会成员行为的有强制力的规则的总体,法律不限于国内法。国际社会虽然没有像国家之内那样的立法机关来制定法律,但通过其他方式——例如条约等——创造国家社会成员——国家等的行为规则;虽然也没有像国家之内那样的行政机关和司法机关来执行法律,但在一定程度上有某种机制使国际社会成员——国家遵守国际法原则、规则和制度。应该说,国际法是法律或者说,是法律的一个部门。王铁崖先生进一步指出,这一问题的关键在于,国际法是否作为国际所遵守?而事实给了法律属性的基础上,将国内法与国际法进行比较,指出了国际法的特殊性。

在肯定国际法是法律,具有法律效力的基础上,我们可以开始国际法何以对国家及其他国际主体有(法律)约束力问题的探讨了。对于这一问题,国际法学界认识不一,看法有异,并形成诸多不同的学派。如自然法学派、实在法学派、折中法学派和所谓新自然法学派、新实在法学派等。中国学界也提出了自己的观点。

一、关于国际法效力根据问题的学派争论

自然法学派。欧洲中世纪法学与神权是分不开的。自然法学派以前的法学是神权法学。自然法学产生很早,盛于18世纪,成为资产阶级同神权和神权法学

斗争的武器，对现代西方法律思想产生过很大影响。在国际法领域，自然法学的主要观点：国际法是自然法，或者说是自然法的一部分，是自然法对国家之间关系的适用；自然是国际法效力的根据，而自然就是本性、理性、正义，是人的本性或者事物的本性。该学派早期代表人物之一维多利亚（Victoria，1483—1546）给国际法下的定义为："自然理性在所有国家之间建立的法。"

实在法学派。该学派反对将自然这一抽象概念作为国际法的效力根据，主张国际法是建立在习惯和条约基础上，强调国际法是人定法。它在19世纪开始取代自然法学派的优势地位。该学派认为国际法效力根据是体现为习惯或条约的国家的共同意志。其早期代表人物邹奇（Zouch）为国际法所下的定义是："国际法是由大多数国家间根据符合理性的习惯所接受，或者是由个别国家所同意之法。"奥本海（Oppenbeim，1858—1919）也是采用同意说作为国际法效力的根据的。他认为，各国的共同意（Common consent）是国际法效力的根据。

格老秀斯学派。因为该学派是以荷兰法学家胡果格老秀斯（Hugo Grotius，1583—1645）的国际法理论为基础的。该学派被有的学者称为折中学派。格老秀斯认为，法律可分为自然法和意定法两大类。意志法又分为神意法和人定法。人定法又分为国际法、国内法和地方法。国际法是各国共同签订和公认的具有约束力的规范。国际法可分为两类：一是以理性为渊源的国际法，即自然国际法；二是根据各国共同的意志所制定的国际法，即意志国际法。自然国际法是制定意志国际法的依据。意志国际法不得违背自然国际法的基本原则。

除了上述三种主要学派以外，20世纪，又出现了一些其他学派，如新自然法学派、规范法学派、政策定向法学派等，本书一则限于篇幅，二则认为它们与前文介绍的主要学派无实质差别，不再一一介绍。

在中国，当前有一种较为通行的理论认为：国际法的效力根据是各国统治阶级的意志，但是这种意志不可能是各国的共同意志，而是体现在国家习惯和条约中的"各国协调意志"。其理由是，国际法是各国公认的，不可能只代表一国的统治阶级的意志，而只能是代表各国统治阶级的意志。而各国的统治阶级，特别是不同政治社会制度的各国统治阶级，不可能设想都抱有共同的意志，而只能是

"各国的协调意志"。王铁崖先生进一步指出,"国家之间之所以达成协议,形成支配国家之间的关系的原则规则和制度,是因为这些原则规则制度是国家在彼此交往中有这样的需要。""在法律上,国际法效力的根据是国家意志的协议,而在法律之外,国家意志的协议是受国家之间来往的需要所支配的。"

二、对国际法效力根据问题的剖析

正如周鲠生先生描叙的,"自然法学派、实在法学派、折中法学派的产生和发展是互相有交叉,但是何时哪派占优势则是清楚的。"那么为什么会出现周鲠生先生描叙的这种现象呢?一般论者都从时代背景下的社会政治形势、经济发展状况以及文化背景等角度进行考察,这无疑是正确的,但笔者在本书中想从国际法效力根据这一问题本身出发,并结合时代背景等因素进行探讨,以求新知。

如前文所述,"国际法是法律,具有法律约束力",这一观点是学术界的知识,那么,国际法的效力根据问题就可以回归到法的一般问题上来展开。

法律效力问题是发理学上的基本理论。它主要讨论三个问题,一是法律效力范围问题;二是法律效力来源问题,即法律效力为什么会有效力;三是不同法律相互间的效力关系问题,即法律的效力等级或法律位阶问题。

显然,国际法的效力依据问题即法律效力问题的第二个问题,即法律效力的来源问题。对此问题的回答迥异,自然法学派认为法律效力来源与正义,来自于民众的认可,社会法学派则认为法律效力来自社会事实,事实上人们照此办理,则法律有效。否则,法律无效。规范法学派一般则认为法律的效力来自于主权者的命令,因为主权者有下命权,而被法律规范的人原先就有服从主权者的义务,所以法律有效力。

上述各学派对法律的效力来源问题的回答实际上暗含了各自对法的效力标准的看法,其背后是各学派在政治上、哲学上、价值观上的分歧,具体而言,即从法的有效性这个角度出发,各学派在看待什么是法,法之所以成为法的态度上是不一致的。换言之,之所以对法律效力来源问题有上述不同的回答,其根本原因在于各学派对法律的本质问题的认识差异。

著名法理学家周永坤先生认为，法律的本质可以不同角度去认识，人们对法律本质的认识是在相互批判与法律发展的过程中不断发展的，从精神方面去认识法律始终在法学史上占有重要地位。周永坤先生将从法的精神内涵角度把握法律本质的各种理论归纳为意志说、理性说和客观系说。意志说认为法律体现的是意志，理性说认为法律体现的是理性，客观系说认为法的精神内涵是某种客观外在的关系，法只是对这种关系的表述。国际法当中关于国际法效力问题的自然法学派对法的本质的看法，显然应归入理性说，进而它主张国际法的效力根据是自然法，根源于人的本性、人的理性和正义。而实在法学派对法的本质的看法应归于意志说，进而主张国际法的效力根据是"共同意志"。

周永坤先生同时认为，将法律归结为意志或理性均有失偏颇。"法律是理性和意志的复合体。""一方面，以应然法出现的理性源自社会结构又超过社会结构，不断地改变着法律，制约着统治者的意志；另一方面，统治者的自我利益主张又不断地转化为立法意志，力图改变或强化某些法律以实现自我利益。"

依此理论，主张国际法的效力根据来自于"自然法"（人的本性、理性和正义）或"共同意志"是不尽科学的。

在周永坤先生的上述法理学理论基础上，笔者尝试对国际法效力根据问题作进一步探讨，主张国际法效力根据包括两个层次的内容，即包括主观意义层次上的直接依据和客观意义层次上的根据。当然，这种划分是从相对意义上所作出的。所谓主观意义层次上的直接依据，指的是一切或多数国家的意志，具体表现为主权国家通过国内立法或直接承认国际法的效力，而由一切或多数国家达成的"共同意志"。所谓客观意义层次上的根本依据，指的是国际社会的秩序要求（尤其是安全秩序的要求）和人类社会的正义要求。而这些秩序要求是如何为人类所知的呢？是理性。因此，从强调人的认识因素这一角度出发，认为国际法效力依据是人的理性，这并无不妥之处，反具积极因素。

尽管对国际法效力根据问题，各国学者认识不一，分歧颇大，但在实践中，各国做法却极为相近，即通过国内立法对国际法在国内的效力问题作出规定，不论是规定国际法效力高于国内法效力，抑或是规定国内法效力高于国际法效力，国际法的效力都是在内国的同意或承认下的。因此，对于实在法学派来说，国际法的效力根据直接确切地呈现给学者的是内国的同意和承认，来自于内国统治者的意志。这与实在法学派学者所持的经验主义的实证主义的认识论不无关系。而自然法学派学者所持的是理性主义的哲学观，显然不会停留在这个主观意志层面。

为什么内国会通过立法规定同意或承认国际法在内国的效力？仅仅是内国统治者自身利益的扩张需要而集中体现的"共同意志"，或者是王铁崖先生所解释的"国家之间来往关系的需要"？笔者不这么认为。

纵览国际法的发展史，我们可以发现：在古代和中世纪，由于生产始终没有超出自然经济的范围，各个国家或类似国家的政治实体都处于相对闭塞的状态，相互之间的交往极为罕见，有则多为暴力交往，这一时期的国际法（或国际法雏形）和国际法实践，以使节法、条约法、战争规则等最为多见。到了近代，随着地理大发现，资本主义生产方式在西欧首先产生并迅速发展，西方国家极力在海外殖民扩张，世界市场形成，东西之间和各大陆之间，各民族、各国、各地区之间原有的隔绝状态被打破，经济交往增多，但促进国际法发展的主要还是暴力交往——战争。欧洲三十年战争（1618—1648）从根本上改变了欧洲的政治版图，结束战争的威斯特伐里亚公会（1643—1648）和威斯特伐里亚和约标志着国际法发展的新阶段，近代国际法开始形成了。就现代国际法而言，实际上也主要是战争推动了国际法的发展。虽然一战和二战破坏了此前建立的国际法，但它们推动国际法进入了另一个新阶段。国际法的重要内容，如重要法律文件《和平法令》《国际联盟盟约》《国际常设法院规约》《联合国宪章》等，重要国际组织国际联盟、联合国等都是在战争的基础上建立的。

在国际法的发展中，战争扮演了极为重要的角色，甚至可以说是战争促使了国际法的产生和发展。而战争的毁灭性的破坏作用促使各个国家认识到安全秩序的重要，各个国家不得不直面主权国家间协调以求得"共同意志"的艰难。因此，在"共同意志"的背后，并不简单地是所谓"国家之间来往关系的需要"，它首先是人类避免产生毁灭自己的冲突，追求国家间安全秩序的客观需要。其次，在国际安全秩序基础上发展起来的政治、经济、文化等诸方面的交流和合作并非是各个国家有此喜好，而是生产发展的扩张性与地域资源有限性矛盾冲突的结果，各个国家不得不通过与他国的交往才能环合作求得发展，有时甚至以己方优势强迫他国与之交往合作。而只有有序性的交往和合作才能缓解生产扩张与地域资源有限性之间的矛盾，这就产生了国家交往秩序的要求。

当然，仅有秩序是不够的。国际安全秩序可以建立在以强凌弱的基础上，国际交往秩序的有序性可以建立在弱肉强食的基础上。秩序的内容必须是正义的。正如博登海墨先生所指出的，"秩序一如我们所见，所侧重的乃是社会制度和法律制度的形式结构，而正义所关注的却是法律规范和制度性安排的内容，它们对人类的影响以及它们在增进人类幸福与文明建设方面的价值。"在近代国际法发展史上，曾出现一些非正义的原则、规则和制度，例如所谓的正统主义，保护主义，势力范围，所谓合法干预，和平封锁，以及所谓领事裁判权，租界制度，不平等条约，等等。由它们确立的秩序显然也是非正义的。二战后，民族独立和解放运动的蓬勃发展，新独立国家在国际关系中形成一股强大力量，使国际法内容受到重大影响。1954年和平共处原则和1955年万隆十项原则等的提出，和平解决国家争端原则的确立等都体现了人们对国际秩序正义的要求和不懈努力。

那么，人类又是怎样认识到"共同意志"背后的这些秩序和正义要求的呢？自然法学派学者从强调人的角度出发，正确地回答了这个问题。如前文所述，"共同意志"背后的秩序和正义要求客观存在的，但这些客观要求又是深刻的，实在法学派坚持经验主义的实证主义的认识论，因而，实在法学派学者直观确切感受到的是意志层面的"共同意志"，而无法认识到为"共同意志"所遮掩的秩序和正义要求。自然法学派坚持理性主义精神，肯定人的认知能力，将他们已模糊意识到的秩序和正义要求抽象地表述为人的本性、人的理性。但限于当时的认识能力，同时该学派当时还肩负着与神权、神权法学的斗争任务，它无力也无暇将"理性"这一概念更为系统更为明确地表述出来，而遭受实在法学派的责难。即便如此，自然法学派将人从神那里解放出来，推崇人的理性的正确性使得其理论广泛传播开来，影响了整个欧洲甚至整个世界。笔者认为，自然法学派从强调人的角度出发，强调人基于理性而认识了到秩序和正义的要求，而将国际法的效力根据归之于理性，在当时，甚至现在都是有其合理性及其积极因素。结合其当时的时代背景来考察，笔者更是感受到自然法学派思想的深刻和睿智。

至此，笔者可以就何以出现周鲠生先生描叙的自然法学派、实在法学派、折中法学派的产生和发展互相有交叉，但是何时哪派占优势做个合理的解释了。国际法效力根据本身包括两个层次的内容，自然法学派从强调人的角度出发，将其意识到的秩序和正义要求这一客观意义层次上的内容（即根依据）称之为人的"理性"。而实在法学派在经验的实证主义的认识论指导下，认识到主观意义层次上的内容（直接依据），即所谓"共同意志"。于是，两派学者谁也无法完全驳倒对方的理论，因为他们都有其自身的合理性，进而产生了两个学派互相批判，其发展互有交叉的景象。不同时代、不同环境的人们有不同的关注点，自然法学派和实在法学派各自认识到的不同层次的内容在不同的时期各自为人们所注视，从而出现了"何时哪派占优势是清楚的"景象。

三、关于"折中"法学派和中国学界的"协调意志"论

格老秀斯的国际法理论被有的学者称为自然法学派理论与实在法学派理论的折中。但正如王铁崖先生指出的，在自然法学派与实在法学派之间的所谓"折中学派"其实还是有所偏重的，不是偏重于自然法学派说，就是偏重于实在法学说。因此，王铁崖先生认为，早期国际法学家对于国际法效力依据这个基本理论问题主要分为两大学派：自然法学派和实在法学派。笔者甚为赞同王铁崖先生的这种主张。格老秀斯实际上是古典自然法学理论的创始人之一，其国际法理论实际上是属于自然法学说的。因为他主张自然国际法是制定意志国际法的依据，意志国际法不得违背自然国际法的基本原则。有学者将其理论称为"折中学派"实际上是对格老秀斯国际法理论的误解。格老秀斯虽侧重于自然法学说，但他科学地意识到笔者在前文着重分析的问题，即国际法效力根据包括两个层次的内容，较为正确地将国际法分类为意志国际法和自然国际法。而其理论的这种极具合理

性的观点被有的学者误解,被认为是对自然法学说与实在法学说的折中。

而中国学界的所谓"协调意志"论,在笔者看来,与实在法学派的"共同意志"论并无实质的差别(单从纯学术意义上来讲)。"协调意志"理论只是在充分关注主权原则的情况下,强调在各个国家间达成"共同意志"的协调过程。主权是指一个国家对内的最高权力和对外的独立自主的权力,是不受其他任何国家控制的。主权也不是绝对的,至少,国家是国际社会的成员,在要求别国尊重自己的主权的同时也有义务尊重别国的主权。各个主权国家基于各自的利益显然不能任意达成"共同意志",这中间必然有一个艰难的协调过程。中国学者基于中国在近现代追求国际秩序的正义性的艰难,特别关注主权原则下的协调过程的情况下,主张各国不能取得"共同意志",主张是各国间的"共同意志",这是可以理解的,也有其合理性。但据笔者上文理论的阐述,不论"共同意志"抑或是"协调意志",它们认识到的都只是国际法效力根据的第一个内容,即主观意义层次上的直接依据(意志),忽视或否认国际法效力根据的第二个内容,即客观意义层次上的根本依据(秩序和正义的要求)。

四、总结

综上所述,之所以会对国际法效力根据问题有迥然不同的回答,其根本所在是对法的本质的认识不一,因为法效力问题是从有效性角度来看"什么是法律"的。我国国际法学界提出的"协调意志论"其理论基点为"法即统治阶级的意志"的法本质观。但众所周知,法的本质问题的理论已有了重大发展,对我国以前继承的维辛斯基的"统治阶级意志论"法本质理论有所扬弃。如前文所述,张文显先生认为"法律是意志和规律的结合",周永坤先生主张"法律是意志和理性的复合体",因此将国际法的效力根据归结于"理性"或者"共同意志",抑或是"协调意志"都有失偏颇,进而主张国际法的效力根据包括两个层次上的内容,即主观意义层次上的直接依据(意志)和客观意义层次上的根本依据(秩序和正义,从强调人的认识因素出发亦可表述为理性)。

国内国际法学者现在仍坚持"法即统治阶级意志"的法本质理论基础上的"协调意志论",实际上反映了当前法学界焦虑的一个问题,即具体法律部门与法理学的疏离。法理学上对法本质问题的研究已往前踏了一大步,而国际法领域却对此毫无反应,仍坚持原来的统治阶级意志论。这是不应该的。

第四节 国际法与国内法的关系

一、论国际法与国内法的理论关系

本书将反顾关于国内法与国际法关系的各种理论形态,并对之做出评述;且从在实践方面,简单讨论国内法与国际法相互适用的方法和实践。

德国法学家斯达克(Starke)认为:"要完全掌握国际法的实质,最重要的莫过于对它与国内法的关系有一个清楚的了解。"21世纪是一个充满机遇和挑战的世纪,经济大发展和科技大发展、大融合,必然导致国内法的国际化和国际法的国内化程度与日俱增,并趋于前所未有的高度。然而,如何认识和处理国际法和国内法的关系,迄今为止,我国国际法学家都没有给予明确的答案。为此,深入探讨国内法与国际法的关系具有重大的现实意义和历史意义。在此,笔者限于研究水平,仅做一般研究。

理论形态回顾:

1. 二元论

从历史上看,关于国际法与国内法的关系,在理论上先出现的是二元论,而且在一定时期内占据优势。代表人物主要有特里佩尔、安齐罗蒂、沃尔兹和奥本海。目前很少有学者还坚持这个理论。

关于二元论的主张,纵观历史,笔者赞同我国台湾学者吴嘉生先生的总结。他在总结二元论的观点时指出,二元论认为,国际法与国内法的差异在于:

（1）渊源不同。前者系国家意志的协调，表现为国际条约、国际惯例；后者系国家的单独意志，表现为判例法、成文法、国内惯例。

（2）主体不同。前者系受国际法约束的国家、国际组织、正在争取独立的民族、特定条件的个人；后者系受国内法约束的个人、私法人（民间各种社会或财团法人）、公法人（政府各机关）。

（3）对象不同。前者调整国家间关系、国际组织间关系以及国家与国际组织间关系；后者调整个人间关系、国家与个人间关系以及国家机关间关系。

（4）性质不同。前者系平行关系；后者系隶属关系。

（5）制裁方法不同。国际社会组织较为松散、司法制度尚不完备、在国际社会尚无较高执行法律的权力机构之存在，国际法原则被某一国违反时，尤其是世界强国时，无法给予制裁；相反，国内社会组织较为严密、司法制度交完备、有强力的立法及司法机关。传统的二元论者对于国际法与国内法关系研究做出一定贡献，他们指明国际法与国内法的差异，这是客观事实；但是，他们忽视了两者之间的联系，并将两者的差异性绝对化，这从逻辑上是错误的。另外，他们提出两者冲突是适用国内法的理由不充分，不符合各国实践。

2. 一元论

一元论又分为国内法优先说和国际法优先说。自19世纪末，二元论逐渐受到挑战，20世纪初，否定二元论的学者提出一元论中的国内法优先说。20世纪40年代后，一元论分化，国际法优先说占据优势。目前，国内法优先说基本被摒弃，但是国际法优先说仍有一定影响力。

（1）国内法优先说

19世纪末，德国一些公法学家提出国际法优先说，主要是耶利内克、佐恩、伯格霍姆等。他们主张国际法与国内法属于同一个法律体系，国际法从属于国内法，国家的意志是绝对的、无限的，国际法的效力来自于国内法，国际法只有依靠国内法才有法律效力。依现代国际法分析，该学说的错误主要有三：首先，理论上缺乏依据。依此学说，每个国家都可以拥有从属于本国国内法的国际法，这样，各国国家都可以有自己的国际法。此说实质上改变了国际法性质，使其成了各国的"对外公法"。其次，该学说的核心错误在于，其抹杀了国际法的作用，从根本上否定国际法存在的意义。再次，这种把国家意志绝对化，从而否定国际法效力的做法，是为了适应强国向外侵略扩张的需要，以达到把本国的意志强加于国际社会，实现统治全世界的目的。该学说在二战时德国一度兴起，后很快销声匿迹。

(2) 国际法优先说

①国际法优先说的主张。该学说兴起于一战后，它主张国际法与国内法是同一法律体系的两个部门，但在法律等级上，认为国内法从属于国际法，属于低级规范，在效力上依靠国际法，国际法有权要求将违反国际法的国内法废除；而国际法的效力依靠于"最高规范"——"约定必须信守（国际社会的意志必须遵守）"。这一主张的代表人物有第一次世界大战后的狄骥、波利蒂斯、费德罗斯、孔兹和第二次世界大战后的凯尔森、杰塞普等，其中，最杰出的代表人物是凯尔森。

②评述。该学说揭示了国际法与国内法的密切联系，认为国际法不可能脱离国内法而单独存在，这无疑是具有积极意义的，但是它却因此走上了另一个极端，认为两者属于同一法律体系，且国际法的效力最高，凌驾于国内法之上，国际法的发展会导致世界国家的建立等。

这种观点忽视了两者所存在和发展的不同社会基础，生搬硬套地视国际法为国家法，视国内法为地方法，进而否定作为国家的根本属性和国际法基础的国家主权。其中尤其以凯尔森为最，他的"纯粹法学"重视法律规范及相互关系和等级层次的研究，这对后来者颇具启发作用，但是他在分析法时过于强调纯粹公式和逻辑分析，忽视法律中人的因素和法的社会效果，从而使这种法学所研究的仿佛是与世隔绝的、处于真空中的法律。并且他的这种纯粹法学思想将正义哲学和法律社会学从法律研究中抽离出来，这使得他分析国际法所得出的观点理想化。这不仅不能说明法现象，反而曲解了法现象。更何况，以在国家主权原则为理论基础的国际法律规范几乎难以形成各国共同意志下的"最高规范"，因而，他们所提出的金字塔形的"法律阶梯"在法理上难以构成。再结合这种学说产生的时代背景,让人不得不怀疑这种学说是为帝国主义的侵略扩张,制订"世界法",建立"世界政府"提供理论根据。

任何学说,无论它是多么的边缘化,或者在思想上或者在论证上总有其闪光之处,笔者认为,尽管当前国际法优先说已经不算是主流观点,但是它的一些观点和论据以及论证的角度对于正确理解当前国际关系的新变化和正确把握国际关系的发展方向仍然具有启示作用。甚至,如果用另一种眼光看待它,那么可以说它可能代表着国际法发展的新趋势。这种新趋势产生的背景:一是全球化过程的发展必然带动法律的趋同化和统一化,致使国内法遭受制约,即国内法更多与国际性法律融合;二是由于现代政府间和非政府间国际组织的飞速发展,国际法的调整范围日益扩大,而国家"保留范围"日益缩小,同时必然强化国家主权的限制或授让。

在这种国际形势下,法律的发展不断为凯尔森的国际法优先说提供实践的依据,其主要体现在以下几个方面。首先,个人在特定范围内可以成为国际法的主体(凯尔森论证国际法与国内法属于同一法律体系时的立论根据在很大程度上源于个人是两者共同的主体);其次,欧盟的法律趋同化和统一化已经取得重大成就;最后,国际法向国内法渗透——国家依据条约承担的义务越来越多而致使国内法中的国际法因素日益加强。另一方面,时代发展在慢慢地改变着世界格局,一个超级大国独自称雄世界的格局已经是昨日黄花,当前格局是强国林立多极化发展,在当前的国际关系中,一般强调国际法优先,以反对各种形式的霸权主义,因此,国家主权在越来越多的领域客观上受到不同程度的限制,以利于国际合作的加强和对国际社会整体利益的关注。一言以蔽之,从国际关系的现实和发展角度看,凯尔森的国际法优先理论在某种程度上具有一定的合理性和前瞻性,有助于洞察国际法的演变和完善。目前,对于个人是否是国际法主体在国内乃至在世界范围内存在较大争议,而主流观点并没有接受个人已是国际法主体这一结论,并且传统国家主权理论对于国际法优先说来讲也是一个必须攻克的重大课题。因此,对于国际法优先说(尤其是凯尔森的主张)是否具有合理性和前瞻性以及在哪些方面具有合理性和前瞻性等问题,有待进一步研究和观察。

3. 协调论

为了正确地揭示和说明国际法和国内法的关系，越来越多的法学家希望避开一元论和二元论的不足，找到一种逻辑结论与国际、国内机构及法院的行为方式相符合的理论。这一理论便是发轫于20世纪50年代末的自然协调论。

（1）自然协调论的代表人物及其观点

该学说的主要代表人物有菲茨莫里斯、卢梭、布朗利、奥康奈尔、童金、周鲠生、程晓霞、詹宁斯和瓦茨等。

早期，提出这种学说的法学家们认为国际法与国内法是不同的两个法律秩序，分属不同的法律体系，而且两者作用领域不同，因此二者不存在法律上的隶属关系。此外，由于这两者在结构和职能范围的差异，并不会使得两者隔绝，而是使得它们必须相互作用；国内法未依据国际法运行，其结果并不是国内法无效，而是国家在国际层面上要承担责任。正式提出自然协调论的英国学者奥康奈尔进一步提出，任何法律秩序都是人与人的关系，但是人并不单纯地在国际的或者国家的法律秩序中生活着，国际法与国内法，从个案（或者是特定的个别的人类行为）看是各自独立的，但是就其政体的目的在基本人类利益而言，则是协调的，两者在同一水平线上；两个体系并不相互冲突，但是允许相互矛盾的法律规则的存在，如果出现这种规则冲突，它们并非无效，而应当协调相抵触之点而消除矛盾。

与此同时，中国的法学家关于这个问题也提出自己的观点。他们在批判以往各派观点的基础上也提出，国际法与国内法不是相互对立的，而是自然调整的关系。表现为：从历史渊源上看，国内社会及其法律制度形成在前，国际社会及其法律制度发展在后，这必然使国际法承袭了国内法的成熟经验及一般性规则；从效力根据上看，二者都出于国家意志，国家既是国内法的制定者，同时也参加制定国内法，国家在制定国内法时要考虑到国际法的要求，在参与制定国际法时也要考虑国内法立场；从实践上看，国家的对内政策和外交政策，国家的国际事务与国内事务总是相互配合、牵制而相辅相成的，法律为政策服务，国家政策自然影响它对国际法的态度和立场。这一客观事实加强了国内法与国际法在实际中的联系，必然使两者在付诸实施过程中相互发生作用。

国际法，按其性质，约束国家而不是其政府和人民，如果一国制定的某项法律违背国际法，虽然法庭仍须执行，但是国家因此要负违反国际义务的责任，那么可总结：二者之间的关系问题，归根到底是国家在国内如何执行国际法的问题，即如何履行国际法上的义务。根据"约定必须信守"原则，国家如果承认了国际法规范，那么就有义务使得它的国内法符合于它依国际法所承担的义务。至于采取何种方式满足这一要求，则是各国可以自由决定的事。从法律和政策一致性的观点看，只要国家自己认真履行国际义务，国际法与国内法的关系总是可以自然调整的。

该学说还有其他的分支。詹宁斯、瓦茨修订的《奥本海国际法》认为："即使国内法与国际法相抵触，国内法院也必须适用国内法律，但是，有一种推定认为这种抵触是不存在的。既然国际法是以各国的共同意志为根据的，一个人国家就不至于故意制定与国际法相抵触的规则，所以，一项规则虽然在表面上似乎与国际法相抵触，但是，如果可能，总应该如此解释，以便避免抵触。另一个用以避免或者限制国内法与国际法相抵触的推定——特别是在主张域外管辖的场合，是推定制定法无意规定立法的国家领土以外的事项，至少在这些事项可能涉及外国人的行为的限度内。然而，如果立法机关有明显的相反意思，这个推定，就像前面所说的推定一样，就不适用。"

（2）对自然协调论的评述

相比一元论和二元论，自然协调论无论在方法论上还是在法学理论基础上都有所突破，而它的理论贡献也在于从两个方面改变了人们讨论二者关系的视角。首先，是着眼于二者的同质性。以往研究二者关系的方法有一个共同点，即强调国际法与国内法的对立。忽视了二者之间的联系。正如李龙和汪习根两位教授所言，这些学说要么单纯地强调二者的区别，如二元论；要么人为地在二者之间绝对化地分出孰高孰低，如一元论。自然协调论着眼于二者之间的联系，看到了二者之间"和而不同"，准确地说是"不同而和"的一面。也就是说，既看到二者的区别甚至是对立的一面，又要看到相互重合或者可以相互协调的一面，并且最重要的是在"不同"的前提下，从其协调的一面入手揭示其相互区别而又相互协调的本质关系。其次，确定关系后，自然协调论更进一步地着手讨论二者相互协调的理由，这是自然协调论第二个理论贡献。奥康奈尔将二者协调的原因归结为人类的行为，周鲠生先生将之归结为国家的行为，而詹宁斯、瓦茨修订的《奥本海国际法》将之归结为法律上的推定制度，对于促成国际法与国内法相互协调的因素的讨论仍在继续，这些讨论使得自然协调论在当代仍然焕发出勃勃生机。总之，自然协调论将国家及其行为和人的因素也加入到要考量的范围，较为全面客观地揭示了国际法与国内法的关系。

但是，自然协调论也存在一些令人质疑的地方而受到微词。有学者认为，自然协调论消极地将国际法与国内法的关系置于法律规范之外进行任意思考，这一理论看似全面，实则回避了二者关系的实质，即国家如何在国内执行国际法的问题，也即是国家履行依国际法承担的义务的问题。若缺少一种能保证国家履行国际法义务的法律机制，作为国家意志反映的国内法又如何能与国际法自然而然地协调起来呢？也就是说，它势必滑向自愿义务论的误区。正如哈特所说："确有必要斟酌那些'自愿主义论'和'自律'论。"

这些理论把所有国际义务都看作自我施加的义务，就像由承诺产生的义务一样，此类理论实际上是政治学中的社会契约论在国际法中的仿制品。对于上述评述中所提及的自然协调论不应在法律规范之外进行考量的观点是值得商榷的，笔者认为，讨论国际法与国内法的关系不必囿于法律规范的篱笆之中，对二者关系的研究在某些方面可能在法律规范的范畴内便可以完成，如它们各自的定义、所包含的术语、有关机制和制度等，但是在某些方面，如它们的性质、本质、历史沿革、效力来源等，却不是在法律规范的范畴内可以解决的，对于这些问题的探讨可能会延伸到哲学、伦理学、社会学等领域。但是，在另一方面，笔者不得不承认自然协调论确实反映出自愿义务论的倾向，并且，它对国际法与国内法之间协调关系的原因进行探讨时，更多的是在对于国家及其行为等因素进行现象描述，并没有通过探究它们影响二者关系的方式和原理来解释现象后的本质。尽管国际法与国内法的协调关系与国家的因素、人的因素以及法律推定制度有密切联系，但是我们不应该停留于此，而应当将问题讨论引向深入，如为什么国家作为立法主体能够使得二者相协调？是什么使得国家的对内对外职能和政策协调一致并继而使国际法与国内法保持协调？等等。

(3) 法律规范协调论

近年，武汉大学法学院李龙教授和汪习根教授提出了国际法与国内法关系的法律规范协调论。两位教授声明，他们无意于创建什么流派，如果非要对此进行归纳，他们认为，姑且称之为"法律规范协调说"。这一理论自成体系，蕴含了不少新的思考和见解，笔者出于也认为国际法与国内法之协调关系的基调，将它纳入协调论的范畴内进行考察。

这一理论的内涵是：法律规范的和谐一致是准确把握国际法与国内法关系的理论起点，法的内在特质的普遍性和形式特征的共同性以及法治社会对法律体系融合协调的基本要求，决定了国际法与国内法必须且只能在法律规范的统领下和谐共生、协调一致。它的立论依据是法律规范的整体性和统一性，也是国际法与国内法协调之原因，两位教授认为：法事不同层级的规范组成的有机统一体，表现为在高位阶法律规范的统摄下形成门类齐全、结构严谨、层次分明、内容协调的法律格局，并在微观上表现为不同法律规范之间在效力上具有时间的继起性和空间的并存性，即各法律规范相互连接成一个错落有致的整体，对一些法律的遵守或者违背会导致另一些法律规范效力的启动；高层次和普遍性的法律规范既在低层次的具体法律规范中得到具体化，又是保持其纵向一致的前提；效力相当、范围相当的法律规范之间维持着横向上的相容性并互补互助。

尽管国际法与国内法在各个环节均有显著差异，单抽去这些具体的外表，潜藏于其后的调整内容（社会利益关系）和调整机制（社会利益衡平和协调）在法理学意义上是趋于一致的。两位教授还从规范之间的亲和力与承继性方面论证了法律规范统一性的形成和发展路径，他们认为，法律规范之间的亲和力和承继性是法律进化的重要因子，国际法正是在吸收国内法律制度以及法律原理的基础上成长起来的，一国既有的法律规范可能会因国际法对相同事项的规范更加理性与正义而随之变更，而国内法律规范的普遍性意义经过一定的法律实践后可以扩展该国家之间共同遵循的法律规范。在面对具体实践中出现的国际法与国内法相互矛盾的问题时，两位教授提出了协调两者关系的方法或者说是标准——良法，良法标准以设定界线为前提、依择优舍劣即"两害相较取其轻，两利相较取其大"的机理发挥作用，具体有取代、更新、补漏等方式。那么，什么是良法？按照他们的观点，良法之法既要求形式合理，更强调实质正义，"法律旨在创设一种正义的社会秩序"。也就是说，两相比较更体现正义、更有助于秩序建设的法律就是良法。

笔者以为，两位教授提出的良法标准正是其超出其他理论的地方，相较于自然协调论的自然协调的方法，以良法为标准协调国际法与国内法的关系无疑更积极主动。纵观法律规范协调论，值得肯定的是，它从法律规范的角度对协调论进行了充分论证，它提出的"法的内在特质的普遍性和形式特征的共同性"指出了国际法与国内法的同一性，并提出良法标准。但是，该理论也存在欠缺之处。一是它局限于逻辑推演而缺乏实例论证；二是两位教授没有讨论由谁来进行良法的价值判断；三是他们没有探讨违反国际法的国内法规范的效力问题；四是撇开制约法律的政治、经济、思想、文化等因素来阐述国际法与国内法的关系所得出的结论令人难以信服。

（4）利益协调论

国际法与国内法的关系是一个悬而未决的理论问题，其原因，表面上在于诸多法学家对其讨论经久不息并不时提出新观点，而更深层次的原因在于迄今为止没有一种学说力压群雄，因此，利益协调论就是在此背景下由一些国内法学家提出的新理论，代表人物是万鄂湘教授等。

关于国际法与国内法的关系，利益协调论的基本观点亦是协调的关系，但不同的是它从利益协调的角度阐述两者协调关系的表现和原因。该观点受利益法学派的影响，这种学派认为。法是立法者为解决相互冲突的各种利益而制定的原则，它并不是完美无缺的；法学的任务在于通过对法律和社会生活的研究促进法官完成维护利益尤其是社会利益的职责。因此，该观点认为，利益是各种法律关系的本质，追求共同利益、实现利益相对最大化是国际法与国内法之间协调关系的根本原因，各种制约和影响国际法与国内法的因素实质上都是以利益为核心在起作用。

具体来说，国际法与国内法均为法律规范，法律的背后是立法者的意志，而立法者的意志是由一定法域的各阶层、群体或集团利益决定的；法律与利益的关系是：利益是法律形成和发展的内在驱动力，法律则是对利益的确认、界定和分配，旨在协调不同的利益冲突。国际法与国内法的关系主要是国际法在国内的适用问题，但二者本质上仍然是一种利益关系，即主要是国际社会的共同利益（国家间的共同利益和全人类的共同利益）和国家自身的利益关系。可以说国际法是调整国际社会利益的法律规范，国内法主要是调整国内社会关系的法律规范，两者相较国内法代表的国内社会利益是人类利益的主体和基础，因为每个人都会在特定的国内社会活动，其产生的利益不仅是个人，还是其所在国或所属国生存和发展的前提和基础；而国际社会是在国内社会的基础上形成的，具有相对利益，但是它存在的合理性在于增进国内社会的利益，国际法作为调整国际社会利益的法律规范，除了维护国际社会的相对利益以外，它必须旨在维护和扩大国内社会的利益。尽管如此，实践中还是经常有冲突发生，但是，追求利益是人类进步的动力，而代表国家利益的政府行为更是要追求利益最大化；由于各国际社会成员利益需求不同，为了不使利益冲突导致两败俱伤，各成员只得合作，寻求利益相对最大化，而作为联结国际社会利益和国内社会利益主要介质的各国就须得相互妥协或调整，使国际社会利益和国内社会利益相协调，表现在外的现象就是国际法与国内法相协调。

在具体的协调方法上，万鄂湘主编的《国际法与国内法关系研究》将国际和国内的社会利益各分为三个等级区别对待。国际社会的根本利益（亦称人类的根本利益）处于国际社会利益的第一层级，它关乎国际社会或全人类的生存和发展，体现为国际法基本原则和国际强行法，具有强制性，凡是与其相抵触的国内法均无效；国际社会的一般利益（包括绝大部分国家）处于第二层级，表现为国际公约，具有普适性，通过逐步建立缔约自由原则、加入制度、保留制度、退出制度、国际解释制度以及国际纠纷解决机制来促进国际法与国内法的协调发展；

国际社会的特殊利益（某些国际社会特定区域的成员缔约所形成的利益）处于第三层级，表现为多边或双边条约，具有自助性，由各成员自我调整，避免义务相矛盾。国内社会利益分为根本利益、主要利益和次要利益，当国际法与国内社会利益一致，或直接适用国际法，或将国际法转化为国内法；当两者相悖时，根本利益和主要利益不可抛弃，即拒绝适用国际法，至于次要利益不会过多考虑，因为国际法既是国际社会利益的体现，也是国家根本利益或主要利益的体现，同一解释原则要求国家不应由于维护次要利益而使国内法与国际法在解释上发生冲突。笔者十分赞同利益协调论，它将哲学和社会学的某些思想和方法运用到考察国际法与国内法的关系中，较为清晰地揭示了国际法与国内法关系的本质及其原因。但是笔者也不认为该学说是完美的，它也有一些缺憾。首先，该学说以"利益"说"法"，现实意义有待商榷；其次，利益协调以何为标准尚未阐述；最后，利益概念比较模糊，没有定论。

4. 方法论探究

（1）国际法在国内适用的方法论

各国适用国际法的方法多种多样，但总体而言，不外乎直接适用和间接适用两种。

①国际法在国内的直接适用。国际法在国内的直接适用是指根据一国法律或实践，国际法规则构成该国法律的一部分，直接约束国内机关和个人，其产生的权利和义务为国内司法机关所承认。它的特点是国际法的形式和内容均不发生变化。具体手段可总结为两种：一是总体采纳，是指一国通过法律规定将任何可适用的国际法规则一次性地、永久地纳入国内法体系中。这种做法比较简单，能使国内法持续地、自动地符合国际法律标准；但是这种方法比较极端，实践中很少有国家严格采用这一方法。二是逐案采纳，指国内立法机关通过专门立法，规定特定的国际法规则在国内适用，但对该规则的内容不做变动。这是一种间接实施国际法的手段，但由于规则的内容和形式未变，有直接适用的效果，故将之直接适用一类。

②国际法在国内的间接适用。这种方法也称作"转化"，是指国际法规则必

须通过有关国家机关制定特定的法律或采取其他特殊措施,转化为国内法加以适用的方法,在转化的过程中,有关国际法规则的形式和内容均可能发生变化。它与直接适用的方法最根本的区别是国际法规则的形式发生变化,不再以国际法的面貌出现,而成为国内法。

(2)国际法中适用国内法的实践

在国际法中适用国内法的情况只有发生在国际法庭或法院了。由于国际法与国内法之间的密切联系,国际法庭也无法完全无视国内法的存在,这就涉及国际法院或国际法庭对国内法的态度问题,即国内法在国际关系中的地位问题。主要有两方面:一是国家不得援引其本国法律作为其违反国际义务的借口,这是业已确立的且得到各国普遍接受的国际法原则,因为任何国家都不能将自己的国内法凌驾于国际法之上或者强迫他国遵守其国内法。二是国际法庭参考相关当事国国内法,国际法并不完全无视国内法,国内法在国际法庭中也有很多作用,如在判决时常考虑运用相关国家的国内法来解决管辖权、自然人和法人的国籍、没收等问题;国内法院对其本国法律的解释对于国际法庭有约束力;国际法庭不能宣布国内法规则在该国内无效;特别协议可能要求国际法庭适用相关国内法等。

通过对国际法与国内法关系的研究,笔者得出如下结论。

第一,国际法与国内法的关系不是谁主导谁和谁取代谁的关系,而是相互区别而又相互协调、互济共赢的关系。国际法与国内法是两种不同的法律体系,以国家为介质相互连接起来,它们之间的差异和冲突是客观存在的,因此,它们是相互区别;但是二者并非根本对立,从现实看,各种联合国法律、国际公约以及各种双边或多边条约的签订并生效,证明二者是存在密切联系的,从利益的角度看,国际社会和国内社会的利益是相互贯通的,在利益的统摄下,国际法与国内法是可以互济共赢的。

第二,促成国际法与国内法协调的因素是多方面的,如人的因素、国家行为、法律的一体化和趋同化、利益、全球化等,但是笔者认为其中最基本的因素是人类对利益的追求。正是由于人类社会对利益的不懈追求和国家社会具有共同利益，作为利益界定、分配和维护的国际法与国内法才得以在总体上协调发展。

二、论国际法与国内法的实践关系

国际法与国内法的关系既是国际法的理论问题，也是涉及各国实践的问题。它包括两方面的内容，一是国际法与国内法的效力等级问题，二是国际法如何在一国国内适用的问题。随着中国改革开放政策的实施，中国与世界的交往越来越多。因此，在经济全球化趋势的背景下，重新审视国际法与国内法的关系是很有价值的。

1. 绪论

国际法与国内法的关系问题在国际法学界的讨论由来已久。这是"因为它本身带有强烈的理论性质，而且牵涉国际法的性质、国际法的渊源、国际法的效力、国际法的主体等国际法上带有根本性的问题"。目前已有的观点有一元论（又分为国内法优先说和国际法优先说）、二元论、自然调整说和法律规范协调说等。这几种观点都以不同的视角、不同的研究方法对国际法与国内法的关系做出了自己的回答，但终未能达成统一。

2. 国际法与国内法关系

自19世纪以来，西方国际法学者在国际法与国内法关系的理论上提出了三种不同的主张。国内法优先说、国际法优先说与国际法与国内法平行说。前两种学说被归结为"一元论"（Monism），第三种学说被归结为"二元论"（Dualism）。目前，在西方国家较为流行的是第二种学说，即国际法优先说。

持"国际法优先"说的西方学者都主张国际法优先，认为国际法与国内法是同一法律体系的两个部门，但是在法律等级上，认为国内法从属于国际法，属于低级规范，在效力上依靠国际法，国际法有权要求将违反国际法的国内法废除。

关于国际法优于国内法，这在国际层面上，尤其是在国际法与国内法的冲突中，确是如此。首先，在现行国际法或国际文件中，国家在国际关系中负有使本国的国内法与国际义务相一致的义务。国际法一般的原则是：一国不能以其本国国内法的某一规则或某一缺漏来对抗一项以国际法为依据的权利主张。如果国家由于国际法和国内法相抵触而不能遵守国际义务，则产生国际法上的国家责任。

1969年《维也纳条约法公约》第二十七条明文规定："条约当事国不得援引其国内法规定作为理由而不履行条约（除非在违反有关缔约权限的国内法规定时，可使该条约无效）。"此外，在国际司法上，国际法的优先地位也已确定无疑。在国际司法机构的多个案件中也肯定了这样的原则：国家不仅应在理法上也应在司法上遵守国际法，任何国家都不能援引国内法来逃避国际法的义务。另在1992年的洛克比空难引起的1971年《蒙特利尔公约》解释和适用问题案中，国际法院的沙哈布丁法官强调了这一规则：一国不能以其依照国内法作为其不遵守国际义务的辩解。但是国家为了履行条约义务，不能没有在国内执行条约的立法措施，而这项执行措施究竟采取何种方式，则属于国内法的范畴，由各国自己决定。对于国内法，国内法优于国际法是有效的原则，而对一国际法机构，则相反的原则是有效的，即国际法优先于国内法。然而，法律在国内对国际法的优先只是暂时性的，因为根据受害国的要求，各国在国际法上负有义务修正或者废止其所发布的违反国际法的法规。所以，通过这个程序，国际法和国内法之间的原来的抵触就得到有利于国际法的解决。

3. 国际法与国内法关系研究现状

现实环境的变化为以往国际法与国内法关系的研究发展与自我反思提供了新的契机。尤其是对我国来说，国际法与国内法的关系更是一个相当薄弱的理论研究领域，尽管国际法与国内法的关系问题在国际法学界的讨论由来已久。这不仅因为它本身带有强烈的理论性质，而且牵涉国际法的性质、国际法的渊源、国际法的效力、国际法的主体等国际法上带有根本性的法理学问题。

我国学者周鲠生先生提出了不同于一元论和二元论的"自然调整论"的主张，其总体上比较接近二元论。自然调整论认为，国际法与国内法是两个法律体系，二者互相联系、互相渗透、互为补充，并在一定条件下相互转化。正如有学者指出的那样，"自然协调论"实则回避了国际法与国内法关系的实质。

我们不仅仅停留于对不同学说的具体观点与论证方法层面上的反思与批判，可以发现上述学说其实都是持一种国家中心主义的立场，以主权国家为世界结构中的单一主体的认识来作为讨论问题的预设，把国际法与国内法的复杂关系归结为主权下的讨论，且是唯一正当的，使主权作为连接国际法与国内法关系的唯一纽带与核心环节。

4. 我国在国际法与国内法理论上的实践

与其他国家不同，关于国际法与国内法的关系如何，我国宪法中并没有相应规定；同时，也没有规定条约在我国适用的方式，相关法律在这方面的规定亦相当混乱，很难从实践中对我国适用条约的方式得出定论。

（1）国际法与国内法的关系的定位

我国确认了"条约必须信守"的原则，明确了我国在国际关系中必须履行所承担的国际法上的义务。1987年8月27日，最高人民法院、最高人民检察院、外交部、公安部、国家安全部、司法部联合发布的《关于处理涉外案件若干问题的规定》指出："当国内法以及某些内部规定同我国所承担的条约义务发生冲突时，应适用国际条约的有关规定。我国不能以国内法规定为由，拒绝履行所承担的国际条约规定的义务。"在国内层面上，作为整个法律体系核心的宪法并没有提及条约在我国国内法律秩序中的地位，而只有条约的缔结、批准和废除方面的规定。

（2）国际法在国内的适用方式

我国的不少法律、法规含有条约与之发生冲突时适用条约的规定。由此，很多学者就得出了我国采用或事实上采用"纳入"模式的结论。不难发现，我国法律中诸如此类的内容很大一部分是以解决国内法与国际条约之间的冲突为出发点的。也就是说，在履行条约义务与适用国内法发生冲突时应当如何解决这一冲突，而不是专门为条约在我国得以直接适用所作出的规定。况且这类规定常会给人一种错觉，即我国直接适用条约的前提是我国的法律规定与条约发生冲突，这是不是就可以说，如果二者没有冲突，就适用我国法律而与条约无涉呢？虽说立法者的意图决非如此，但这也不可避免地出现了这样一种现象：中国的法官在实践中似乎倾向于将其理解为条约在国内适用的条件，如果这样理解，势必会造成有些条约规定无法在国内得以实现。

最后，我国还采用了大量保留方式，排除了条约某些条款在我国的适用。如在很多法律规定中都有"……与本法有不同规定的，适用该国际条约的规定。但是，中华人民共和国声明保留的条款除外"的固定化语言模式，这就使得我国适用国际条约的方式更加复杂化。

宪法修正案的形式应在宪法中统一规定宪法高于国际条约、国际条约又高于一般国内法的地位。在适用国际法的方式上，应结合我国国情来选择合适的方式，以达到既保护我国的国家利益，又最低限度地不违反公认的国际法原则，并可促进整个国际社会的和平与安全的目标。

三、论国际法与国内法的现实意义

随着国际经济一体化和经济全球化进程的加快，国际交往日益频繁，必然导致国内法的国际化和国际法的国内化水平与日俱增。国际法与国内法的关系问题是国际法的一个基本理论问题，其实质是国内法在国际交往关系中占居何种地位以及国家如何在国内执行国际法。明确国际法和国内法两者的关系，在保护人权，促进中国对外交往，进一步加快中国经济发展步伐，促使中国经济融于世界，具有深刻的理论意义和实践意义。

（一）关于国际法与国内法关系的理论

国际法与国内法的关系问题，是国际法的一个基本理论问题，基于对这一问题的不同认识，形成了一元论和二元论两种理论。其中，一元论又分为国内法优先说和国际法优先说，而二元论似乎是现代国际法学界的主流观点。

1. 一元论

一元论主张国际法和国内法同属于一个法律体系，但两者之间存在着一个谁优先的问题，进而又有国际法优先说和国内法优先说两种学说。

国际法优先说主张，国际法和国内法都是调整个人之间关系的法律，两者属于同一个法律体系，在这一体系中，法律规范被分为各种不同的等级，每一级规范的效力都来自于上级规范，国际法是高于国内法的法律规范，国内法的效力来源于国际法，国内法必须服从于国际法。这种学说强调国际法的效力，保证国际法具有无条件的优先地位，但却否定了国家意志和国家主权，否定国内法的效力。另外，这种学说主张国际法和国内法都是以个人之间的关系为调整对象，这就完全否定了国际法作为"国家之间的法"的基本属性，根本改变了国际法的性质和方向。

国内法优先说理论产生于德国。它主张，国际法作为法律，与国内法同属于一个体系，国际法是从属于国内法的次一等的法律，国际法的效力来源于国内法，它只有依靠国内法才有法律效力。国内法优先说实质上是强权政治在法律上的表现，通过把国家意志绝对化来否定国际法存在的意义，以达到把一个国家的意志强加于国际社会，实现统治世界的目的。国内法优先说在理论上是否定和取消国际法的，在实践中是不利于甚至是破坏国际法律秩序的，因而在国际上少有支持，第二次世界大战后已逐渐衰落。

2. 二元论

二元论的观点被称为国际法和国内法"平行说"或"对立说"，产生于19世纪末的德国。二元论主张，国际法和国内法各具特点，是两个不同的法律体系，两者是平等或对立的关系，它们各自有自己的适用范围，国际法不能适用于国内法，若要使国际法在国内适用，必须通过某种国家行为将其"转化"为国内法。二元论比较正确地分析了国际法和国内法的特点，认为国际法和国内法都是法律，都是国家主权意志的表现，两者分属于独立平等的法律体系，这是对国际法理论的一个发展。但二元论只是论述了国际法和国内法在形式上的对立，没有看到或忽视了它们在实质上的联系。

（二）国际法与国内法的区别和联系

国际法是主要调整国家之间关系的法律。国内法是上升为国家意志的统治阶级的意志，是为实现阶级统治服务的工具。国际法和国内法是两个独立的法律体系，彼此之间有着本质的区别，应该辩证地看待国际法与国内法的关系。

一是国际法与国内法效力根据不同。从法律的效力根据上看，国际法与国内法有着原则性的区别。在国际法学的历史发展上，关于国际法的效力根据有各种不同的学说。主要包括：自然法学派认为国际法效力的根据是"人类良知""人类理性"，国际法的基础是人类法律意识的"共同性"；实在法学派将国际法的效力根据归结为各个国家的意志或各国的"共同意志"；新自然法学派认为国际法的效力根据是"各民族的法律良知"；新实在法学派中比较有影响的是权力政治学说和政策定向学说。我认为，国际法是主要调整国家之间关系的法律，国际法对国家具有拘束的效力，而同时国家又是国际法的制定者，因此，国际法的效力根据就应该是国家本身，即国家意志。国内法的效力根据，在历史上有不同的主张。有认为法是自然形成的；也有认为法是根据"神的旨意"产生的。根据马克思主义的观点，"法律就是取得胜利、掌握国家政权的阶级的意志的表现"。所以说，国内法的效力根据，就是一个国家的统治阶级的共同意志和根本利益，而不是统治阶级内部个别人的意志或超阶级的"共同意志"，也不是统治阶级与被统治阶级之间协商一致的意志。

　　二是国际法与国内法制定方式不同。国际法的制定者就是国际法的主体国家本身，法律的制定者与法律关系的主体具有同一性。国内法是由国家的立法机关制定的，如西方国家的议会或国会，我国的全国人民代表大会及其常务委员会等。国内法的制定，无须与法律关系的主体协商，更无必要征求法律关系主体的意见或取得其同意。

　　三是国际法与国内法的调整对象不同。国际法是主要调整国家之间关系的法律，国际法的性质和国家所具有的特殊政治和法律属性，决定国际法的主体主要是国家，除国家外还有一些国际组织等。国内法的主体主要是自然人和法人，国家只是在极其特殊的情况下才构成国内法的主体。

　　四是国际法与国内法的法源不同。国际法的法源是指具有法律拘束力的国际法原则、规则、规章和制度形成的程序或方式及其具体的表现形式。国内法的法源是一国立法机关所制定的法律和经统治阶级认可的习惯规则，在英美法系国家中，国内法的法源还包括法院的判例等。

五是国际法与国内法的实施方式不同。对违反和破坏国际法的国家，可以由被害国单独或集体实施相应的惩罚措施，或由国际组织实行必要的制裁，如抗议、警告、召回驻外使节、中止或断绝外交关系、经济封锁、武装自卫等，使有关国家停止侵害行为，以达到保证国际法实施的目的。国内法的实施是以国家暴力机器，如军队、监狱、警察、法庭等为保证的。国内法由超越法律关系主体之上的国家强制机关保证实施，要求国家强制机关依照法律独立行使职权，公民在适用法律上一律平等。

国际法与国内法有着本质的区别，但同样有着必然的联系。

一是国际法与国内法应该保持一致性。国内法为一国的对内政策服务，国际法为一国的对外政策服务，而外交是内政的延续，就一个国家而言，国际法与国内法应该保持一致性。国家制定国内法时，不能忽视各国普遍遵行的规章制度，对其应尽的国际义务在国内法中应有充分的体现。国家在参与制定国际法时，不能无视本国的主权和现行国内法的规定，并要尽可能地将现行国内法的原则和精神甚至是基本内容渗透到国际法中去。因此，国家在制定国内法和参与制定国际法的过程中，会使两者有机地协调起来，尽可能不发生冲突或矛盾。

二是国际法和国内法两者在一定条件下可以互相转化。一方面，国际法上有些原则规定要求国内法做出具体的规定，若国内法没有这种规定，国际法的这些原则规定就失去了意义。另一方面，国内法中的一些原则、规则，经大多数国家承认，并在国际社会中反复运用，就会逐渐形成为"习惯国际法"，而且还可能被订入造法性条约中，成为"协定国际法"的一部分。

三是国际法与国内法是既彼此独立又相互联系的两个法律体系。任何国家都不得以国内法的规定为理由拒不履行所应承担的国际法义务，也不得以国际法的规定为借口干涉任何本质上属于别国内政的事务。

（三）正确处理国际法与国内法的关系

为了适应国际关系的新发展，各国特别是发展中国家法律对国际法的开放功能日益加大，并已被有的国家提升到宪法这一根本法高度来加以规范，以使国家与国际社会的关系步入法治化轨道。但仍存在一些问题急需解决。

一是正确处理好自主性与开放性的关系。法律资源的本土化是发展中国家独立于殖民统治的重要依据，但国际法对新兴国家谋求自身在国际社会的应有地位也是一份十分珍贵的财富。所以说，包括中国在内的发展中国家，既要看到效力层面上的关系，合理地规范国际法在国内法律体系中的效力，也要充分利用国际法规范的实体内容与程序机制中的科学成分，从事实依据和经验材料的视角去汲取国际法的养分以完善国内法，奠定国家法治化的法律基础。

二是正确处理好概括性与层次性的关系。在做出概括性、抽象性规定的同时，不少国家都以制定法或判例法形式整体地或单独地对这一问题作出过规定。但总的来说，其系统性和确定度尚不够，其中的一个重要问题就是不少国家只笼统地规定国际法与国内法的关系，而对国际法的各种渊源的效力与地位缺少区别分析。实际上，国际公约、条约、国际习惯法、行政协定之间既互相联系，又有较大区别，对它们与国内法规范的关系应分层次来规定还是统括地规定，应该予以明确。否则，如果国际法规范在国内的效力等级不明确，若低位国际法规范与高位国内法规范不一致时，"条约优于国内法"的抽象规定便无法适用。

三是正确处理好规范化与便利性的关系。既应考虑用宪法法律规范将这一问题的处理方案固定下来，又要为本国留下便利和余地。目前的问题是不少国家对此过于小心谨慎，开放度有待扩大。实际上，如果缺少宪法的明确规定，要么会出现立法空位现象，要么形成各自为政、甚至相互冲突的混乱局面，不利于法制的统一。所以在宪法典或宪法性文件中做出明确规范已势在必行。

（四）国际条约在我国国内法律体系中的地位

国际条约是国际法的重要组成部分，国际法的原则、规章和制度大多规定在国际条约中。随着冷战的结束，国际合作日益成为主流，国际合作的主要表现形式就是签订国际条约以解决国际社会面临的共同问题，因此，国际条约在今天尤为重要。国际条约由主权国家所缔结，"条约必须信守"已是国际社会的共识，在国内执行条约是每一个缔约国应承担的国际义务。那么如何在国内执行条约，在国内法律体系中赋予国际条约何种地位就成为各国立法与实践必须要解决的问题，对此进行探讨无疑具有重要意义。

中国加入与批准的国际条约日益增多，涉及社会生活的各个方面，特别是中国加入世界贸易组织之后，面临大量的WTO协议在中国的适用问题，这些国际条约如何纳入中国的法律体系，赋予它们何种地位，是我们必须解决的问题。

综观世界各国的立法，对于国际条约与国内法的关系一般规定在宪法中，而我国宪法对此未作明确规定。但我国现行的许多法律和司法解释对国际条约与国内法的关系却规定了明确的原则，主要是国际条约优先适用的原则。例如，我国《民事诉讼法》就规定，中华人民共和国缔结或者参加的国际条约同本法有不同规定的，适用该国际条约的规定。但我国声明保留的条款除外。

针对我国法律的这种状况，急需在我国宪法或宪法性法律中加以解决，构建一个以宪法为核心的调整国内法与国际法关系的立法规范体系。第一层，对根本法即宪法上的原则规范，可以直接修改宪法条文或以宪法修正案的形式来规定；第二层，制定单行规范，通过《立法法》或《国际法规范适用法》等单行宪法性文件专章专节专门规定这一问题；第三层，是附属条款，国内各实体法与程序法可在宪法性文件赋予的权限内就该法调整的特定对象规定该法与相关国际法的关系。

第二章
老年人权益保障法的主要内容

《中华人民共和国老年人权益保障法》是以中国的根本大法《宪法》为依据的，是中国第一部保护老年人合法权益和发展老龄事业相结合的专门法律。自1996年10月1日起施行。

本法共分为五部分内容。一是立法宗旨部分，重点阐述了立法目的、年龄界定和保障内容三方面的法律规定及其依据；二是家庭养老部分，重点阐述了坚持以家庭养老为主要形式的"三种根据"、老年人需要特别保护的"六种权益"、赡养人需要履行的"六项义务"，禁止赡养人对老年人的"六种侵权行为"等有关法律规定；三是社会保障部分，重点阐述了建立老年社会保险制度、保障"三无老人"的助养办法、兴办老年社会福利设施和制定属地敬老优老政策等方面的有关规定；四是积极养老部分，重点阐述了要"养为结合"和要"以为促养"的有关法律制度；五是法律援助部分，重点阐述了老年人诉状优先受理、诉讼费用可缓、减、免，可以获得法律援助和依法裁定先于执行等四项援助内容的规定。

1996年，中国颁布的《中华人民共和国老年人权益保障法》最近正在修订。北京大学社会学系穆光宗教授认为，根据国外的经验，中国的老年权益保障法规还需要根据不同群体的不同需求进行细化。例如残疾老年人保障、奉行国家计划生育政策的困难老人的保障、居家养老和社区助老服务法律体系的建设等。

《中华人民共和国老年人权益保障法》的制定和颁布实施，初步形成中国对特定人群权益保障的法律体系，标志着中国老年人权益保障工作从此走上法制化的轨道。该法在当时既适应了中国人口老龄化发展和老年人权益保障的客观要求，更重要的是法律规定的内容符合中国的实际，体现了中国的国情，保持了中国的传统，反映了老年人的心愿，是一部有中国特色的保护老年人合法权益的法律。

《中华人民共和国老年人权益保障法》经1996年8月29日八届全国人大常委会第21次会议通过；根据2009年8月27日十一届全国人大常委会第10次会议《关于修改部分法律的决定》修正；2012年12月28日十一届全国人大常委会第30次会议修订，2012年12月28日中华人民共和国主席令第72号公布。《老年人权益保障法》分总则、家庭赡养与扶养、社会保障、社会服务、社会优待、宜居环境、参与社会发展、法律责任、附则9章85条，与老年人分开居住的家庭成员，应当经常看望或者问候老年人（常回家看看）。自2013年7月1日起施行。

修订版2013年7月1日起，新修订的《老年人权益保障法》开始实施，与老版本的《老年人权益保障法》相比，新法内容从原来的50条扩展到85条。新法首次从法律上明确了将每年农历九月初九定为老年节。新修订的《老年人权益保障法》中所称老年人是指60周岁以上的公民。

新法规定，家庭成员应当关心老年人的精神需求，不得忽视、冷落老年人。与老年人分开居住的家庭成员，应当经常看望或者问候老年人。这也被媒体解读为"常回家看看写入法律"，不常看望老人将属违法。该法同时规定，用人单位应当按照国家有关规定保障赡养人探亲休假的权利。

老年人立法，是在推行社会保障事业（养老保险、公共扶助事业和社会福利服务等）立法中最主要的立法。早在1889年，德国公布了世界第一部《养老保险法》。相应的，其后，英、法、北欧、瑞典、丹麦等国家亦有类似立法的出台。1935年，美国罗斯福新政时期，制定了第一部包括老人保险、社会保险、公共扶助、儿童和社会服务的《社会保险法》。二战后，这一立法成为美国政府推行"福利国家"的一项重要措施的立法。二战后的日本在1954—1973年，也先后公布了《厚生年金法》《国民年金法》《老年人福祉法》，韩国在1960—1973年，先后公布了《军人养老法》《福利养老金制度》。目前，世界上已有160多个国家建立了不同程度和不同内容的这类立法。

世界人口正在加速老龄化。联合国规定65岁以上老年人人口占社会总人口的7%，60岁以上人口占总人口的10%，即进入老龄化社会。目前，世界上所有发达国家都已经进入老龄社会，许多发展中国正在或即将进入老龄社会。

1999年，中国也进入了老龄社会，是较早进入老龄社会的发展中国家之一。中国是世界上老年人口最多的国家，占全球老年人口总量的1/5。中国的人口老龄化不仅是中国自身的问题，而且关系到全球人口老龄化的进程，备受世界关注。国家统计局2010年2月25日发布的《2009年国民经济和社会发展统计公报》显示：2009年全国总人口133474万人，60岁及以上16714万人，占总人口的12.5%，比2008年提高0.5个百分点。

其中65岁及以上11309万人，占8.5%，比2008年提高0.2个百分点。老龄人口的增长量和增长速度逐年上升。据联合国预测，1990—2020年世界老龄人口平均年增速度为2.5%，同期中国老龄人口的递增速度为3.3%，世界老龄人口占总人口的比重从1995年的6.6%上升至2020年9.3%，同期中国由6.1%上升至11.5%，增长速度和比重都超过了世界老龄化的程度，到2020年，中国65岁以上老龄人口将达1.67亿人，约占全世界老龄人口6.98亿人的24%，全世界每四个老年人中就有一个是中国人。

根据全国老龄办发布的《中国人口老龄化发展趋势预测研究报告》，从2001年到2100年，中国人口老龄化发展趋势将经历快速老龄化、加速老龄化和稳定的重度老龄化三个阶段，21世纪的中国是一个不可逆转的老龄社会。人口老龄化在经济尚不发达的情况下迅速到来，如何处理好日益突出的、数量庞大的老年人群体的亲情权益保障问题，关系到千家万户，关系到国计民生和改革发展稳定的大局。这样的现实为我们提出了一个问题，如何在保障老年人正常生活的同时，通过法律维护老年人的合法权益不受侵害。

中华人民共和国成立后，国家制定了大量的有关保护老年人口的法律法规，还有党中央和国务院为离退休人员制定的享有各种待遇的政策文件，为老年法律体系的形成打下了基础。

从1951年2月6日国务院颁布《中华人民共和国劳动保险条例草案》以来，经历了创立、破坏、恢复、改革四个阶段，标志性、里程碑性的法律文件有三个：

　　1991年《关于企业职工养老保险制度改革的决定》；

　　1995年《关于深化企业职工养老保险制度的决定》；

　　1997年《关于深化企业职工养老保险制度的决定》。

　　由全国人大颁布的法律只有一部，即1996年8月29日第八届全国人民代表大会常务委员会第二十一次会议通过的《中华人民共和国老年人权益保障法》，这是中国历史上第一部专门保护老年人特殊权益的法律，该法的制定符合中国当时的实际，不仅体现了中国的国情，也保持了中国的传统。除此以外，其他法律都出自国务院和地方政府制定的行政法规和地方性法规。

　　《中华人民共和国老年人权益保障法》主要有四个特点：即坚持以家庭养老为主；提倡老年人积极养老；强调家庭养老和社会保障相结合；为老年人提供必要的法律援助。

主要内容

　　1. 从国家社会获得物质帮助的权利

　　《老年人权益保障法》第四条明确规定："老年人有从国家和社会获得物质帮助的权利，有享受社会发展成果的权利。"离退休老年人的养老金领取；孤寡老人的社会福利救济；交不起医药费时可减免；请求法律援助、减免诉讼费等内容是国家、社会提供给老年人具体的物质帮助。我国从1991年起开始建立由国家基本养老保险、企业补充养老保险和个人储蓄性养老保险相结合的多层次养老保险体系，实行个人储存与统筹互相结合的原则，为每个职工建立了养老保险账户。法律对农村老年人的养老保险也作出了不少规定。

　　《中华人民共和国老年人权益保障法》中明确指出："农村除根据情况建立养老保险制度外，有条件的还可以将未承包的集体所有的部分土地、山林、水面、滩涂等作为养老基地，收益供老年人养老。"对于农村中的无劳动能力、无生活来源，又无人赡养的老年人，应由农村集体经济组织负担保吃、保穿、保住、保医、保葬的五保供养。另外，也鼓励农村中的孤寡老人与其他公民或村委会、生产队等集体组织签订遗赠抚养协议，由遗赠人写下遗嘱，将其个人所有的合法财产如房屋等指定在其死后转移给抚养人所有，而由抚养人承担老人的生养死葬义务。

2. 受赡养的权利

扶幼养老应是作人的本性和起码的道德。老年人为社会辛勤劳动，贡献毕生的精力，为子女操劳终身，为家庭做出贡献。在他们年老体弱时，丧失劳动能力时，理应得到社会和子孙的尊敬、关怀，给予生活上的帮助，使他们安度晚年，这既是社会的职责，也是家庭的功能。中国的国情是80%的农村人口，缺少社会福利保障，靠家庭承担养老任务。因此，老年法第十条至第十七条都是关于家庭赡养过程中如何保护老年人的受赡养权的规定。

3. 婚姻自由权

老年人的婚姻自由权指老年人有权按照法律规定、自主自愿决定自己的婚姻问题，排除任何人的强制与干涉。现实生活中，老年人的结婚自由与离婚自由时常受到不法干涉。因此，老年法第十八条重申这一权利，加重对老年人婚姻自由权的保障。

4. 财产所有权

老年人享有财产所有权是指财产所有人依法对自己的财产享有的权利，是民事权利中最重要、最基本的权利之一，是老年人确立其社会地位的物质保障，许多养老纠纷的发生就是老年人没有充分享有财产所有权。老年法第十九条讲到老年人对个人财产的权利。

5. 继承权

老年人有劳动能力时，曾为维持家庭生活和抚养子女辛勤操劳。到晚年丧失劳动能力时，需要得到子女的赡养、扶助，愉快地安度晚年。当其子女先于自己死亡时，为了保证老年人的生活水平不致降低。一方面规定老年人有权继承子女的财产；另一方面在分割遗产时，应当优先照顾老年人的利益。当老年配偶间发生一方死亡的事实，生存方享有配偶身份的继承权。在确定被继承人遗产范围时须注意,夫妻共同财产的一半为遗产。老年法第十九条强调保护老年人继承权。

6. 房产权

由于住房紧张,老年人住房问题比较突出。老年人的住房经常被挤占,从正房到偏房、到厨房甚至被挤到牛棚、猪圈,更严重的被挤出家门。住房对老年人十分重要。因为人到老年,活动范围缩小,住房是他们的生活环境,一旦受到侵犯,将直接影响老年人的身心健康和晚年生活。《老年人权益保障法》第十三条详细讲到如何保障老年人房产权。

7. 继续受教育的权利

社会不断发展,知识需要更新。离退休老年人愿意继续受教育,国家与社会应支持与帮助。老年法第三十一条规定:"老年人有继续受教育的权利。"

8. 劳动权利

老年人虽已离退休,但是他们的劳动权利并没有丧失。特别是随着经济的发展,生活水平的提高,医疗事业的进步,老年人健康状况普遍提高,寿命延长。我国老年人中蕴藏大量的宝贵人才,有潜在的巨大的创造力。他们大多愿为国家和社会再做贡献。应当为他们提供劳动就业的机会,创造条件使他们为社会做贡献。《老年人权益保障法》第四十一条具体规定老年人的劳动权。

9. 参与社会发展的权利

社会发展离不开老年人的参与,老年人可以对青少年进行革命传统的教育、维护社会治安等。老年法第四十~四十二条明确规定这种权利。

解决途径

(一) 立法保障

中国《中华人民共和国老年人权益保障法》自身立法上的一些缺陷,导致其在现实生活中并不能有效地保障老年人口享有的特殊权益,在老年人口特殊权益保护法律体系中地位不突出。中国已经步入老龄化社会,未富先老的格局已经形成。如何应对老年社会中的社会问题,如何落实老年人实然权利与应然权利,都需要《中华人民共和国老年人权益保障法》面向新的社会现实作出调整：使老年人的权利具体化，法律更加具有操作性，已经规定的内容更加充实、具体，尚未规定的内容能够纳入该法的调整。

《中华人民共和国老年人权益保障法》是依据宪法而制定的，是宪法中保护老年人口特殊权益精神的具体体现，同时它又是一部维护老年人口特殊权益的专门法律，理应成为老年人口维护自身特殊权益最直接最有效的工具。在司法实践中，它应当和其他部门法一样，具备法律的基本属性：一是法律强制性，任何组织和个人都必须贯彻执行；二是法律权威性，有关部门的法规条例政策，不得与之相抵触；三是法律稳定性，不因少数人的意志变化或领导成员的更替而改变；四是法律实践性，有关部门都要依据《中华人民共和国老年人权益保障法》规定的原则，完善职能，确保《中华人民共和国老年人权益保障法》的贯彻执行。

立法中要明确政府对老年人权益保护的责任。各级政府要逐步改善保障老年人生活、健康以及参与社会发展的条件，保证足够资金的投入，这些都要以责任的形式在立法中予以体现。没有义务，没有法律责任，法律就如同虚设。只有当法律作出明确的规定，在老年人的权益得不到保障时，可以据法向司法机关起诉，司法机关也能做到有法可依。

依法保障老年人权益还要结合中国的国情。虽然改革开放以来城市化进程加快，但我国二元社会结构将长期存在，拥有9亿农民的中国社会在架构任何社会制度时都不得不考量这一现实国情。目前，《中华人民共和国老年人权益保障法》相关规定并没有针对城乡二元结构背景下的中国国情，而是以抽象意义上的老年人代之。因此，对于农村老年人权益应当专章特别规定，针对农村老年人的实际，制定出符合农村老年人权益的法律规范，才能在实践中有的放矢。如农村的养老问题应当尽快启动农村低保制度，逐步完善农村"五保"制度，将其纳入《中华人民共和国老年人权益保障法》的范畴。

（二）加强司法保障与普法宣传

在司法实践中，人民法院系统应当继续坚持对涉老案件实行"优先立案、优先审理、优先执行"的三优先制度，落实对特困老年人投诉案件实行诉讼费缓交、减交、免交制度，对较复杂、易反复的追索赡养费、养老金的案件实行"回访制度"。在基层法院，可以考虑设立老年法庭，在审理涉老案件时，吸收老龄工作委员会的工作人员为人民陪审员，更好地保障老年人的合法权益。因此，"建议在全国法院设置老年法庭，专门审理侵害老年人权益的案件，保证此类弱势群体的案件及时得到审理"。

《中华人民共和国老年人权益保障法》规定的老年人的物质和精神上的养老问题，主要依靠家庭的内容，在立法上、实际运作上都有欠缺的地方。老年人在维护自身权益方面也存在很多误区。老年人由于生理机体的衰老，抗病能力减弱，收入相对匮乏，是典型的社会弱势群体，其合法权益被家庭成员侵害的案例屡见不鲜。歧视、遗弃、虐待、有能力而拒不赡养老年人，侵占老年人房产，干涉老年人婚姻的事件时有发生。再加上多数老人因文化水平不高，法律意识不强，对自身合法权益了解不足，当他们的权益受到侵害时，在提起诉讼的过程中往往力不从心，明显处于劣势地位。

因此，加大《中华人民共和国老年人权益保障法》等相关法律的宣传和普及法律知识的工作就显得非常必要。只有提高老年人"依法维权"的法律意识，让更多的老年人知法、懂法，才可能运用法律武器维护自身的合法权益。在宣传法律知识的同时，不能只以老年人为宣传对象。更多的是要针对青少年，尤其是与老年人同住、依法应当承担赡养义务的青少年，因为侵害老年人权益的行为大多数为他们所为，对他们进行宣传，使其认识到哪些行为当为，哪些行为不当为，从根源上减少侵害老年人权益的行为发生的概率。

（三）家庭和社会共同努力

我国是一个以"德"著称于世的国家，其中"德"就包括"孝道"。但随着经济的不断发展，对利益的追求正不断地冲击着人们原有的道德观，包括"孝道"在内的传统美德也渐渐地遭到一部分人的"淡忘"。根据中国老年科研中心调查，目前全国城市老年人空巢家庭（包括独居）的比例已经达到49.7%，与2000年相比增长非常迅速，提高了7.7个百分点。对其中地级以上大中城市的调查显示，老年人的空巢家庭（包括独居）比例更高，已经达到56.1%，其中独居老年人占12.1%；仅与配偶同住的占44%。

随着经济社会发展，人们生活观念、住房条件的改善，以及独生子女的父母开始进入老年期，空巢现象将更加普遍，空巢期也将明显延长。与发达国家独居与夫妇空巢户高达70%~80%的比例相比，中国老年人空巢比例持续增加的趋势将是不可逆转的。随着大量中青年农民工外出打工，老龄化趋势下的农村空巢老人的养老问题也已经显现。不少"空巢老人"正面对或遭受心理危机的困扰，不少人心情郁闷、沮丧、孤寂，食欲减低，睡眠失调，平时愁容不展，长吁短叹，甚至流泪哭泣。"出门一把锁，进门一盏灯"的寂寥生活，是多数"空巢老人"的真实生活写照。

但现状是中国的每千名老年人拥有的养老机构床位数只有11.6张左右，也就是说，最多只有1.16%左右的老年人能够到养老机构享受养老服务，而其余98.84%的老年人，不管是情愿还是出于无奈，都必然会在家里养老。法律作为人们的行为规范，在调整社会的秩序、维护社会的正义方面的作用毕竟是有限的，它需要伦理道德作为基础。尊敬老人更多地体现在子女发自内心的对老人的尊敬以及生活上的理解与关怀，这是法律远远不能胜任的。家庭中的所有成员不论是否负有赡养或扶养义务，都有责任关心和照料老年人，使老年人能够在温馨、祥和、团结互助的家庭环境中颐养天年，幸福、愉快地生活。

老年人在年轻时曾经为社会的发展进步做出了巨大的贡献，待到年迈时本应该享有享受社会福利的权利，这种责任本应当由国家和社会来分担，而不是主要由家庭来承担。家庭是老年人的生活场所，养老的参与者、辅助者，而不是主要责任承担者。

老年人是一个庞大的社会群体，他们既是和谐社会的建设者，也是和谐社会的共享者。敬老、爱老，是全社会应有的公德意识和文化素养，让他们安度晚年，是社会进步的源泉，也是新旧交替大时代下的必然趋势。胡锦涛同志在党的十七大报告中提出，要努力使全体人民老有所养。温家宝总理在2010年政府工作报告中强调，要加快建立健全养老社会服务体系。老龄事业是一项为民造福的光彩事业，也是一项长期而又艰巨的任务。我们要以构建和谐社会为动力，深怀爱老之心，常修敬老之德，多办助老之事，努力把新时期的老龄工作提高到新的水平。

《中华人民共和国老年人权益保障法》（以下简称《老年人权益保障法》）颁布20余年来，在依法保障老年人合法权益，发展老年事业，弘扬中华民族敬老、爱老传统美德方面都起到积极的促进作用。但由于历史的原因和受经济、社会条件制约和认识水平的影响，老年人权益保护法律法规建设还存在滞后、内容笼统、条文粗疏、可操作性差等基础性的缺陷。

(1) 立法指导思想滞后，难以实现。《老年人权益保障法》的颁布实施，无疑是社会主义民主法制建设的一大进步，但多年来，我国经济社会发生了巨大变革，老年人权益保障工作的法律依据逐渐不能适用于现实工作中出现的新问题，许多条款无法执行，立法目标难以实现。如目前根据我国《老年人权益保障法》第十条规定，"老年人养老主要依靠家庭，家庭成员应当关心和照料老年人"。第十一条规定，"赡养人应当履行对老年人经济上供养、生活上照料和精神上慰藉的义务，照顾老年人的特殊需要"。"赡养人是指老年人的子女以及其他依法负有赡养义务的人"。第十二条规定，"赡养人对患病的老年人应当提供医疗费用和护理"。第十三条规定，"赡养人应当妥善安排老年人的住房……"以及第十五条规定，"赡养人不履行赡养义务，老年人有要求赡养人付给赡养费的权利"。

上述这些规定无一不体现了我国传统的家庭养老模式，这种养老模式从根源上讲是"养儿防老"在法律上的体现和反映。但中国计划生育长期推行"一对夫妇只生一个孩子"，这就要求人们必须抛弃"多子多福""养儿防老"的传统落后观念。因此，在立法精神上，两者是相互矛盾的；从实践上来看，如果老年人口主要依靠家庭照顾，就意味着平均一个成年的独生子女要照顾两个老年人口，对大部分家庭来说构成了严重的负担，势必影响司法效果。根据我国现在的国情和社会发展需要，政府也应承担起相应的责任。

(2) 与其他部门法衔接不畅。中国现有保护老年人口特殊权益的立法，除《老年人权益保障法》外，多散见于其他部门法律法规之中，尚未形成完整完备的法律法规，缺乏完整性。中国的宪法、民法、婚姻法、刑法、诉讼法以及各种地方性法规对老年人口特殊权益保护的法律规定都有所体现。但这种散见式立法对保护老年人口特殊权益是极其不利的，而且这些法律法规都是在人口老龄化现象不够严重、物质条件不很充分的情况下先后颁布并实施的，随着我国社会主义市场经济体制的逐步建立，政治、经济和社会生活领域都发生了很多重大变化，出现了许多新情况、新问题，导致这些法律法规在保障老年人口特殊权益方面日渐显露其局限性。

（3）老年人法律保护的强制性条款和指导性条款划分不够明确，使得对不按照法律规定执行的行为约束和惩戒力度不足。如中国刑法规定把子女拒绝抚养老人且情节恶劣的行为定为遗弃罪，把虐待家庭成员的行为定为虐待罪，且规定虐待罪须告诉才处理，而遗弃罪不须本人告诉可由检察机关起诉。这就意味着只有在遗弃情节达到刑法规定的恶劣程度时，有关机关才会主动出面干预；如果情节轻微，有关机关不会主动干预。这种规定不利于保护老年人。在对企业、单位侵害老年人权益上就更为宽松了，《老年人权益保障法》第四十四条规定，"不履行保护老年人合法权益职责的部门或者组织，其上级主管部门应当给予批评教育，责令改正"。

指导性条款过多，强制性条款和指导性条款划分不够明确，内容不够具体全面，使得这些法律法规的可操作性较低，司法机关在维护老年人口合法权益的维护问题时难以做到有法可依。

因此，从整体上讲，中国的《老年人权益保障法》从立法指导思想到它与其他法律、法规当中有关保护老年人权益的规定的关系问题以及实践执行效力方面，现行的老年人权益保障法都没有明确，使得《老年人权益保障法》的可操作性较低，并且存在很多问题。

（1）对老龄工作重要性的认识有待进一步提高。《中华人民共和国老年人权益保障法》的宣传力度有待进一步加强。面对经济快速发展的人口老龄化现状，部分部门和领导对老龄工作重要性的认识还不够深入，缺乏做好老龄工作的危机感和紧迫感，《中华人民共和国老年人权益保障法》面向社会各阶层的宣传还不够深入和普及，特别是各类学校对尊老敬老的宣传教育还未形成常态，全社会对老年群体的关心和重视程度不够，尊老敬老的氛围还不够浓厚。

（2）老龄工作机构和队伍建设有待进一步加强。目前，老龄化形势越来越严峻，老龄工作任务越来越繁重。但专职从事老龄工作的人员较少，这种现状已经与当前人口老龄化发展形势和工作需求不相适应，需要认真研究解决。

（3）社会养老服务设施数量与实际需求不相适应，居家养老工程急需大力推进。目前，社会养老服务设施严重不足，仅能满足12%有愿望的老年人入住。随着越来越多的独生子女父母步入老年，社会养老需求将进一步加大，设施不足的问题将日益凸显。据调查，目前有88.4%的老年人希望居家养老，但现有的服务主体、服务内容、服务队伍和服务制度与老年人居家养老的需求差距很大，亟待大力推进。

1）提高对老龄工作重要性的认识，加大对《中华人民共和国老年人权益保障法》的社会宣传力度。各政府及各有关部门要从实践科学发展观、构建和谐社会、统筹改善民生的高度，充分认识新形势下加强老龄工作的重要性和必要性，增强做好老龄工作的危机感和紧迫感。要扩大对《中华人民共和国老年人权益保障法》宣传教育的覆盖面，运用多种形式、采取多种手段、树立多种典型，营造全社会共同关心、支持、重视老龄事业发展的良好氛围，使尊老爱老、维护老年人合法权益成为全社会的共识和良好风尚。

2）充分发挥各成员单位的职能作用，完善"大老龄"工作格局。要积极探索成员单位协同履行涉老工作职责的途径，通过建立学习培训、督察、工作通报、考核、奖励等制度，促进成员单位老龄工作的制度化、规范化，进一步完善分工明确、责任落实、齐抓共管、运行高效的大老龄工作格局，促进老龄事业健康快速发展。

3）采取有效措施，加强老龄工作机构和队伍建设。为适应新形势下全区老龄工作的实际需要，要认真研究，采取有效措施，进一步加强全区各级老龄工作机构和队伍建设，特别是要在街乡一级设置专人从事老龄工作。要进一步加强对老龄工作者的专业培训，增强老龄工作队伍的综合素质，不断提高为老服务水平。要进一步加大为老服务志愿者队伍和老年人协会的培育和建设力度，发挥其作用，在社区（村）层面为老年人解决更多的实际生活问题。

4）加快社会养老服务设施建设步伐，加大居家养老工程推进力度。要统筹考虑城乡一体化养老服务设施建设，尽快制定养老服务基础设施建设规划，按照高、中、低不同标准加快建设步伐，以满足不同层次老年人社会养老的需求。要在总结居家养老试点工作经验的基础上，大力宣传推广老年人小饭桌、日间照料室等符合老年人需求的服务项目，打造专业服务队伍，规范服务制度，增加服务内容，提高补助标准和服务质量，加大居家养老工程推进力度。要把老龄事业发展列入国家发展规划，明确目标和工作要求。要在老龄事业经费按人口比例列入区级财政预算的基础上，进一步建立健全区、街乡两级老龄事业经费投入机制，确保老龄事业发展需要。

5）加强对老年人需求的调查研究，促进老龄产业的形成和发展。区政府和相关职能部门要重视做好老年人需求市场的调研，发挥在老龄产业中的指导作用，制定老年人服务产业发展规划。同时，要积极运用市场机制，广泛动员社会力量投资兴办老年服务设施，逐步形成"政府引导、市场推动、行业管理、社会参与、统筹发展"的老龄产业发展机制，推动老龄事业的社会化发展。

国家建立健全家庭养老支持政策，鼓励家庭成员与老年人共同生活或者就近居住，为老年人随配偶或者赡养人迁徙提供条件，为家庭成员照料老年人提供帮助。同时，地方各级人民政府在实施廉租住房、公共租赁住房等住房保障制度或者进行危旧房屋改造时，应当优先照顾符合条件的老年人。

该法还提出，国家建立和完善老年人福利制度，根据经济社会发展水平和老年人的实际需要，增加老年人的社会福利。

第一节 我国老年人生活现状

一、老人生活现状调查报告

2010年，第六次全国人口普查数据显示，我国60岁以上的人口已超过1.77

亿，占目前总人口的13.26%以上，且比2000年人口普查上升2.93个百分点，按照国际通用标准，我国已完全迈进了老龄社会的门槛。随着中国的老龄化进程，老年人问题层出不穷，尤其在农村，生活条件不适、医疗疾病困扰、精神文化缺失等问题显得较为突出。此类的问题严重影响到老年人的生活舒适度和满意度，而农村老年人的问题关系到农村稳定和社会长治久安，关系到新农村建设的好坏。所以及时有效地发现和解决中老年人问题，建立适合当地情况的农村养老模式，逐步改善老年人生活、健康以及社会发展的条件，实现"老有所养、老有所医、老有所为、老有所学、老有所乐"是我们国家社会应尽的责任和义务。

截至2009年12月，陕西省60岁以上人口目前已超过365万，按照国际惯例，陕西省已进入老龄化社会。在未来20年，老龄人口将更迅速增长的社会背景下，养老问题成为陕西省发展不可忽视的现实问题。

调查结果表明，被调查老年人日常生活排列第一的困难为经济困难，有一半以上的老人不同程度地出现经济上的困难。物价高、生活无保障、不能从事体力劳动、无养老金和退休金低成为经济困难最主要的原因。此外，诸如家庭不和睦、心理孤独、生活无人照料、活动场地少、家务劳动等也成为困扰老龄人口的主要问题。

调查显示，由于经济、社会发展的不平衡以及居民的职业差别，被调查的城乡老年人的生活来源差异较大。陕西省城乡老人中，有部分人仍在依靠自己的劳动获取生活费用。农村老人的主要生活来源是靠子女接济和本人劳动收入，而城镇老人则依次为本人退休金、子女接济和本人劳动收入。

超过一半的城镇老人月收入在600元以下，还有15.2%的城镇老人月收入在200元以下，低于城镇居民最低生活保障线；农村则有将近一半的老人月收入在100元以下。

这个数字实际上是很多老人整个的家庭收入，由于成年子女出去打工，老人除了承担家庭的农业生产外，这些收入实际是用于整个家庭包括留在家里的孙辈的花销的总和。杨红娟表示，由于受经济发展和人口因素的影响，陕西省养老保障机制还没有真正趋于完善，因此，无论城市还是农村，老年人的晚年生活保障必将面临较大的压力和困难。

课题组在调查中发现，与收入相对应，城镇老人有一半以上每月花费在400元以下，农村老人一半以上的每月花费在100元以下。从城乡老人的经济收支对比来看，差距十分明显。城乡老人的花费大部分在于饮食和医疗等基本生活需求上，在这些方面没有明显差别，只在书刊的花费比例上，城镇老人明显高于农村老人。数据显示，城镇有47.9%、农村仅有13.2%的老人有自己的储蓄，储蓄的用途多用于防老看病。

近1/3的城镇老人和1/4的农村老人认为自己身体比较健康，大多数人健康状况基本可以。但城镇老人身体健康状况要好于农村老人，有疾病的农村老人比城镇老人高出19个百分点。农村老人收入偏低，农村公共卫生条件差，是农村老人健康状况比较差的主要原因。

调查显示，老年人的生活以夫妻相互照料和子女照料为主。城镇老人照料主要依靠其配偶和子女等家庭成员，而农村老人照料首选子女，其次是配偶，反映出城乡观念的细微差别。另外，农村老人中有13%得到邻居或亲朋好友的照顾，这一比例远高于城镇老人，反映出农村人的人际关系比城镇人更融洽。另有1%左右的城乡老人选择政府或其他方式照顾。有90%的城乡老人的子女能够尊重老人意见，有95%以上愿意赡养老人。这说明，受中国传统文化、价值观的影响及现有生产力发展水平的制约，大多数家庭，特别是农村家庭，家庭养老的观念得到大多数人的认同，家庭养老模式仍占主导地位。

注：由于调查者所居住社区为国企家属区，所调查的老人大部分为退休职工。国企在养老金、退休金方面待遇较好，还有一部分老专家被企业返聘，基本没有经济困难。调查者认为不具有代表性，因此，文中数据多为在较官方网站查得。陕西省应对人口老龄化的过程中，虽然在养老保障方面有了一定的准备，但在养老政策、养老财政投入、养老保障制度建设和覆盖面、社区养老服务网络建设等方面，与老龄人口的快速发展不适应。

社会养老保障包括老年社会保险（养老保险、医疗保险）、老年社会福利、老年社会救济，这三者构成完整的老年社会保障体系，老年社会保险是其核心。

现行的养老保障体制对城市职工有较高的覆盖率,特别是离退休人员,有更高的比例。但农村的养老保险由于在制度和经济上缺乏支持,发展缓慢,覆盖率很低。这也造成了目前陕西省拥有较高的养老保障水平,而农村发展滞后,使得农村家庭面临着沉重的养老负担,农村老人面临更大的养老风险。

报告中指出,随着独生子女家庭增多、家庭小型化和市场经济的发展,传统家庭养老已面临挑战。传统的养老方式和观念开始受到冲击,机构养老、社区养老等社会养老方式将逐渐成为我国养老的重要方式。而当前社会养老和社区服务都还较为薄弱。目前,陕西省在城市社区建设中,老人活动中心和福利院有了较大幅度的增长,但很多地方由于组织活动少,远远满足不了老年人的需要。

针对陕西省老龄人口的养老问题,报告指出,尽管陕西省已显现"未富先老"的特征,但距离人口完全老龄化需要20年时间,必须抓住这难得的机遇期,加快经济发展,完善健全城乡养老、医疗等社会保障制度,为应对人口老龄化做好准备;并且,在陕西省城市社会保障体系基本建立之后,政府理应将社会保障工作的重心向农村转移。报告建议,应在推进经济持续发展中,不断加大对养老保障的财政投入,逐步建立全省城乡均衡发展的养老保障体系,为城乡老人提供稳定的经济来源。

二、城镇老人生活现状

关于城镇老年人生活现状的调查报告

实践主题:关于城镇老年人生活现状的调查报告。

调查时间:2012年7月。

调查地点:福建省泉州市德化县城关社区。

调查对象:德化城镇60岁以上的老年人。

调查内容:调查城镇老年人的生活现状,呼吁更多的人来帮助老年人,关心老年人。

调查方法:实地调查、观察、查阅资料等。

调查人：林玉霜。

泉州市人口老龄化和高龄化趋势，使养老问题日益成为社会所关心的焦点。为了了解城镇老年人的生活现状，对德化城镇的老年人进行了一次走访调查，调查对象为社区内60岁以上的老人，他们中很大一部分是空巢老人。现主要从衣食住行、子女关系、文化生活、医疗服务、精神负担五个方面的内容进行报告。

德化城关属于城镇，比较偏远，住着比较多的老人与小孩。查阅相关资料，出乎意料地发现这里60岁以上的老年人竟然高达20%，其中的空巢老人也高达42%，这一数据远远高于全市的平均水平，我不禁为这样的数据感到震惊和难过。空巢原因主要有以下两种：子女在外务工、定居，身边无子女共同生活或虽然与自己生活在同一个社区，但是不和自己住；自然空巢，即没有结婚，或结婚无子，或子女死亡。

（一）衣食住行

老人的生活一般都比较节俭。衣着应该是老人享受得最好的方面了。很多子女都以衣物为寿礼贺礼来送给老人，所以老人的衣着一般都过得去，只是有些老人舍不得穿；吃食方面，记得我采访的一位老奶奶，她惭愧地说别人一天只要两块钱的菜钱，自己每天却要花三块。这是不够一斤青菜的价格啊！听了让人既惭愧又心酸。而跟家庭成员一起住的伙食相对好点儿，但是很多老人怕浪费，经常是拣剩菜剩饭吃；居住方面，数据显示，独立居住的占城关老年人的49.7%，其中没有与老伴共同居住的25.2%，其余的与家庭其他成员共同生活。独居的住房设施一般比较简陋，家用电器较少，比如我采访的老人很多都是住在小区最底楼的车库，只有电磁炉、风扇、电视机等，有的甚至没有；出行方面，老人出行主要靠步行，而且不会离家太远，一般在家周边活动，除非要看病或是儿女接送去哪里做客、游玩。

（二）子女关系

老年人有两个或以上儿女的占了九成，有一半的老人是与子女共同居住。资料显示，老年人中有40.2%表示愿意与子女居住，22.0%表示无所谓，37.8%表示不愿意。不愿意的原因有生活习惯不同，不想给子女添麻烦，少部分是与子女合不来。一起生活的虽然经常会有些小矛盾，但还算融洽；不一起生活的也会经常性地探望，但我记得采访过一位老奶奶，她原本也是跟儿子、媳妇共同居住的，但是因为生活习惯、思想方法不同，她和儿子、儿媳越来越不合，她只得搬到楼下的车库住，起先自己还能照顾自己，到后来只能靠儿子送的剩菜剩饭。老人边说还边掉眼泪，换做谁看了都心疼。所以很多老人宁愿自己孤独地生活也不和儿女闹得那么僵。我也去过敬老院了解情况，这儿的老人大都是被儿女送进敬老院，而非自愿的。数据显示只有15.2%的老人愿意入住养老机构。这里各方面都挺好，但是他们有很强烈的愿望与外界交流，与儿女说说话，谈谈心。大部分儿女也会经常去看看老人，过年过节很多老人也会被接回家。总的来说，老人与子女的关系是较为融洽。

（三）文化生活

现在生活比以前好了很多，闲暇的老人有了更多的文化生活，其方式主要有晨练、与人聊天、散步、下棋打牌、参加健身活动、到老年人活动中心等，还有算是我们这特有的到广场听山歌，而在家的活动则主要是看电视、看报纸等。有些老人还会写作、绘画，还有的有集邮、收藏古玩的习惯。文化生活很丰富，但是还是有些老人会感到孤独，毕竟这只是比较表面的活动。采访发现，很多老人都愿意带孙儿，尤其是女性，一来帮子女减轻负担，再者也是自己价值的体现。人老了其实也是有盼头的，老年人在心底都希望与人交流，希望老有所乐、老有所用，而这些文化活动正是他们的精神寄托。

（四）医疗服务

数据显示，从健康状况上看，老年人健康（生活能自理）的占77.8%，有多种慢性病（生活基本能自理）的占19.9%，长期卧床（生活不能自理）的占2.3%；老人81.4%是有病才去医院检查；而平均每人每年的医药费在1800左右，有半成以上的老人是难以承担这笔费用的。61.6%的老年人享受公费医疗，15.2%的老年人参加了合作医疗，享受医疗保障的老年人总数达76.8%；83.8%认为看病挺方便，少部分认为看病不方便，主要是因为交通不便或是自身行动不便或是没有人陪同。而当老人生病时，主要是依靠老伴或是子女轮流照顾，少数人是请人照顾。对老年人的医疗保健服务仍有很大拓展空间。

（五）生活精神负担

压在老年人身上的担子也挺大，7.2%的老年人仍需负担父母生活费用，13.2%的老年人仍需供应子女的生活费用，9.6%的老年人还要继续做工以维持生活。调查中，我就发现很多的老人都有捡垃圾的习惯，有的还是主要以此为收入来源。有些是在厂里去批一点儿活在家里加工。有些就在周围贫瘠的土地上种菜来卖。但是这样的收入都不多，有时连日常开销都不够。而在还要不要为子女服务方面，还要为子女煮饭的老年人占45.8%，带小孩的占25.1%，洗衣服的占12.2%；这些对一部分老人来说是不小的负担。但是精神压力是最沉重的，有些子女在外打工，或是长时间没有探望老人，老人失去了精神寄托，一方面思念之情难以排解，另一方面又为子女担忧，经常会产生孤独焦虑的心理；有些虽与子辈或是孙辈一起生活，但是由于生活习惯的不同产生矛盾，或是由于沟通上产生摩擦，这无形之中也给老人造成了压力；有些在经济上、在子女赡养问题上存在较大的问题，造成老人的精神压力甚大。

通过这次调查，我亲身实地地感受到老年人的生活，对所调查区域内的老年人生活、心理、健康等状况有了比较全面的了解，很多生活小细节都是我以前所意想不到的。老年人曾经是撑起起祖国的栋梁，而如今却是社会的弱者。他们需要一个更好的生存环境，而这个环境需要我们、需要全社会共同创造。让全社会形成一股"尊老、敬老、爱老"的风气，使老年人感到社会的温暖，安度晚年。

三、农村老人生活现状

社会主义新农村建设中"留守老人"问题一直备受社会关注，解决好农村留守老人的权益保障问题，是我国当前农村改革发展中的一个重要问题。本书分析了我国农村留守老人权益保障中存在的问题，并提出了健全农村留守老人权益保障机制的对策。

农村留守老人作为我国农民中的一个特殊群体，他们的养老保障状况尤其值得关注。目前，我国农村留守老人的权益保障现状令人堪忧，不但影响了农村留守老人的晚年幸福，也阻碍了我国社会主义新农村的建设。

（一）我国农村留守老人权益保障现有问题

（1）相关立法不健全，执法不力。目前，关于我国老年人权益保护相关法律法规中存在指导性条款太多和可操作性低等问题。赡养老人是社会道德的要求，也是法律的规定。由于我国长期以来的城乡二元结构性问题，现有的农村老年人权益保障法和劳动法并不健全、具体，立法滞后。

随着老龄化的发展，农村老年人口数量不断增加，但是保护老年人合法权益的相关法律并没有随着形势的发展而完善。此外，由于农村一些传统习俗和有限的经济支持以及对自身权利的保护意识的缺乏，导致其面对合法权益受到侵害时，不会维护自己的权利。老年人本身就在社会中处于弱势地位，缺乏法律维权意识，同时没有必要的精力和物质保证，一旦出现侵权就会显得非常无助。而地方司法机关所能够提供的法律援助又由于人力、物力和财力等各种因素受到很大的限制。

（2）医疗保障水平低。目前，我国农村的医疗保障主要有新型农村合作医疗。老年人又是一个疾病多发群体，因而在农村医疗保障制度仍旧薄弱的情况下，需要加强对老年人的医疗保障的重视。相对于城市医疗卫生条件，农村的医疗设施普遍简陋、缺少医护人员且医护人员的专业素质比较低。随着社会的发展，我国的医疗产业化的推行，目前，我国农村很多的卫生所是个体或者私人经营，由于昂贵的医药费，留守老人看不起病的现象严重。

（3）经济收入低，生活质量差。大部分的农村留守老人没有固定的收入，其生活主要依靠子女和微薄的农地收入。由于农民工在外务工的收入有时候得不到保障，导致其对父母的贴补不稳定。随着经济的发展和物价的上涨，很多外出务工的子女并没有多余的钱孝敬留守父母。另外，由于政府补助存在漏洞，一些留守老人的生活得不到基本保障。

（4）社会服务体系不健全，缺乏照料。留守老人的生活照料主要是指已婚子女对留守老人的衣、食、住、行等方面给予的生活服务。留守老人如果身体健康，尚能照顾自己的生活；一旦这些老人生病，身边没有人照顾，就会给生活带来很多的问题。那些夫妇健在的留守老人，还能相互照顾，但对那些独居的老年来说，一旦身体不好，就有很大的麻烦。加之随着年龄的增加，老年人的心理防线越来越低，子女长期不在身边以及生活得不到基本的保证会使老年人心理越来越脆弱。

（5）农村基础设施落后。目前，一些农村基础设施比较落后，比如，乡村公路桥两边没有栏杆、电力设施旁边没有提示标志及遮挡物、水利渠道旁无护栏等，老人受到意外伤害而致残、死亡等现象频发，且很难得到理赔，加重农村留守老人的生存负担，因此，需要乡一级政府制订一些切实可行的对策。

（二）农村留守老人权益保障机制的建立健全对策

（1）完善法律保障体系。加强以《中华人民共和国老年人权益保障法》为核心的法制体系建设，健全保护老年人权益法律法规，制订和采取有效的、配套的实施办法，免费为老年人提供法律援助，以法律的手段保护老年人的权益。

加大执法力度，对侵害老年人合法权益的案件公开审理，扩大影响力，提高办案质量。一方面，使老年人权益保障相关法律得到贯彻落实；另一方面，也使老年人得到尊重和重视，并提升子女赡养父女的自觉性和社会帮助支持留守老人的积极性。

（2）完善医疗保障制度。完善农村留守老人医疗保障体系。首先，强化政府责任，增加政府对农村医疗卫生事业的财政投入。政府要在保证经济增长速度的过程中，重视包括医疗保健在内的涉及国民福利的社会公平发展。加强新型农村合作医疗、计划免疫保障制在内的农村医疗保障制度建设。

其次，提高农村医护人员的素质。加强在岗人员的业务技术培训和职业道德教育。同时，政府需要不断地改善农村医疗工作环境，吸引高素质医护人才，积极组织城市医生及医学院毕业生对口支援，进而整体提高农村的医疗服务水平。

（3）推进农村养老保险制度的建设。在农村家庭养老角色减弱的趋势下，客观上需要建立正式的农村社会化养老保障制度。从长远来看，建立健全农村社会养老保险制度，一方面是我国经济社会发展的必然要求，另一方面也是农村养老保障制度发展的目标和方向。基于我国农民人口众多，随着我国经济的快速发展和社会的进步，国家要尽早地将农村养老保险问题摆上正式的议事日程，并制订相关的政府给予辅助和支持，坚持低水平、广覆盖、量力而行、分类指导、逐步发展的原则，逐步推进我国农村养老保险制度的建设。

（三）总结

农村留守老人的权益保障问题是当今社会必须关注的重大课题，只有妥善解决留守老人的权益保障问题，才能促进社会主义新农村的实现。目前，要建立健全留守老人权益保障机制，不但要完善相关立法，完善医疗保障制度，还要落实农村养老保险制度的建立和完善。

四、失独老人生活现状

（一）失独老人的现状及需求

"养儿防老"是中国人传统的观念，然而"计划生育"政策却增加了一些家庭的风险，使得"失独老人"成为近几年社会上较为特殊的一个群体。卫生部的数据显示，我国每年新增失独家庭7.6万个，散落在乡村、城市，很多人还处在社会的底层。一些失独老人开始走进寺院，一边在寺院的安养院养老，一边借由宗教的力量求得内心的解脱，这也是他们不得以的选择。面对如此庞大的失独人群，仅依靠零星的寺院养老院来解决他们的养老和心理建设问题，显然是不现实的。应以政府供养为主，运用社会力量共同解决。

1. 研究背景

第六次全国人口普查主要数据公布，全国总人口规模约为13.7亿，其中普查登记的大陆地区约13.4亿，老年人口达1.78亿。我国老龄化趋势加快，60岁及以上人口占13.26%，比2000年人口普查上升2.93个百分点，其中65岁及以上人口占8.87%，比2000年人口普查上升1.91个百分点。

在老龄化日益严重的大背景下，养老本身就是一个严峻的问题。老年人的晚年生活质量也开始引起社会的关注。失独老人作为一个特殊的群体，他们面临的困难不仅有养老问题,更多的是心理上的痛苦,社会应更多地给予这一群体关怀并运用各方力量共同帮助其解决面临的问题。

2. 失独老人界定

失独老人是最近几年才出现的一个群体,或许由于通过字面就很容易理解的原因,到目前为止还没有一个定义,以下是笔者尝试着下的定义。失独老人即指失去独生子女的老人,这里的老人可以是一对夫妇,也可以是独身老人。失去的形式多为独生子女死亡。中国计划生育的政策已经持续30余年,它为中国的前行减少了人口爆炸的风险,但是它也为一些家庭增大了生活的风险。近年来,"失独家庭"作为一个社会群体开始出现并引起越来越多的人的注意,计划生育的负面作用和如何应对引起人们的思考。在中国至少有100万个这样的失独家庭,每年新增失独家庭7.6万个。在这样的家庭中几大挑战同时存在,养老、精神疾患、返贫等。

3. 相关理论

(1) 老年人心理需求状况特点和增龄效应

根据马斯洛需求层次理论 生理与安全需求反映老年人衣食住行、生活环境等最原始、最基本的需要,为物质需要。交往需求反映老年人与他人交流思想感情、沟通信息的需要。认同需求反映老人希望自己的能力或某方面为他人或组织所肯定。自我实现需求反映老年人有意识地提高自我、发挥潜力,希望加强身份或实现愿望等,最终成为个体渴望成为的人。交往需求、认同需求、自我实现需求为精神需求。四个需求之间不独立,具有优势性、互补性。

有学者认为,老年人晚年生活是否幸福,关键看其物质与精神感受是否享受到与社会生产力水平发展水平相适应的较优待遇,是否受到家庭和社会的尊敬与关心。研究发现,老年人生理与安全得分高于其他三个维度,反映老年人对生活质量期望值的增高。同时,生理与安全的增高,表明老年人群在物质需求和精神需求之间,更倾向于物质需要的满足。随着内地经济的发展,目前,老年人的基本生活已得到保障,但并非老年人的生活质量已达高水平,特别是那些居住在养老机构的老年人群。福利院老年人最关注的是其生活保障的来源。老年人群的认同需求最低。被调查的老年人在"渴望参加某个团体或组织""希望比周围的人强，获得成功，取得成绩""想控制他人，希望他人接受自己的建议、说服和命令等"题项，表现出较小的意愿。结果表明，伴随着社会角色和社会网络的变化，老年人逐渐削弱了自己对社会权利的需求。老年人在晚年更多地需要家庭的关怀，失独老人的其他需求几乎没有，更需要亲情的温暖。

(2) 增龄效应

随着年龄的增加，老人的心理需求总分、认同需求以及自我实现需求表现出下降趋势，61~70岁的老年期与71岁以上的老年人差别较明显，71岁以上变化趋于缓慢。

传统研究认为年龄是影响老年人群心理需求的关键因素。吴振云等对北京市老年人研究发现，其心理感受随增龄而下降。根据社会交换理论，交换资源可以满足自我需求。在资源稀少时，拥有资源较多的个体更具有主动性。认同需求、自我实现需求所需资源较大，饮食居住、社会交往则与老年人的健康及生活质量密切相关，尤其健康为老年人最关注。老年人只好通过不断减少认同需求、自我实现需求的资源，交换资源实现生理需求、交往需求的平衡。失独老人会形成孤僻的性格，不愿和人交往，这样，他们的增龄效应会更加明显，他们各方面的需求都减少了并且不关注自己的饮食健康，抱着"过一天，算一天"的消极生活态度，自我需求表现下降更加明显，这样不利于"积极老龄化"。

4. 失独老年人心理发展的主要矛盾及特点

由于自身以及外部诸多因素的影响，当代老年人心理发展存在着角色转变与社会适应、精神关爱需求与家庭养老功能弱化、老有所为与身心衰老等方面的矛盾，心理发展呈现出由关注社会到更加关注自身、由关注生活到更加关注生命、由关注物质到更加关注精神等变化特点。

失独老人的心理现状：

(1) 绝望

中国的老百姓活的就是孩子，他们这个年纪的人，共同的话题也是孩子，没有孩子，什么都没有了。

(2) 愤怒

当年，数以亿计的中国父母响应计划生育号召，诞下唯一的孩子，将所有希望寄予其身上。然而，有超过1000万独生子女家庭遭遇丧子，造成2000万失独父母。

2012年5月15日，《中国经济周刊》发布的《中国年200亿元超生罚款去向成谜 截留挪用时有发生》中披露，每年全国有将近200亿元超生罚款。以前，它属于国家秘密；现在，它还是敏感信息。这些钱需要一个合理的去处，而不是整体打包上缴国库后不知所终。如此，才能体现《计划生育法》中所规定的"社会抚养费"的真正价值，也才能让失独者老有所依。

(3) 担忧

没有孩子，养老院不收，政府方面没有给出满意答复。失独老人担心在自己入土之前还能不能得到重视。

(4) 社会支持理论

社会支持网络指的是一组个人之见的接触，通过这些接触，个人得以维持社会身份并且获得情绪支持、物质援助和服务、信息与新的社会接触。依据社会支持理论的观点，一个人拥有的社会支持网络越强大，就能够越好地应对各种来自环境的挑战。个人所拥有的资源又可以分为个人资源和社会资源。个人资源包括个人的自我功能和应对能力，社会资源是指个人社会网络的广度和网络中的人所能提供的社会支持功能的程度。失独老人抱团取暖，建立QQ群，在QQ上相互鼓励，分享信息。社会支持网络不健全。

5. 失独老人面临的困难

(1) 养老问题

老龄化对家庭和赡养依赖性增强。随着老龄化、高龄人口增多，三世健在的家庭比例很大，加上家庭"少子化"，使家庭赡养老人的功能弱化，老人对自己后代的经济依赖也更强。据统计，50%以上城镇老年人银行基本无存款，急需社会养老功能极大发挥，以弥补家庭养老。随着老年人口高龄化，高龄老人丧偶率上升。生理不能自理人数增加，家庭养老的经济负担和生活照料负担日益加重，但生活节奏越来越紧张，中青年夫妇常常难以兼顾对老人的赡养与对子女的抚养。

原本接收三无老人、五保老人等弱势群体的公办养老院，正在自主经营中慢慢变味儿。条件优越的养老资源因"物美价廉"成为"特权"老人争相享用的"蛋糕"，而普通老人却因挤不进大门晚景凄凉。一般情况下，老人入住公立养老院必须由子女签字，如无子女，需要单位担保。现实生活中，很多老年人因此想住都住不进去。

(2) 返贫现象

到2010年，我国老年人中，有24.1%主要经济来源为离退休养老金。40.7%老人依然主要依靠家庭其他成员供养。2000年，主要依靠养老金生活的老人比例为19.6%。另外，以低保作为主要收入来源的老人，这10年也由1.6%增加到3.9%。

对由于人口老龄化引发的社会负担的承受能力较强，而发展中国家尤其是我国呈现"未富先老"的国民状态。日趋严重的人口老龄化无疑会拖累经济建设和社会发展。对卫生医疗、社会养老保障、社会安定团结等提出了严峻的挑战，伴随着老龄问题一系列的社会问题逐渐凸显并且形势也越来越严峻。

在养儿防老的机制和计划生育控制下，高储蓄将必然伴随着高教育投入的现象。另外，我们还发现，老龄化增加经济增长的效果是模糊的。一方面，老龄化负担的增加会加大家庭对后代的教育投入，这有助于促进人口人力资本存量的积累；另一方面，老龄化负担的增加又会不利于家庭储蓄率的积累，而储蓄作为资本的蓄水池，向来和经济增长是正相关的。

计划生育政策的实施导致人口出生率的下降，造成了农村家庭结构的变化，出现家庭小型化、核心化的趋势。现阶段，我国的农村养老最重要的支持是子女的供养，每个子女的收入有限，除去自己的家庭开销，可剩余的部分并不多，家庭小型化、子女数量减少后，可以给老人提供养老资源的人数减少，因此，支持力下降。

6. 应对和效果

（1）政府的回应

2001年颁布的《人口与计划生育法》中，涉及失独群体社会保障的条款为该法的第四章第二十七条："独生子女发生意外伤残、死亡，其父母不再生育和收养子女的，地方人民政府应当给予必要的帮助。"

但是有法律专家分析，这里的"帮助"不是"责任和义务"，而且"给予必要的帮助"，这个概念很模糊。在法律上没有一个具体的量化标准，执行起来也有很大的伸缩性。

针对失独家庭，现行的国家计生特别扶助政策，对独生子女伤亡家庭进行补贴每月每人一至两百元，但在年龄方面要求女方年满49周岁时，夫妻双方才能同时纳入扶助范围。而这样的经济救助和年龄门槛对于数量庞大的失独家庭来说只能是杯水车薪。

2007年，全国性的独生子女伤残死亡家庭扶助制度正式启动。当年，人口计生委、财政部联合发出通知，决定从当年开始，在全国开展独生子女伤残死亡家庭扶助制度试点工作。根据这一通知，独生子女伤残死亡后未再生育或合法收养子女的夫妻，符合相应条件的，由政府给予每人每月不低于80元和100元的扶助金，直至亡故为止。随后，各省制定了不同的扶助标准并进行实施。在此之前，上海、湖南等地已有地方制订独生子女伤残死亡补助政策。比如，上海从2006年7月1日开始，对符合条件的独生子女伤残死亡的，给予每人不少于3000元和5000元的一次性补助金。

近年来，随着失独问题的逐渐凸显，失独群体的养老问题已经引起中国政府的重视。2012年4月国务院公布的《国家人口发展"十二五"规划》就明确提出，鼓励有条件的地区在养老保险基础上，进一步加强养老保障工作，积极探索为独生子女父母、无子女和失能老人提供必要的养老服务补贴和老年护理补贴。

2012年国家计生委也已经派出人员到全国15个省市进行调研，其中重要内容就是包括失独群体在内的独生子女父母养老保障问题。2012年两会期间，全国政协委员袁伟霞则提出提案，要求在相关法律中增加并明确对独生子女发生意外伤残、死亡群体的赡养保障条款，明确计划生育管理部门的法定监护义务。也是在2012年6月5日，国家计生委与80多位失独父母座谈，在非正式会谈后，国家计生委对他们作出承诺，将会在3～4个月内研究出台一个制度框架，并且答应建立沟通机制。

（2）寺院安老院模式。寺院安养院是近些年才出现的养老模式，它并非政府行为，大多还停留在个人推动的阶段。55岁的昌法是镇江古大圣寺安养院的推动者。古大圣寺已累计收养近500名鳏寡老人或有子女但独居的老人。安养院现有的170多位老人，平均年龄82岁，其中90岁以上的30多人，最年长者98岁。对于孤寡老人，古大圣寺安养院分文不收，衣食住行全由安养院承担。有退休金的老人，实行"半公益"，"一人一天10块，一个月300元"。这点儿钱用来吃饭，还有水、电以及一般的药费肯定不够，昌法坦承"寺里一年要'倒贴'20万元"。这笔钱就全靠化缘了。

显密寺养老院2000年正式接收第一批18名孤寡老人，多年来逐渐增加。现在有86名老人入住。共有30个房间，截至2016年1月在住86人，一百岁以上2人，90到100之间5位，80岁以上20多人。现在每位老人家每月各种费用加起来，需要约1500元块钱，一个月需要十多万元。而十几年来，养老院的建设及日常运作费用已达八百多万元。费用全部是由方丈释照禅法师和释能清院长两位去香港、上海、广州等地化缘所得。

而福建的吉祥寺安养院的成立也离不开主持照禅师父等的推动，他们历尽千辛万苦，奔走四方，才筹办了养老院。目前，国内的寺院养老院与上述两个例子大多相似，都是由个人推动，在某种程度上难以被复制。对失独老人来说，安养院不只是让他们吃饱穿暖的地方，那里还很注重他们的心理健康，鼓励他们以念经说法寻求解脱世俗困苦。

这是寺院安养院的优势所在。公立养老院只承担照顾老人起居饮食的任务，对他们心灵创伤的好转帮助不大。寺院虽然能帮助失独老人缓解心理上的伤痛，但毕竟治标不治本。

（3）其他措施

宁波海曙区出台关爱失独老人政策，社区为失独老人送终可获每人1万元补助，关爱失独老人的社会组织可获2000元至1万元启动资金。另外，还对部分失独老人有经济补贴，失独老人养老院也正在筹建中。此外，海曙区老年协会还正在筹建一个专门针对失独老人的养老院，接收失独老人入住。

（二）中国"失独"家庭老人生活现状调查

2016年1月1日，"二孩"政策在我国全面放开。就在人们感叹80后、90后成为"史上唯一一代独生子女"时，可曾想到还有这样一群人，他们是独生子女的父母，却因为种种原因失去了自己的孩子。

如今这部分人已经逐渐步入老年，成了提起就叫人心酸的"失独老人"。据统计，目前，我国有"失独"家庭100万，且以每年7.6万的数量持续增加。这些失独老人面临生活照料、大病医治、养老保障、丧葬善后等各种困难。虽然各地政府相继出台了一些政策和措施，但还远远不够。2015年，笔者走遍大江南北，走进一个个悲伤的家庭，体味到那沁人灵魂的"失独"之痛和那动人心魄的自救之路。

某百年学府，77岁的潘教授家。白色的瓷盘子里，小半个吃剩的馒头封存在保鲜膜里。保鲜膜外，一张字迹已经褪色的小字条上写着："这是小宏2007年2月13日早晨吃剩下的最后一块馒头。"潘教授说："这半个馒头是儿子最后的生活迹象，以后再也没有了，我要留着。"

潘宏是潘教授的独生儿子，1973年出生，2007年2月13日早晨因心脏病突发离世。这半块馒头，就是儿子去世前一刻吃剩下的。在整理儿子的遗物时，潘教授用保鲜膜小心翼翼地把它包起来带回家里，至今已保存了8年。潘教授说："这半个馒头是儿子最后的生活迹象，以后再也没有了，我要留着。"

被他留着的还有儿子死前发给妈妈的一条短信，这是儿子生命中的最后一声呼唤："妈妈，我心脏不舒服。"

他和老伴儿永远也不会忘记那个让他们彻底崩溃的早晨。那天早上8点多，潘教授去上班，喜欢打太极的老伴儿晨练回来，接到了儿子打到座机上的求救电话："妈，我很不舒服，您能过来一趟吗？"放下电话，老伴儿立刻打车赶往儿子的住处，出租车上，老伴儿拿出手机，才发现手机关机了。她迫不及待地开机，儿子在早晨七点钟给她发的短信立刻蹦了出来："妈妈，我心脏不舒服。"

老伴儿预感到问题严重，将电话回拨过去，但此时儿子已不再接电话。赶到儿子位于昌平区龙泽园的家，无论她怎么敲门，里面都没有反应。等潘教授跟同事一起设法打开门时，一切都晚了，只见小宏蜷缩着倒在卧室的地板上，虽然身体还有余温，但已经没有了呼吸和心跳。就这样，潘教授唯一的儿子，生命永远停在了35岁。

在我访问的失独父母中，有90%的父母都会用一种独特的方式来"留住"自己的孩子——来自黑龙江的"心碎"把女儿的照片印在项链的吊坠上，时刻戴在胸前。

江苏的"叶儿黄"家中女儿房间的桌上，永远摆放着两瓶冰红茶，她说，女儿生前特别喜欢喝冰红茶。

重庆的"天堂"家里，永远保存着一本2000年的台历，那是儿子生前用过的最后一本台历。

山东的正荣将孩子的照片贴满整个房间，以此来回忆与儿子共同度过的美好时光，还整日躺在孩子睡过的床上，"闻着孩子留下的气味，心里觉得好受点儿"。

济南的月菊自从女儿死后，5年时间了，她依然坚持每天做各式各样的菜，等女儿回来吃，还不断地给她买新衣服。在女儿的衣柜里，从夏天的裙子到冬天的羽绒服，一应俱全，有的还挂着标签。月菊每天都要轻轻地抚摸这些衣服，"和她说说一天的生活，让她知道妈妈过得很好"。

武汉的余伟算是一个不大不小的政府官员。白天的时候，他总是西装革履，精神百倍地工作，可是晚上回到家里，他又成了另外一个人。他整夜坐在地板上，抱着孩子的骨灰盒哭泣，口中呢喃："孩子，让爸爸抱抱你……"他就这样每晚睡在地板上，将近8年。

……

孩子突然去了，父母却怎么也无法适应这没有孩子的日子，而与孩子有着某种关联的一切东西，在他们眼里，都是鲜活的生命，能呼吸、会说话。看到它们，就像看到自己的孩子。有它们陪伴，他们才不感到孤独；有它们陪伴，那颗痛苦的心才得到些许的安慰……

无处安放的余生

他去问墓地的工作人员："我先买好墓地，等我们死后，你们能把我们的骨灰安葬在这里吗？"

青岛市市南区"失独"父亲邹云91岁高龄的老母亲突然生病了，他手忙脚乱地将母亲送进医院。刚入院时，要签各种各样的字，办各种各样的手续，医生还不能马上给老人输液。邹云急了，问怎么回事。医生说："没有亲属在场，不能给药。"直到医生确认了邹云的身份，才同意给老人输液。

这时，邹云才突然意识到——"我老了，病了，该怎么办？"

邹云和妻子黄霞1976年结婚，同年，儿子出生。此后，邹云被调到兰州军区，黄霞则调到原乌鲁木齐军区。1979年，国家提倡计划生育，他们成了较早的一批执行者。而1997年的一场车祸，彻底改变了这个家庭的生活轨迹。

"儿子出门前，我们还特意嘱咐他下午早点儿回家吃饭。" 邹云永远不会忘记十五年前那个黑暗的日子。那天，夫妻俩正在包着儿子喜欢吃的水饺，突然接到电话，说儿子出车祸了。等他们心急火燎地打车赶到医院时，儿子已经离世。

此后的痛苦不言而喻。他们尝试着忘记孩子，可总也忘不掉。每当别人问起，他们就敷衍一句，孩子出国了。他们尝试着换个环境努力活下去，于是搬到了现在住的地方。但他们总是不自觉地去和别人做比较，和那些有子女的家庭做比较，越比较，心里越难受。直到后来他们在网上找到了"失独"者QQ群，靠着两百多同命人的互相鼓励和慰藉，才好受一些。

这次母亲住院让他意识到，不但要钱，还需要签字办手续，还必须有家人陪在床前才能给药。"等我们老了该怎么办？谁给我们签字？谁陪我们输液？"

不仅如此，就是进养老院也不是那么简单的。他咨询过青岛的几家养老院，对方的回复中都包括一个必要条件——入住养老院时老人有自理能力，且需要监护人（多为子女）的签字。

前文提到的潘教授也遇到了同样的问题。如何养老成了两位老人最大的心病。他们利用空闲时间去咨询了多家养老院，但所有的养老院都将他们拒之门外。唯一的理由就是，养老院接收老年人，需要子女签字。但现在他们没有子女了。

潘教授的老伴儿想用出家的方式度过自己的余生，然而，却没有任何一座寺院接收她。一位住持告诉她："我们只接受六十岁以下的人，你已超龄……阿弥陀佛。"

连出家都不行，哪里才是我的去处啊！潘教授的老伴儿只好在家中修行。

此外，死后的安葬问题也让两位老人十分揪心。2007年，在安葬儿子的时候，潘教授给自己和老伴儿也买好了墓地，就在儿子的旁边，他们希望能够离儿子近一些。他去问墓地的工作人员："我先买好墓地，等我们死后，你们能把我们的骨灰安葬在这里吗？"

工作人员觉得他提的问题很奇怪，愕然了好一阵，以为老人在开玩笑，但看看对方的表情，才意识到他是认真的。可工作人员真不知道该怎么回答，因为以前从来没遇到过这样的问题，只好如实说："墓地管理处没有这项业务。"

像被人兜头泼了一瓢冰水，潘教授顿时透心地凉。从墓地回来，潘教授凄凉地说："我们活着，还能为儿子扫扫墓；如果死了，连把我们送进墓地的人都没有了……"

不是吗？因为没有人照顾，"失独"老人死在家里很久才被发现的事件时有发生。

2014年11月21日，重庆市北碚区石马河街道一位叫赵国华的"失独"老人，死了几天却没人知晓，后来邻居闻到一股恶臭，报了警。打开房门一看，老人的尸体已经腐烂。房间里的电视机还开着，正在播放着新闻，可看电视的人却悄无声息地永远离开了。

同样是2014年11月，长沙市岳麓区一位62岁的"失独"母亲，孤单地死在她租住的房屋里，直到尸体发臭才被人发现。

没有孩子的他们，余生该怎么安放？

好想有个家

可是，那个曾为唐翠遮风挡雨几十年的家早已不复存在。唐翠的丈夫经受不住失去女儿的打击，精神崩溃，在一个风高之夜，一把火将居住多年的房子烧得一干二净……

采访过程中，有一个家庭让我特别震撼。一见面，这个家的女主人——一位白发苍苍的老母亲，就将几大本特殊的账本递到我面前。

翻开本子，才发现这是一个个账本，里面记满了各地好心人给她的每一笔施舍，多的数十元、上百元，少的几元、几角。许多账目后都按上了鲜红的指印，她解释说，按上红指印，主要是存个念想，尽管自己没办法报答，但这份恩情要永远铭记。

老人叫唐翠，今年77岁，家住湖南省溆浦县某村。2002年10月6日，她的爱女，刚从师范学校毕业分配在邻近小学任教就被人强奸后杀死在学校的宿舍里。案件迟迟未能侦破，凶手一直逍遥法外。

为了给女儿申冤，她和丈夫倾其所有，卖掉了家里的一头牛、五头猪，凑了五千多元当路费，跑遍了省、市、县三级相关部门。来来回回地奔波、折腾，这点儿钱很快就花光了，囊中空空的唐翠不得不开始她"讨米告状"的艰难生活。她一边申冤，一边乞讨，沿途有许多好心的群众为她捐款捐物。她永远忘不了，一位盲人把身上仅有的六毛钱塞给她，说："路上饿了买个红薯吃也好。"唐翠拿出本子想让他签字，他说："我是瞎子，不会写字，就给你按个指印吧。"从此，账本上有了一个个鲜红的指印。

皇天不负苦心人，她的奔波终于有了结果。2004年11月18日，案发两年零一个月后，凶手终于浮出水面，他就是女儿的同事李某。

可是，案件的审理却一波三折。被告人当庭翻供，坚决否认自己杀人。一审作出死刑判决后，被告不服，提出上诉。省高院认为"部分事实不清，尚需进一步查证"，发回重审。就这样，直到2011年5月，先后经过中院、高院来来回回六次审判和裁定，最后作出终审判决：判处李某无期徒刑，剥夺政治权利终身，附带赔偿人民币3万元。

案件总算尘埃落定。可是，那个曾为唐翠遮风挡雨的家早已不复存在：唐翠的丈夫经受不住失去女儿的打击，精神崩溃，在一个风高之夜，一把火将居住多年的房子烧得一干二净……

像唐翠这样，孩子死后，家也不再像家的"失独"者不在少数。更让人寒心的是，不少"失独"母亲不但失去了孩子，还要承受来自亲人的伤害和家庭破裂的痛苦。

北京的"失独"妈妈晓禾就是这种情况。她告诉笔者："真是造化弄人，孩子出交通事故那天，我因为子宫肌瘤，正在医院做子宫摘除手术。家里人一直瞒着我，要是早知道，我绝对不会做那个手术。虽然我快50岁了，可只要还有子宫，就还有生孩子的希望。现在是一点儿希望都没有了。"

孩子走后大约一年，晓禾的老公提出离婚。夫妻俩在一起过了二十多年，感情不好也不坏，因为孩子，本想就这么凑合下去，到老了也算有个伴儿，可是忽然间，就走不下去了。"孩子是维系夫妻关系的纽带，如今这个纽带忽然没有了。挺大的房子就剩下我们两个人，互相对着唉声叹气，话越来越少，而且避免提到任何与孩子有关的话题，有时候甚至一天也说不了一句话。"

晓禾的丈夫开始是整天不出门，后来是整天出去不回来。"有一天，他对我说，实在受不了在这个房子里住下去了，到处都是孩子的东西、孩子的影子，他快崩溃了……"

丈夫就这样离开了家，两个月后，向她提出了离婚。离婚之后，这个一起生活了二十多年的男人就像人间蒸发一样，在晓禾的生活中消失了。后来，从亲戚朋友口中，晓禾得知前夫很快就再婚了，找了一个不到40岁的女人。

"其实他这么做我也能理解，毕竟他才50岁，还有希望再要一个孩子。"晓禾平静地说，"两个人绑一起也是死，抓住一点儿希望就能活下去。他想忘掉过去的一切重新开始，也是人之常情。"

我被她的宽容所感动，这种在外人看来可以称作绝情的做法，在她看来却成了"人之常情"。唉，都是"失独"惹的祸。

换种方式，替孩子活下去

"每年女儿的生日祭日，我就把鞋拿出来擦一擦，一边擦一边想，女儿是为了国家牺牲的，我也要沿着她的路，为社会尽一份力。"

2014年7月28日下午，烈日炎炎，酷暑难耐。一位身穿"苏仙义工"红马甲的大妈提着水彩笔、绘画本，匆匆走进湖南省郴州市朝阳儿童康复训练中心。她就是该市苏仙区义工协会会长首嫣嫣。

原本安静有序的训练教室在首嫣嫣进入的瞬间炸开了锅，孩子们都围到首嫣嫣身边，齐声叫着"首妈妈"。

这所康复训练中心是一家面向残障儿童的社会公益性机构。首妈妈的每次出现，对于这里的孩子来说都是最开心的时刻。可天真的孩子们不知道，首嫣嫣是一位"失独"妈妈。

首嫣嫣的女儿叫侯静，大学毕业后考入郴州市苏仙区良田镇国土所。2002年2月12日午后，侯静与同事正坐在单位大院的草坪上聊春节发生的趣事，笑声不断。

"山里起火了，快救火！"有人冲进院子里大喊。侯静和同事拿起灭火工具就往火场赶。为了以最快的速度赶到，他们冒着危险抄近路，钻进了一条铁路隧道，侯静冲在最前面。不料，此时正有一列火车经过，侯静被火车高速运行形成的旋风带起，又重重地摔在地上。就这样，首嫣嫣失去了她年仅20岁的女儿。

首嫣嫣曾任苏仙区南塔街道办事处扎上社区主任兼党支部书记，为人热情、工作耐心，深受当地居民的好评，还曾因在1999年抗洪救灾中表现突出，被湖南省委、省政府荣记一等功。

尽管她是一位坚强的女性，女儿侯静的死还是让她几近绝望。她不愿提及女儿的一切，把女儿生前的物品都封存起来，还搬了家。她说："我不愿把悲伤挂在脸上，常常是白天拼命工作，晚上回家再哭，眼泪都哭干了。"

2007年，首嫣嫣退休。在经历了无数个不眠之夜后，首嫣嫣作出了改变她人生的决定。"女儿出事前那个春节，送了我一双鞋，我只穿过两次。她走后，我再也没穿过。每年女儿的生日祭日，我就把鞋拿出来擦一擦，一边擦一边想，女儿是为了国家牺牲的，我也要沿着她的路，为社会尽一份力。"

2010年，首妈妈加入郴州市义工联合会。2012年，苏仙区成立义工协会，首妈妈担任会长。首妈妈多次被评为郴州市十佳志愿者、郴州市义工联合会十佳义工。她说："我做义工，就是延续我女儿的生命，就是换一种方式替女儿活下去。"

城乡敬老院、福利院的老人和小孩儿是首妈妈关注的重点，送水果、送衣物、洗衣理发、聊天散步、包饺子、煮汤圆、送月饼……首妈妈用笑容与真情帮助这些弱势群体。老人们高兴地称她"首闺女"，孩子们亲切地叫她"首妈妈"。

扎上社区孤寡老人谢万发独住在公租房内，首妈妈常去陪伴，帮他搞卫生、洗衣服。得知谢万发想找个老伴儿，首妈妈四处打听，牵线搭桥，终于让老人如愿以偿，还为他们主持了婚礼。2012年，谢万发去世前一个星期，特意托老伴儿把一封信带给首妈妈，最后说一声谢谢。

2014年5月，首妈妈荣获"郴州市苏仙区首届道德模范"称号。面对这一荣誉，首妈妈说："'失独'妈妈不能失爱，我要把对女儿的爱化作对社会的爱，去爱更多的人。"

一位"失独"母亲说，孩子已经去了天堂，天堂里的孩子们每天都在看着我们，如果我们生活得不快乐，他们会不高兴的。是的，他们一定希望自己的父母能尽快地从阴霾里走出来，尽情地享受生活，尽情地再现甜甜的笑脸，尽情地去感受莺飞草长、杏花春雨、十里荷塘……

可喜的是，近些年来，各地政府先后出台了一项项优惠政策，为"失独"父母打造出一把把坚强有力的"制度手杖"。

陕西省人民政府率先出台了《关于建立完善"失独"家庭养老扶助制度的意见》。对"失独"家庭提出了五条"真金白银"的关爱措施，包括将"失独"家庭扶助标准，农村居民每人每月提高到800元，城镇居民每人每月提高到1000元，同时对"失独"家庭给予一次性补助，农村家庭2万元，城镇家庭3万元；北京市人民政府出台了《关于深化公办养老机构管理体制改革的意见》，决定将坐落于环境优美的亚运村，毗邻北京市老年病医院，交通便利、设施齐全，集老年人颐养、健身、休闲、娱乐和医疗保健为一体的市第五福利院改造为专门接收"失独"老人的示范性养老机构；广州增城市制定出台的《增城市"失独"家庭养老扶助制度实施方案》规定，在广东省和广州市现行扶助制度基础上，每人每月增发1500元扶助金，使城镇的每月可获补助金达到1950元，农村达到1650元，为目前全国最高……

各社会组织也各尽所能，中国妇女发展基金会发起了"'失独'母亲关爱计划"，截至2016年，在北京建立"失独"母亲社区帮扶站36所，由专业人员为"失独"母亲提供音乐理疗、心理咨询等服务，"失独"母亲在服务站还可享受免费午餐，并进行技能展示等各种交流。此外，还将为每个服务站配备一辆健康巡诊车，为"失独"母亲和家庭提供义诊服务。

五、残疾老人生活现状

老年人是社会的弱势群体，残疾老年人更是弱势中的弱势。随着高龄老人的增加，残疾老年人的数量也在逐年增大，已引起社会的广泛关注，也成为老年学研究领域一个十分重要的课题。为此，笔者对大连市残疾老人的状况及精神慰藉的需求进行了初步调研，现将有关情况加以归纳。

(一) 基本情况

1. 残疾老年人基本情况

(1) 残疾老年人逐年增加。根据2006年第二次残疾人抽样推算，我国各类残疾人口总数为8296万人，残疾人占全国总人口的6.34%。其中60岁及以上的老年残疾人口为4416万，占残疾人口的53.2%，与1987年相比，60岁及以上的残疾老年人增加了2365万，占总增加人数的75.5%。住在市镇的占25.47%，住在乡村的占74.53%，城乡比约为1∶3。与全国人口相比，残疾儿童少年的比例偏低，残疾老年人比例偏高。据抽样调查，目前，大连市残疾人口有33.9万人，涉及150万家庭人口，其中肢体残疾12.7万人，听力残疾4.9万人，精神残疾3.8万人，视力残疾4.6万人，智力残疾2万人，语言残疾4千人，多重残疾5500

人。办理残疾证的有12.2万人，占残疾人总数的35.99%，有老年人8万多，约占65.6%，其中男性5万多人，女性3万多人。随着工作和生活压力加大和老龄化程度的发展，残疾人的数量会越来越多，最终每个人都可能是残疾老人。

（2）生活自理困难多。老年残疾人除少数先天以及意外事故的以外，绝大部分是随着身体器官功能的老化或丧失而导致，与其他年龄段的同类残疾群体相比，其残障程度往往更严重，完全康复的可能性较低。据调查，老年残疾人52%生活自理有困难，88%存在生活活动能力方面的障碍。其中极重度障碍、重度障碍和中度障碍的比例分别为14%、17%和28%。由于身体器官退行性的衰变及完全康复的概率低，要求在建立老年人保障机制时，尤其是对多重残疾老人，应给予更多的优惠。

（3）婚姻状况和教育程度。残疾人婚姻难解决，尤其是农村男性残疾人，有的终生不娶，有的是近亲通婚或智残人相互结婚，生下子女又是病残人，陷入越残越穷的恶性循环。残疾老人丧偶比例高，性别间差距较大。2005年，我国进行的1%的人口抽样调查结果显示，60岁及以上的老人丧偶比例为27.6%，残疾老人的丧偶比例为41.3%，残疾老人的丧偶比例高于整体老年人13.7个百分点。女性残疾老人的丧偶比例比男性高32.1个百分点。现在空巢家庭越来越多，残疾老人的空巢率占1/3左右。

残疾老人的受教育程度普遍偏低，性别间也存在较大差异。第二次残疾人抽样调查显示，65岁及以上的老人不识字或没上过学的占62.1%，比非残疾老人高13.3个百分点。在性别方面，男性残疾老人受教育程度明显高于女性残疾老人，女性不识字的老人比例为76.1%。

（4）就业和生活来源。调查显示，绝大部分残疾老人都不在业，47.7%的残疾老人已经丧失劳动能力。有18.8%的残疾老人在家料理家务，离退休残疾老人仅占18.5%。性别间也存在着就业差异，女性残疾老人丧失劳动能力和料理家务的比例高。女性丧失劳动能力的比例为52.1%，高于男性残疾老人9.3个百分点。女性料理家务的比例也较高，为27.2%，高于男性16.8个百分点。

在生活来源上，主要是依靠家庭其他成员的供养或离退休金，极个别的靠邻里接济。据调查，约有71%的残疾老人依靠家庭其他成员的供养，依靠离退休金收入的为21.4%。男性残疾老人生活来源于离退休金的比例高于女性，81%的女性生活来源主要依靠家庭其他成员的供养。老年残疾人对家庭的高度依赖，不仅增加了家庭其他成员的经济负担，同时也减少了家庭成员的社会劳动供给时间和劳动供给量，使整个家庭陷入收入减少、负担增加的困境。也在一定程度上增加了家庭成员对老年残疾人的不满和厌恶，很容易出现家庭照料供给不充分的现象。

2. 助残工作两大体系初步形成

大连市委市政府历来十分关心重视残疾人事业的发展，切实将残疾人事业纳入全市经济社会发展的大局，加快推进残疾人社会保障体系和服务体系建设，由于政府和社会为残疾人提供服务的能力和水平不断提高，残疾人的生活状况得到明显改善。大连市被授予"全国残疾人工作示范城市"等多个荣誉称号。

（1）拥有一支干部队伍。大连市已经建立起比较完善的残疾人组织体系，拥有一支廉洁高效、敬业爱岗、充满爱心的残疾人专职、专业和志愿者队伍。在10个区市县全部配备了残疾人领导干部，同时还有1600多名残疾人专职委员活跃在社区，他们不仅是残疾人的贴心人，还是政府联系残疾人的纽带。各专门协会也切实履行职责，发挥着十分重要的作用。

（2）具有比较健全的法制。以《中华人民共和国残疾人保障法》为母法，大连从市情出发，出台了《中共大连市委 大连市人民政府关于促进残疾人事业发展的实施意见》《大连市残疾人保障若干规定》《关于进一步加强残疾人法律援助工作的意见》等诸多政策法规，为保障残疾老人的合法权益提供法律保障，为做好残疾人维权工作提供了法律依据。正在实施的《大连市残疾人事业"十二五"规划》为广大残疾老年人描绘一幅美好的前景。

（3）财政支持力度大。实施政策倾斜，在资金上给予必要的保证，还根据实际情况专项拨款。仅"十一五"期间，大连市政府就投入专项资金40多亿元用于发展残疾人事业。全市新建改建残疾人综合服务设施5万多平方米，800多个社区（村）残疾人康复站，达20万残疾人受惠；50多个不同性质的残疾人托养机构，使千余名残疾人享受到集中供养服务，2000余名享受居家安养服务补贴。2011年，市政府又投资3亿多元，在旅顺修建占地60亩、建筑面积3万多平方米的残疾人托养中心。

（4）生活环境明显改善。"十一五"期间，1800户农村贫困残疾人家庭在安居工程中住进了新房；对4000户城市贫困残疾人家庭实施了无障碍改造，城市道路、公共建筑、特别是信息交流等无障碍环境得到有效改善，大连市被授予"全国首批无障碍设施建设示范城市"；3000余名贫困白内障患者在白内障复明工程中得到免费治疗，重见光明，大连市被评为"全国无白内障障碍城市"。提供了各类医疗康复、训练和辅具等救助服务，保证部分残疾老人的生活方便。免费适配辅助器具3万余件，轮椅1万个，其中有许多受惠者是残疾老人。

（5）扶残助残蔚然成风。"十一五"期间，大连市有1800多名富有爱心的成功人士踊跃助残奉献，社会各界累计捐资助残2000余万元。青年志愿者、义工服务和红领巾助残队伍不断壮大，为残疾老人提供大量义务服务。市领导走访慰问贫困残疾人纳入长效机制，"两节"期间走访贫困残疾人，送去关怀和温暖。全市各界走访贫困残疾人，发放慰问金，送去慰问品。不仅在物质上提供了帮助，更从精神上给予极大的慰藉。

3. 两大体系建设滞后需求

目前，需求与供给矛盾仍比较突出，难以有效解决残疾人最关心、最直接、最现实的基本需求和特殊困难。主要体现在以下几个方面：一是残疾人事业基础比较薄弱，仍滞后于经济社会发展；二是城乡之间残疾人事业发展还不够平衡；三是残疾人社会保障和公共服务政策措施还不够完善，稳定的制度性保障还需要进一步加强；四是残疾人总体生活状况与社会平均水平存在较大差距，在生活、医疗、康复和社会参与等方面存在许多困难；五是还存在歧视侵害残疾人权益的现象。据调查分析，老年残疾人的需求，主要集中在"医疗服务和救助""贫困救济和扶持""器械辅助""康复训练与服务"和"生活服务"等五个方面，占总需求的95%，特别是护理照料和服务已成为老年残疾人的最大需求。总的来看，目前社会提供的服务远远满足不了老年残疾人的需要。

（二）加强对残疾老年人帮扶慰藉力度的几点思考

1. 生活帮扶、精神慰藉是社会进步的必然和残疾老年人的需求

尊老助残是永恒的话题，随着社会进步赋予不同的内容。尊老助残不仅是弘扬中华民族的传统美德，也是构建和谐社会的重要举措，没有残疾老年人的小康，就没有真正意义上的小康。残疾老年人是一个特殊群体，是社会保障和公共服务的重点。由于自身条件的原因，他们的生活压力和心理压力大，渴望得到社会的同情、理解和支持，需要社会给予更多的人文关怀，得到生活照料和精神慰藉。通过社会的帮扶，使他们充分感受到社会大家庭的温暖，体会到社会制度的优越，充分享受有尊严的晚年生活。

2. 加强对残疾老年人帮扶慰藉力度

鉴于目前残疾人社会保障制度和服务体系滞后需求，覆盖面还比较窄，布局不合理，残疾人保障和服务投入还明显不足，服务设施不足，缺乏专业人才队伍，不适应形势发展需要的实际，提出如下建议：

（1）强化公众防残助残意识，加强助残队伍建设。利用"国际残疾人日"、"全国助残日"、普法教育等契机，利用各种媒体宣传普及残疾预防知识，提高公众防残意识，加强经常性心理健康教育，提高公民心理素质。提高公众认识，增强社会对残疾人的了解，引导全社会大力弘扬人道主义思想和中华民族传统美德，形成人人理解、尊重、关心、帮助残疾人的良好社会风尚。各慈善团体开展爱心捐助活动，为残疾人事业筹集善款。

（2）实施政策倾斜，提供法律保障和法律援助。把残疾人两个体系建设纳入全市经济社会发展总体规划，不断健全和完善相关政策法规，建立稳定的经费保障机制，加大政策倾斜力度，坚持普惠与特惠相结合的原则，切实落实各项助残扶残优惠政策，逐渐提高补贴标准、扩大优扶范围。从法律层面给残疾人特别是老年残疾人提供法律保障和法律援助。

（3）构建服务体系。以构建护理服务和生活照料的社区服务体系为重点，加快残疾人服务体系建设，提高为残疾人服务的能力和水平。政府要承担起责任来，根据财力和实际需要，城乡统筹，合理规划布局，逐渐增加托管中心的数

量，提高管理水平，逐渐走向人性化、规范化、专业化。可有效地整合社会资源，把残疾人托管中心和社区服务中心、养老院建设等有机结合起来。可以采取公办民营、民办公助、政府购买服务等多种形式，动员鼓励社会力量参与举办残疾人事业。

（4）树立典型。树立残疾老人自尊自强自立的典型，宣传他们的先进事迹，发挥典型的社会效应。注意发挥那些有专长和特殊技能残疾老人的作用，为他们发挥其专长创造有利条件。鼓励残疾老人自强自立，树立生活的信心，有尊严地享受晚年生活。

（5）关注精神需求。关注残疾老年人的精神需求，各类公共文化场所免费或优惠向残疾老人开放，发展适应残疾人需求的特色文化，组织他们参加健康有益的文化体育活动，丰富他们的晚年生活，满足他们精神需求。

（6）加强队伍建设。加强残疾老年人社会工作队伍建设，动员和发挥社会的力量做好助残工作。一是要继续加强青年志愿者、义工服务和红领巾助残队伍的建设。二是要注意培养和建立起一支具备专业知识和技能的专业队伍，适应不断增加的残疾老人的需要。

（7）加强基础理论研究。加强致残基因等基础理论研究，加强扩大国际交流与合作的范围。从源头上有效控制和杜绝残疾的发生。

第二节 总 则

第一条 为保障老年人合法权益，发展老年事业，弘扬中华民族敬老、养老的美德，根据宪法，制定本法。

第二条 本法所称老年人是指六十周岁以上的公民。

第三条 国家和社会应当采取措施，健全对老年人的社会保障制度，逐步改善保障老年人生活、健康以及参与社会发展的条件，实现老有所养、老有所医、老有所为、老有所学、老有所乐。

第四条　国家保护老年人依法享有的权益。老年人有从国家和社会获得物质帮助的权利，有享受社会发展成果的权利。禁止歧视、侮辱、虐待或者遗弃老年人。

第五条　各级人民政府应当将老年事业纳入国民经济和社会发展计划，逐步增加对老年事业的投入，并鼓励社会各方面投入，使老年事业与经济、社会协调发展。国务院和省、自治区、直辖市人民政府采取组织措施，协调有关部门做好老年人权益保障工作，具体机构由国务院和省、自治区、直辖市人民政府规定。

第六条　保障老年人合法权益是全社会的共同责任。国家机关、社会团体、企业事业组织应当按照各自职责，做好老年人权益保障工作。居民委员会、村民委员会和依法设立的老年人组织应当反映老年人的要求，维护老年人合法权益，为老年人服务。

第七条　全社会应当广泛开展敬老、养老宣传教育活动，树立尊重、关心、帮助老年人的社会风尚。青少年组织、学校和幼儿园应当对青少年和儿童进行敬老、养老的道德教育和维护老年人合法权益的法制教育。提倡义务为老年人服务。

第八条　各级人民政府对维护老年人合法权益和敬老、养老成绩显著的组织、家庭或者个人给予表扬或者奖励。

第九条　老年人应当遵纪守法，履行法律规定的义务。

第三节　家庭赡养与扶养

第十条　老年人养老主要依靠家庭，家庭成员应当关心和照料老年人。

第十一条　赡养人应当履行对老年人经济上供养、生活上照料和精神上慰藉的义务，照顾老年人的特殊需要。赡养人是指老年人的子女以及其他依法负有赡养义务的人。赡养人的配偶应当协助赡养人履行赡养义务。

第十二条　赡养人对患病的老年人应当提供医疗费用和护理。

第十三条　赡养人应当妥善安排老年人的住房，不得强迫老年人迁居条件低劣的房屋。老年人自有的或者承租的住房，子女或者其他亲属不得侵占，不得擅自改变产权关系或者租赁关系。老年人自有的住房，赡养人有维修的义务。

第十四条　赡养人有义务耕种老年人承包的田地，照管老年人的林木和牲畜等，收益归老年人所有。

第十五条　赡养人不得以放弃继承权或者其他理由，拒绝履行赡养义务。赡养人不履行赡养义务，老年人有要求赡养人付给赡养费的权利。赡养人不得要求老年人承担力不能及的劳动。

第十六条　老年人与配偶有相互扶养的义务。由兄、姊扶养的弟、妹成年后，有负担能力的，对年老无赡养人的兄、姊有扶养的义务。

第十七条　赡养人之间可以就履行赡养义务签订协议，并征得老年人同意。居民委员会、村民委员会或者赡养人所在组织监督协议的履行。

第十八条　老年人的婚姻自由受法律保护。子女或者其他亲属不得干涉老年人离婚、再婚及婚后的生活。赡养人的赡养义务不因老年人的婚姻关系变化而消除。

第十九条　老年人有权依法处分个人的财产，子女或者其他亲属不得干涉，不得强行索取老年人的财物。老年人有依法继承父母、配偶、子女或者其他亲属遗产的权利，有接受赠予的权利。

第四节　社会保障

第二十条　国家建立养老保险制度，保障老年人的基本生活。

第二十一条　老年人依法享有的养老金和其他待遇应当得到保障。有关组织必须按时足额支付养老金，不得无故拖欠，不得挪用。国家根据经济发展、人民生活水平提高和职工工资增长的情况增加养老金。

第二十二条　农村除根据情况建立养老保险制度外，有条件的还可以将未承包的集体所有的部分土地、山林、水面、滩涂等作为养老基地，收益供老年人养老。

第二十三条　城市的老年人，无劳动能力、无生活来源、无赡养人和扶养人的，或者其赡养人和扶养人确无赡养能力或者扶养能力的，由当地人民政府给予救济。农村的老年人，无劳动能力、无生活来源、无赡养人和扶养人的，或者其赡养人和扶养人确无赡养能力或者扶养能力的，由农村集体经济组织负担保吃、保穿、保住、保医、保葬的五保供养，乡、民族乡、镇人民政府负责组织实施。

第二十四条　鼓励公民或者组织与老年人签订扶养协议或者其他扶助协议。

第二十五条　国家建立多种形式的医疗保险制度，保障老年人的基本医疗需要。有关部门制订医疗保险办法，应当对老年人给予照顾。老年人依法享有的医疗待遇必须得到保障。

第二十六条　老年人患病，本人和赡养人确实无力支付医疗费用的，当地人民政府根据情况可以给予适当帮助，并可以提倡社会救助。

第二十七条　医疗机构应当为老年人就医提供方便，对七十周岁以上的老年人就医，予以优先。有条件的地方，可以为老年病人设立家庭病床，开展巡回医疗等服务。提倡为老年人义诊。

第二十八条　国家采取措施，加强老年医学的研究和人才的培养，提高老年病的预防、治疗、科研水平。开展各种形式的健康教育，普及老年保健知识，增强老年人自我保健意识。

第二十九条　老年人所在组织分配、调整或者出售住房，应当根据实际情况和有关标准照顾老年人的需要。

第三十条　新建或者改造城镇公共设施、居民区和住宅，应当考虑老年人的特殊需要，建设适合老年人生活和活动的配套设施。

第三十一条　老年人有继续受教育的权利。国家发展老年教育，鼓励社会办好各类老年学校。各级人民政府对老年教育应当加强领导，统一规划。

第三十二条　国家和社会采取措施，开展适合老年人的群众性文化、体育、娱乐活动，丰富老年人的精神文化生活。

第三十三条　国家鼓励、扶持社会组织或者个人兴办老年福利院、敬老院、老年公寓、老年医疗康复中心和老年文化体育活动场所等设施。地方各级人民政府应当根据当地经济发展水平，逐步增加对老年福利事业的投入，兴办老年福利设施。

第三十四条　各级人民政府应当引导企业开发、生产、经营老年生活用品，适应老年人的需要。

第三十五条　发展社区服务，逐步建立适应老年人需要的生活服务、文化体育活动、疾病护理与康复等服务设施和网点。发扬邻里互助的传统，提倡邻里间关心、帮助有困难的老年人。鼓励和支持社会志愿者为老年人服务。

第三十六条　地方各级人民政府根据当地条件，可以在参观、游览、乘坐公共交通工具等方面，对老年人给予优待和照顾。

第三十七条　农村老年人不承担义务工和劳动积累工。

第三十八条　广播、电影、电视、报刊等应当反映老年人的生活，开展维护老年人合法权益的宣传，为老年人服务。

第三十九条　老年人因其合法权益受侵害提起诉讼交纳诉讼费确有困难的，可以缓交、减交或者免交；需要获得律师帮助，但无力支付律师费用的，可以获得法律援助。

第四十条　国家和社会应当重视、珍惜老年人的知识、技能和革命、建设经验，尊重他们的优良品德，发挥老年人的专长和作用。

第四十一条　国家应当为老年人参与社会主义物质文明和精神文明建设创造条件。根据社会需要和可能，鼓励老年人在自愿和量力的情况下，从事下列活动：

（一）对青少年和儿童进行社会主义、爱国主义、集体主义教育和艰苦奋斗等优良传统教育；

（二）传授文化和科技知识；

（三）提供咨询服务；

（四）依法参与科技开发和应用；

（五）依法从事经营和生产活动；

（六）兴办社会公益事业；

（七）参与维护社会治安、协助调解民间纠纷；

（八）参加其他社会活动。

第四十二条　老年人参加劳动的合法收入受法律保护。

第五节　法律责任

第四十三条　老年人合法权益受到侵害的，被侵害人或者其代理人有权要求有关部门处理，或者依法向人民法院提起诉讼。人民法院和有关部门，对侵犯老年人合法权益的申诉、控告和检举，应当依法及时受理，不得推诿、拖延。

第四十四条　不履行保护老年人合法权益职责的部门或者组织，其上级主管部门应当给予批评教育，责令改正。国家工作人员违法失职，致使老年人合法权益受到损害的，由其所在组织或者上级机关责令改正，或者给予行政处分；构成犯罪的，依法追究刑事责任。

第四十五条　老年人与家庭成员因赡养、扶养或者住房、财产发生纠纷，可以要求家庭成员所在组织或者居民委员会、村民委员会调解，也可以直接向人民法院提起诉讼。调解前款纠纷时，对有过错的家庭成员，应当给予批评教育，责令改正。人民法院对老年人追索赡养费或者扶养费的申请，可以依法裁定先予执行。

第四十六条　以暴力或者其他方法公然侮辱老年人、捏造事实诽谤老年人或者虐待老年人，情节较轻的，依照治安管理处罚条例的有关规定处罚；构成犯罪的，依法追究刑事责任。

第四十七条　暴力干涉老年人婚姻自由或者对老年人负有赡养义务、扶养义务而拒绝赡养、扶养，情节严重构成犯罪的，依法追究刑事责任。

第四十八条　家庭成员有盗窃、诈骗、抢夺、勒索、故意毁坏老年人财物，情节较轻的，依照治安管理处罚条例的有关规定处罚；构成犯罪的，依法追究刑事责任。

第六节 附 则

第四十九条　民族自治地方的人民代表大会，可以根据本法的原则，结合当地民族风俗习惯的具体情况，依照法定程序制订变通的或者补充的规定。

第五十条　本法自1996年10月1日起施行。

新修订的《老年人权益保障法》于2013年7月1日起正式实施。新法规定，家庭成员应当关心老年人的精神需求，不得忽视、冷落老年人。与老年人分开居住的家庭成员，应当经常看望或者问候老年人。这也被媒体解读为"常回家看看写入法律"，不常看望老人将属违法。该法同时规定，用人单位应当按照国家有关规定保障赡养人探亲休假的权利。

第三章
老年人权益保障法的贯彻落实

一、关于老年人权益的调研报告

关于观庙乡老年人权益保护的调研报告。

我国是一个农业大国,农民群体是我国最大的人口群体,随着社会的发展,我国正处于人口结构、经济结构和社会结构发生重大变革的时期,人口老龄化已进入快速发展阶段,老年人权益维护已成为构建和谐社会的一项重要内容。观庙乡以科学发展观为统领,以维护好、实现好、发展好老年人的根本利益为宗旨,加大老年人权益落实力度,优化维护老年人合法权益的社会环境,使老年维权工作为改革、发展、稳定大局服务,为全面建设小康和构建和谐社会服务。

(一)基本情况

观庙乡位于商城县西部30公里处,全乡面积91.4平方公里,辖20个行政村,346个居民组,总人口3.86万人,其中老年人约占人口比例的10%,因乡内无工业支撑,越来越多的年轻人选择外出务工致富,"空巢"老人家庭日趋增多,老年人的衣、食、住、行、医令人担忧,精神文化生活匮乏,赡养、虐待、婚姻等矛盾突出。

(二)发展现状

该乡坚持以人为本,以"三个代表"重要思想为指导,围绕贯彻《老年人权益保护法》,采取有效措施,老年人权益维护工作取得较好成果。

1. 营造氛围有抓手

尊老敬老是检验一个地方社会文明的重要内容，培养全社会尊老敬老的社会风气至关重要。观庙乡结合构建和谐社会的具体要求，把尊老敬老纳入社会公德、职业道德和社会美德以及"八荣八耻"社会主义荣辱观教育的基本内容，作为文明家庭以及和谐社会的基本要求。充分利用广播、墙报、标语、条幅、法律咨询、专题讲座等各种宣传手段，把宣传与"五五普法"相结合，突出宣传《老年人权益保护法》；把宣传与老年教育和各类文体活动相结合，开展了"关注老人，关爱老人"的思想道德教育活动；把宣传与"十佳百优"相结合，开展了"文明家庭"评选活动，积极倡导全社会理解、尊重、关心和爱护老人。同时加大对虐老侵权现象的抨击，发挥社会舆论的监督警示作用，通过正反两个方面的典型树立，全乡尊老、敬老、爱老、护老的良好社会风尚蔚然成风。

2. 为老服务有成果

开展老龄工作，发展老龄事业，说到底是为了不断满足老年人日益增长的物质文化需求，实现老有所养、老有所医、老有所学、老有所为、老有所乐。老有所养方面：老年人因年龄大、无劳动能力，无经济收入，生活容易陷入困境，实现老有所养，关键要保证老年人的物质供给。该乡坚持对退休老干部职工优先发放工资，设专人管理；对农村孤寡老人由乡民政部门足额发放补贴。扩大社会救助体系建设，全乡共有130名老人享受五保，1070名老人享受低保。积极开展社会救济，在重阳、春节等节日期间，组织单位、党政领导、干部职工对困难老人进行慰问，发放粮食、金钱、药品等生活用品。兴建敬老院对无生存能力的老人实行集中供养，聘请专人照料，使老人能安享晚年。

二、关于维护老年人合法权益的调查报告

为做好全国老龄办《关于认真做好老年人权益保障和执法监督工作的通知》及省、市老龄办关于《老年法》执法检查的通知精神，了解×××县保障老年人合法权益的基本状况，研究如何做好老年人切身利益的重点、难点问题，×××

县民政局高度重视此项工作，由副局长×××带领社救股的工作人员突击抓好此项工作，首先是以×年×月份大规模调查的数据为基础，再深入到各乡镇做全面系统的调查研究，现将有关情况汇报如下。

(一)×××县老年人的基本情况

我县60岁以上的老年人有84704人，占全县总人口的9.5%，其中城镇17652人，农村67052人；80岁以上的老年人有10909人，占老年人口总数的12.9%；60岁以上的特困老人有2795人，占老年人总人口的3.2%，城镇特困老人233人，占特困老年人总数的8.3%，农村特困老人2562人，占特困老年人总数的91.7%；无脱困希望，需长期救助的老年人有2712人，占特困老年人的97%。从以上数据可以看出，特困老年人的问题还较为严重，且居住在农村的特困老年人数偏大，较难以帮助其解困，但是经过民政部门的努力，通过低保和临时救助等方法，目前，大部分特困老年人基本解决了吃、穿、住等基本生活问题。

(1) 各项老年人权益保障制度和政策的落实情况。近年来，×××县认真抓好《老年法》的贯彻落实。各机关、企事业单位离退休职工的基本养老金和基本医疗保险、符合条件老年人的最低生活保障制度、五保供养制度和贫困老年人的社会救助等方面均能认真按照有关制度和政策的要求抓好落实，较好地保障了老年人的合法权益。

(2) 农村老年人的家庭赡养状况。农村老年人主要是由子女进行赡养；普遍都能达到老有所养和老有所乐。但是一些孤老、中老年时期丧失子女及虽然结婚但无子女的老年人，因年老体弱或常年有病无法进行劳动生产，造成生活状况越来越困难；还有一些老年人原本生活不错，有子女供养，但是由于子女不供养或无法供养成了特困老人，主要原因是有的子女生活特别困难，又不孝顺，不愿供养老人；有的子女因违法犯罪被抓坐牢，导致老人无人供养。

(3) 老年人人身、财产、婚姻等权利受侵犯状况。老年人人身受侵犯的状况主要存在于儿女不供养老人，甚至驱赶老人、不给老人饭吃的现象仍偶有发生；财产方面主要是老人在子女成家立业初期把所有的积蓄都花在了子女身上，有的还建好了房子，但是子女不供养还把老人赶出老人建的房子；婚姻方面由于几千年的封建残留意识，普遍的，老年人在丧偶后均未再婚，主要是子女反对及农村人普遍还不接受；还有的老人在儿子分家时，就两个老人分开居住，一人一家，造成老了反而无伴的现象较为严重。

（4）老年人优待政策的落实情况。老年人优待政策主要是《五保供养条例》的贯彻落实，×××县认真按照《五保供养条例》抓好五保老人的供养，全县有276名五保户由光荣院、福利院、敬老院集体供养，1300多人分散供养，基本能解决其吃、穿、住、医等基本生活问题。

（5）老年人的法律服务、法律援助和司法保护情况。在老年人的法律服务、法律援助和司法保护方面，×××县司法机构虽然有帮助老年人维护合法权益，但是尚无专门机构负责此项工作。

（6）老年维权机构和维权网络建设状况。目前。×××县设有老龄办门专负责老龄工作，各乡镇也由社会事务办抓好老龄工作，但是整个维权网络尚不完善。

（二）几点建议意见

随着老龄人口的不断增加，关心老年人、维护老年人合法权益显得尤为重要，我们认为应该采取如下几个方面的措施，使老年人老有所养，老有所乐。

（1）加强宣传教育力度，提高敬老爱老认识。各级党政要广泛开展宣传教育，大力弘扬中华民族的传统美德，大造舆论，营造全社会敬老爱老的良好氛围。要充分利用民间的传统节日开展敬老爱老活动，尤其是在"九九重阳节"期间，通过开展敬老爱老活动促使全社会都来参与敬老爱老。

（2）积极动员和争取社会力量，完善老年人社会保障体系。要广泛吸纳社会的投入，发动单位、个人开展一帮一的敬老助养工程，鼓励和支持机关企事业单位、社会团体、慈善机构对特困老人进行扶贫帮困活动；认真抓好城乡老年人福利机构、慈善机构、老年人活动中心的建设和完善，真正解决五保老人和特困老人的供养问题；有条件的要设立老年人救助基金，制订相应的救助计划和方案，完善老年人救助体系。

（3）各级政府的司法部门要专门为老年人设立老年人法律服务、法律援助救助中心和救助点,指定专人负责。保障老年人维护合法权益,使《老年法》真正落到实处。

(4)出台老年人就医方面的优惠政策。有条件的地方可以设立特困老年人医疗救助机构,或由政府拨出专款解决特困老年人的医疗问题;要积极与卫生部门联系对老年人的医疗问题,要尽快制订相应的优惠政策,按特困老人及老人的年龄划分等级给予适当的优惠政策,帮助老年人解决医疗问题。

第一节 关于老年人权益保障法贯彻落实情况的调研

近期,钟祥市民政局组建老龄工作专题调研组,采取走访、问卷、召开座谈会、个别访谈、查询统计资料等形式,对全市《中华人民共和国老年人权益保障法》贯彻落实情况进行了深入调研,基本掌握了全市老龄工作的情况。

(一)基本情况和工作成效

随着经济社会的快速发展和生活水平持续提高,钟祥市人口平均寿命不断延长,截至2014年12月底,全市60岁以上老年人已达18.07万人,其中80~89岁老年人2.2万人,90~99岁高龄老人2911人,百岁老人109人,占全市总人口的十万分之10,人口平均预期寿命89.7。据调研分析,钟祥市人口老龄化已进入快速发展时期,主要呈现以下4个特征:一是老龄化进一步加速;二是农村老年人口基数大;三是高龄化进一步加速;四是老人空巢化进一步加速。人口快速老龄化使劳动力年龄结构、人口赡养比结构发生重大变化,并直接导致社会供养系数上升,家庭养老压力加大,社会负担加重,给养老保障、卫生保健、为老服务、敬老道德建设带来了严峻的考验,人口老龄化已成为钟祥市经济社会发展中迫切需要解决的实际问题。《中华人民共和国老年人权益保障法》颁布实施以来,尤其是本届政府十分重视老年人工作,认真履行法定职责,围绕"五个老有"总目标,将老龄事业纳入市国民经济和社会发展计划,制订实施老龄事业发展规划,出台有关配套政策措施,健全市、镇、村三级老龄工作网络,着力完善养老和医疗保障体系，以落实优待老年人规定，大力实施银龄安康工程，积极协调各方面力量创造性开展工作，为老年人做实事、办好事，切实维护和保障老年人的合法权益，老龄事业得到持续发展、健康发展，老龄工作取得了扎扎实实的效果。近年来，钟祥市先后被国家老龄委表彰为全国长寿之乡、全国老龄工作先进单位。2015年5月21日，钟祥市在马耳他被联合国老龄所命名为"世界长寿之乡"。

1. 强化组织保障

重点抓了"三个到位"：一是组织领导到位。成立了市老龄工作委员会，明确由常务副市长担任老龄委主任，一名副市长主抓老龄工作，市财政、民政、人社、交通、旅游等29个部门负责人为成员。二是人员经费到位。设立了常设机构——"老龄工作办公室"，各乡镇场库区都成立了老龄工作领导小组，配备了专兼职干部，每年落实专项工作经费20万元。三是政策制度到位。先后出台实施了《钟祥市老龄事业"十二五"发展规划》和《钟祥市老年人享受优待政策服务的规定》《关于进一步加强高龄老人关爱保护会议纪要》等一系列文件；市委、市政府主要领导经常听取老龄工作汇报，专题调研老龄工作，现场解决工作中的实际困难和问题，使全市老龄工作步入规范化、制度化的轨道。

2. 强化宣传教育

在全市广泛开展以《老年人权益保障法》《湖北省关于老年人享受优待服务的规定》为重点的政策法规宣传活动，先后印发宣传手册12.5万本，组织专题讲座200余场（次），每年开展典型评选活动2~3次，推动了老年人权益保障法的贯彻落实，市民尊老敬老意识和老年人的法制意识普遍增强。磷矿镇俐河村农民陈祖兰、张集镇福利院女职工宁志华先后被评为"全国孝亲敬老之星"、全省"敬老之星"。2014年12月，在国家老龄委组织的"十大杰出老人"和"十大敬老楷模"评选活动中，钟祥市柴湖镇张遥遥荣获"全国敬老模范"称号，胡集镇李家庆荣获湖北省"十大杰出老人"提名奖。同年10月，湖北宏泰盛世投资置业有限公司一次性向市福利院老人捐赠善款20万元。

3. 强化关键措施

一是完善养老保障制度。投资1200万元改（扩）建了25所乡镇福利院，投资1500万元建起了市老年公寓。将2039名农村五保老人、143名城市"三无"老人全部纳入福利院集中供养。将3050名城镇贫困老人、8217名农村贫困老人纳入城乡低保,占城乡低保总数的27%;按政策,将所有城镇个体工商户、无业人员、自由职业者纳入了养老保险范畴,积极实施农村社会养老保险,现已累计为8.9万名60周岁的农村老年人发放养老金3379万元;现已建成社区居家养老服务中心试点16个,农村互助式养老服务中心132处;对90岁以上的老人,每年由人民医院登门免费体检一次,并为每位高龄老人健立健康档案,对70~89岁的高龄老人,由各乡镇卫生院负责保健。60岁以上老年人督促其赡养人为其购买城镇医疗保险和新农合。去年9月,市长办公会专题研究百岁老人医疗费用问题,拟对百岁老人医疗费用实行全免,目前,卫计局正在制订方案。

二是落实养老优待制度。2012年元月高龄津贴提标后,90~99岁老人月平195元,百岁老人月平550元。2014年元月,将高龄津贴发放范围扩大到80岁以上,全年拨付80岁以上高龄津贴1178.73万元。今年,将百岁老人长寿补贴实行与年岁挂钩,即以百岁为基础,年岁越高,补贴越多。每增一岁,月增30元。对65周岁以上老年人乘坐城市公交车实行免费;60~70周岁老年人进入风景区、旅游景点的门票实行半价优惠,70周岁以上老年人实行全免;每年老年节期间,"明显陵"向全市老年人免费开放;老年人享受优先就医、减免挂号费和门诊费等优惠政策。加大老年人司法援助工作,我们在市内有影响的3家律师事务所分别设立了法律援助中心和老年人维权接待室,切实保障了老年人的合法权益。在坚持完善已出台的相关政策的基础上,对高龄老人大力实施"五个一"惠老工程,即每年一次看望慰问、一次免费体检、一次生日祝寿、一次长寿补贴、对新增百岁老人赠送一台32英寸彩电。

三是构建服务管理制度。由有威望、热心老龄工作的退休老干部担任会长兼维权联络员,有力加强了基层老龄工作的力量。目前,我市已建立基层老年协会399个。各基层老年协会扎实开展活动,带领广大老年人在参与我市政治、经济、文化、社会发展和老年维权中发挥突出作用。建立专项服务机构,全市共建立长寿研究会1个,会员12人;老年大学1所,学员804人;老年体育协会18

个，会员461人；书画研究会1个，会员214人；社区健身队24个，队员2050人，在丰富老年人精神文化生活中发挥了重要作用。

（二）存在的主要问题

总体来看，在依法维护和保障老年人各项权益方面做了一些工作，取得了一定成效。但在人口老龄化快速发展和经济转轨、社会转型、利益格局不断调整变化的新形势下，仍存在一些深层次的困难和问题。一是少数单位重视不够。个别部门对老龄工作不够重视、认识不到位，在依法维护和保障老年人各项权益方面，缺乏工作主动性，部门之间的沟通协调不顺畅，影响了《老年法》的贯彻实施和老龄工作的开展。二是保障水平提升不够。虽已建立起覆盖城乡的养老保障和医疗保障体系，但与发达地区比较，养老保障总体水平相对较低。城乡之间的差别仍然较大，有待进一步提高。对《老年法》等相关涉老法律法规的宣传力度还不够大，全社会敬老、养老、爱老、助老的意识和氛围还没有真正形成，侵犯老年人合法权益的现象仍时有发生。三是服务能力拓展不够。主要表现在三个方面：①居家养老推进缓慢。农村老人面广量大、居住分散，聚居化程度不高，给居家养老服务组织带来难度。②从业人员严重缺乏。专业人员的缺乏，已经成为养老机构发展的一大瓶颈。③扶持政策落实较难。各级关于加快老龄事业发展有关政策意见中的扶持政策涉及国土、税务、电力等多个部门，没有相应的具体政策措施，在实际执行中难以落实。其中最为突出的是土地政策制约着民办养老机构的发展。

（三）下一步打算

一是加大工作推进力度。要进一步加强老龄组织机构和干部队伍建设，积极发挥老年协会组织的作用，加强督察考核力度，充分发挥调动民政及涉老相关部门的职能作用，有效协调解决老龄工作中出现的各种问题，形成老龄工作推进合力。加大财政对老龄事业的投入力度，形成制度化的财力投入机制，确保老龄事业与经济社会协调发展。建议上级增加经费投入，每年核拨一定额度的专项经费及运行经费，加大养老服务设施、医疗卫生保障、涉老公共服务设施等方面的建设。

二是加大宣传教育力度。要广泛开展富有教育意义的敬老养老助老道德教育活动，形成浓厚的尊老敬老和依法维老、以情助老的良好风尚。在前阶段宣传工作的基础上，进一步加强老年法规政策宣传，充分利用各种媒体，把法制教育与敬老教育相结合，通过媒体对重大、典型的老年人援助案例进行宣传报道，以案释法，不断提高老年人自觉维权的意识和维权的能力。各部门要把贯彻实施老年人权益保障法纳入年度考核内容，加大督办力度，严厉打击伤害、遗弃、虐待老人的违法行为，大力营造尊老、养老、助老的良好社会氛围和依法维护老年人合法权益的法制环境。

三是加大督办落实力度。要推动出台《关于加快发展养老服务业的实施意见》，支持社会力量兴办医养结合型养老机构，探索城乡社区居家养老服务长效机制。年内完成8个城市社区居家养老服务中心，52个农村老年人互助照料中心。全市养老床位达到3800张，每千名老人拥有养老床位30张以上。城镇社区老年协会建会率95％以上，农村老年协会建会率85％以上。及时足额发放80岁以上老年人高龄津贴。

四是加大经费投入力度。进一步完善老龄事业经费投入保障机制。财政投入是推动老龄事业发展的一个重要保证。继续加大对老龄事业经费投入，出台专项扶持政策，建立自然增长机制，确保各级老龄办有人办事、有钱办事，推动老龄事业健康发展。

第二节　如何保障老年人权益

一、老年人权益保障的现状与对策

随着我国人口的老龄化，老年人维权问题已成为影响社会和谐的重要因素，并不断引起社会各界的关注。重庆市大足县人口共计92.8万人，老年人口有11.6

万人，其中城镇老年人口约2万人、农村老年人口约9.6万人，老年人口占全县人口总数的12.5%，老年人权益保障的现状已成为关注的焦点。为此，笔者对大足县贯彻落实《老年人权益保障法》情况进行了深入调研，以期寻求解决人口老龄化带来的一些问题，并就促进社会和谐作一些有益探讨。

（一）老年人权益保障工作取得的成效

1. 加强组织领导，建立老龄工作体制

为加强领导，县政府成立了以分管县长任组长、有关部门领导为成员的县老龄工作委员会，并设办公室承办日常事务，进一步明确了保障老年人合法权益的目标任务和具体措施。各相关部门成立了由部门一把手任组长、分管领导和各科室负责人为成员的老年人权益保障工作领导小组，成立了老协等机构，确保老年人工作有人抓，业务有人做，办公有场所。

2. 保障措施有力，待遇落实较好

（1）城镇养老保障制度基本建立。2005年1~6月，全县参加城镇职工基本医疗保险的25367人，其中退休职工7500人；支付各种医疗保险金1401万元，退休职工占70%，老有所医工作明显加强。全县2558名老年人享受城市居民最低生活保障待遇，城镇特困老年人的基本生活得到兜底保证。

（2）加大了对特困老人的救助力度，农村贫困老人生活有保障。全县现已建成五保家园20个，相对集中供养五保老人203人，为进一步解决五保老人的住房困难，后续规划新建20个五保家园，大足县率先在全市建立五保供养长效机制，全面实施五保供养金"财政直补制度"，全县3574名五保老人的生活得到妥善保障。将1256名农村特困老人纳入特困救助范围，每人每年发给120元的救济金，其生活困难得到一定缓解。对患有重大疾病的五保老人、老龄重点优抚对象和特困老人的住院治疗实行相应标准的医疗救助。

（3）建立和完善离退休干部退休生活费、医药费的保障机制和财政支持机制。从2005年1月起，全县机关事业单位包括街镇乡由财政拨款的单位均实行了医疗保险，解除了退休干部的后顾之忧，确保了退休干部各项待遇的较好落实。

（4）老龄基础设施建设明显加强。全县24个街镇（乡）、292个村（居）委会均建立了老年活动室。在棠香等街镇规划建成社区老年服务站11个，老年人活动场所不断增多。2004—2006年，用于解决县老体协和离退休干部改善体育设施和组织参加体育活动等经费45万元。2006年年初财政预算安排资金85.22万元，作为县各级各部门离退休老年人的各项事业经费，较好地保障了老年活动的开展。

（5）老年人优待政策妥善落实。10年来，为5450名70岁以上老年人办理了敬老优待证，持证人享受乘座公交车等7项优待服务。目前全县12名百岁老人营养补助费标准逐步提高，由2006年的每人每月40元增至现在的每人每月100元。各医疗卫生单位对70岁以上的老年人凭本人身份证或优待证免收普通挂号费，并实行优先挂号等制度。县医院、县中医院还专门设置老年门诊，为老年人就医提供了方便。

3. 服务到位，合法权益得以有效维护

一是通过日常法制宣传和设置法律援助专栏，加强了对老年人法律援助的宣传力度。各级法制宣传机构采取开展咨询活动、举办知识讲座等形式，加大了老年法律法规宣传，使全社会维护老年人合法权益的法制观念得到增强。二是逐步完善老年人法律援助网络。已在龙水镇、妇联等单位建立了法律援助工作站18个。三是通过开通"12348"法律服务专线电话和专人上门服务等方式，为老年人提供及时便捷的法律服务。自2003年以来，法律援助工作人员共办理法律援助案件310余件，其中诉讼援助案件214件，公证援助案件100余件，义务解答老年人法律咨询2000多人（次）。从2003年起，还开展了农村《家庭赡养协议书》签订工作，促进了农村老年人家庭养老问题的较好解决。

4. 老有所学、老有所乐得到较好实现。

全县有老年大学1所，其他老年学校156所，在校学员共7000多人。通过对时事、电脑等内容的了解和学习，极大地丰富和活跃了老年人的精神文化生活。各级各部门定期或不定期地组织老年人开展如乒乓球、钓鱼等形式多样的活动，同时，按照有关规定，安排组织部分离退休老年人外出参观学习，让他们饱览祖国的大好河山，开阔眼界，分享改革开放的成果。

(二) 老年人权益保障方面存在的问题

1. 老龄工作有待进一步加强

一是随着老龄人群比例的不断加大,老龄工作的任务已越来越繁重,虽然县老龄委有办公室,各级各部门也有专门的机构,但是老龄工作人员少经费不足,给老龄工作的开展带来了一定的困难;二是部分老龄委成员单位在老龄工作上,就本单位离退休的老年人工作做得比较好,但从总体上,根据本单位本部门的职能职责,对全县的老龄工作的重视还不够,工作还存在一定的差距。

2. 城镇社会保障覆盖面还不够大

目前,社会养老、医疗保险仅覆盖城镇参保的从业人员和离退休人员,非从业老年人,特别是相当一部分关停企业、困难企业,自收自支事业单位未纳入保险范围,使部分退休职工的养老、医疗保险尚未能得到解决。

3. 农村应保未保和供养水平低的问题依然存在

由于经济发展水平较低,一些乡镇街道的农村社会救济和生活保障标准偏低,难以满足养老、医疗需要。农村"五保"老年人集中供养制度在实施过程中,由于地方财政困难,保障水平较低,仍不能满足部分困难老年人的基本生活需要。在农村实行费改税后,农村困难群体老年人,特别是"五保"老人的"五保"经费缺口较大,大多数"五保"老人的养老医疗费用面临着新的困难。

(三) 进一步做好老年人权益保障工作的对策

为进一步保障老年人合法权益,健全对老年人的社会保障制度,改善老年人生活、健康条件,实现老有所养、老有所医、老有所为、老有所学、老有所乐,促进社会和谐发展。笔者建议:

1. 进一步加大宣传力度,营造良好社会氛围

要充分发挥新闻媒体、宣传教育咨询点的作用,广泛深入地开展《老年人权益保障法》宣传教育活动,在全社会大力倡导尊老、敬老、养老、爱老的良好社会风尚;要充分发挥慈善机构的作用,积极开展走访慰问、公益性救助贫困老年人等活动,共同营造全社会关爱老年人的良好氛围。

2. 加强协调，增进工作合力

政府各级各部门要进一步深入调查研究，积极探索解决老年人工作困难的思路和办法，坚持政府主导、部门协作、社会参与的老龄工作机制，进一步明确职责，发挥各个方面的作用，联手多为老年人办实事，维护老年人的合法权益。同时，要进一步加强基层老龄工作建设，健全老龄工作机构，做到人员经费到位，以确保老年人工作的有效开展。

3. 加快老年人社会保障体系建设

要在健全和完善城市社会养老保险、医疗保险体系的同时，大力推广城乡困难群众医疗救助制度，全面推进农村新型合作医疗制度，逐步建立农村最低生活保障制度，进一步完善农村五保供养制度，试点推行农村社会养老保险制度，力争建立符合本地实际，适应社会主义市场经济体制要求的老年人社会保障体系，确保城乡老年人养老、医疗问题的妥善解决。

4. 落实参保责任，加大老年人福利设施建设力度

要加大对行业主管部门和各街镇乡对用人单位依法参保责任的监督，开展社会保险稽查，扩大社会保险覆盖面。要把老年福利事业作为"朝阳"产业加以扶持，增加资金投入，加强老年活动场所等设施建设，多渠道、多形式办好老年人事业，进一步推进老年人福利事业的发展。

二、论老年人权益保障实施机制的完善

法律实施是指通过一定的方式使法律规范的要求和规定在社会生活中得到贯彻和实现的活动，一般包括守法、执法和司法等活动。在全面推进依法治国背景下，我国老年人权益保障法的实施机制在守法、执法和司法等方面有待进一步完善，应当加强公民守法意识的培养，加强执法监督，提高司法效率和权威，充分发挥人民调解作用。

党的十八届四中全会《决定》强调："法律的生命力在于实施，法律的权威也在于实施"。全面推进依法治国，重点就在于保证法律得到有效的实施。我国

老年人权益保障法颁布于1996年8月,并于2012年12月修订,该法的制定和实施对弘扬中华民族敬老、养老、助老的美德,增强全社会的责任意识,有效地保障老年人合法权益具有重要的理论和实践意义。在全面推进依法治国背景下,我国老年人权益保障法实施机制在守法、执法和司法等方面有待进一步完善。

(一) 我国老年人权益保障法实施机制的特点

我国老年人权益保障法规定的老年人权益包括家庭赡养与扶养权、精神慰藉权、婚姻自由权、财产所有权等。我国老年人权益保障法的实施机制包括公民守法、行政机关和有关部门的执法以及司法机关司法活动等方面,其特点体现为以下几个方面。

1. 倡导全社会优待老人

《中华人民共和国老年人权益保障法》第五条第三款规定:"倡导全社会优待老年人。"该法还明确规定,保障老年人合法权益是全社会的共同责任。全社会应当广泛开展敬老、养老、助老宣传教育活动,树立尊重、关心、帮助老年人的社会风尚。近年来,我国已逐步建立起多层次的社会保障体系,逐步提高对老年人的保障水平。对于社会养老服务体系的建设,我国倡导建立和完善以居家为基础、社区为依托、机构为支撑的社会养老服务体系。在我国,老年人权益保障法规定县级以上人民政府负责老龄工作的机构,负责组织、协调、指导、督促有关部门做好老年人权益保障工作,并要求国家机关、社会团体、企业事业单位和其他组织应当按照各自职责,做好老年人权益保障工作。同时,老年人权益保障法规定,基层群众性自治组织和依法设立的老年人组织应当反映老年人的要求,维护老年人合法权益,为老年人服务。

2. 涉老执法部门体系庞大

《中华人民共和国老年人权益保障法》第八章以十一条内容的篇幅,规定了违反老年人权益保障法的"法律责任",明确地规定了"有关单位"和"有关主管部门"的责任。我国老年人权益保障法明确规定,老年人合法权益受到侵害的,被侵害人或者其代理人有权要求有关部门处理,不履行保护老年人合法权益职责的部门或者组织,其上级主管部门应当给予批评教育,责令改正。对于家庭成员干涉老年人婚姻自由的，或者对老年人负有赡养义务、扶养义务而拒绝赡养、扶养的，虐待老年人或者对老年人实施家庭暴力的，由有关单位给予批评教育，构成违反治安管理行为的，由公安机关依法给予治安管理处罚。对于家庭成员盗窃、诈骗、抢夺、侵占、勒索、故意损毁老年人财物的，或者侮辱、诽谤老年人的，构成违反治安管理行为的，由公安机关依法给予治安管理处罚。对于养老机构负有管理和监督职责的部门及其工作人员不按规定履行优待老年人义务的，由有关主管部门责令改正；涉及老年人的工程不符合国家规定的标准、管理人未尽到维护和管理职责的，由有关主管部门责令改正，并对有关单位、个人依法给予行政处罚。从上述相关规定来看，老年人权益保障执法主体涉及地方各级人民政府和有关部门、基层群众性自治组织等，执法部门庞杂且任务繁重。概言之，"有关单位"和"有关主管部门"既包括公安机关、妇女联合会等群团组织、基层群众性自治组织，也包括国家工作人员所在单位或者上级机关、医疗保障和最低生活保障等社会保障机构主管部门、养老机构有关主管部门、履行优待老年人义务的单位的主管部门、涉及老年人工程的所有人、管理人的有关主管部门等。实践中，前述"有关单位"和"有关主管部门"的执法任务庞杂而繁重。

3. 司法救济是老年维权的重要途径

根据《中华人民共和国老年人权益保障法》的规定，侵害老年人合法权益情形严重的，其当事人应当承担相应的民事法律责任和刑事法律责任。老年人合法权益受到侵害的，被侵害人或者其代理人有权要求有关部门处理，或者依法向人民法院提起诉讼。

我国老年人权益保障法明确规定，国家工作人员违法失职，致使老年人合法权益受到损害构成犯罪的，依法追究刑事责任。一是老年人与家庭成员因赡养、扶养或者住房、财产等发生纠纷，可以直接向人民法院提起诉讼。二是干涉老年人婚姻自由，对老年人负有赡养义务、扶养义务而拒绝赡养、扶养，虐待老年人或者对老年人实施家庭暴力构成犯罪的，依法追究刑事责任。三是家庭成员盗窃、诈骗、抢夺、侵占、勒索、故意损毁老年人财物构成犯罪的，依法追究刑事责任。四是侮辱、诽谤老年人构成犯罪的，依法追究刑事责任。五是养老机构及其工作人员侵害老年人人身和财产权益构成犯罪的,依法追究刑事责任;对养老机构负有管理和监督职责的部门及其工作人员滥用职权、玩忽职守、徇私舞弊构成犯罪的,依法追究刑事责任。六是涉老工程不符合国家规定的标准构成犯罪的,依法追究刑事责任。 实践中,我国各地基层人民法院在处理涉及老年人合法权益纠纷案件中,采取了多种举措,司法救济是保障老年人合法权益的重要途径。

4. 适用人民调解解决家庭纠纷

人民调解作为我国特有的纠纷化解方式,以其便民性、主动性、亲和性和情理法共融性,把大量的矛盾纠纷化解在萌芽状态,大大减少了信访工作量、诉讼工作量和可能发生的违法犯罪,在维护社会和谐稳定中发挥着独特的作用。为方便促进家庭成员和睦相处,我国老年人权益保障法规定,在家庭生活中,老年人与家庭成员间因赡养和扶养或者住房、财产等权益发生纠纷的,可以申请当地人民调解委员会或者其他有关组织进行调解,人民调解委员会或者其他有关组织应当通过说服教育等方式化解家庭矛盾和纠纷,对有过错的家庭成员给予批评教育,以便有效地维护老年人合法权益。

(二)我国老年人权益保障法实施现状评析

1. 全社会对老年人权益保障关注不足

我国老年人权益保障法明确规定,"保障老年人合法权益是全社会的共同责任"。但实践中,我国社会各界、各阶层以及全体公民,对老年人权益保障的关注还存在不足。一是法律宣传不够深入,对我国社会人口老龄化问题的认识不足,对老年人群体的关心和重视程度不够,"尊老"远不及"爱幼"的程度,许多老年人晚年的精神生活比较贫乏。二是为老服务工作发展不十分平衡,老龄问题还没有引起全社会的普遍关注,个别地方老年人维权机构不作为。三是为老服务设施尚不够完备,对老年群体的整体公共服务水平有待进一步提高。四是社会上许多人包括一些家庭成员,对维护老年人合法权益认识不足,造成社会上不尊重老人和侵犯老年人合法权益的现象时有发生。五是农村留守老年人的权益保障问题突出,许多农村留守老年人不仅得不到子女赡养,甚至还要一边干农活、一边为外出打工子女看护孩子，老无所依。

2. 涉老执法部门庞杂，监督难

如上所述，作为老年人权益保障执法主体的"有关单位"和"有关主管部门"，既包括公安机关、妇女联合会等群团组织、基层群众性自治组织，也包括国家工作人员所在单位或者上级机关、医疗保障和最低生活保障等社会保障机构主管部门、养老机构有关主管部门、履行优待老年人义务的单位的主管部门等，队伍庞大、体系庞杂，因而执法监督难度大，工作量也相当大。

3. 司法救济是老年人维权有效途径

随着我国社会老龄化进程的加快，涉及老年人的权益保护问题也日益突出，除传统的赡养纠纷外，再婚、继承、房产纠纷、损害赔偿等涉老案件也不断出现，各地基层人民法院在审理涉老案件中倾力维护老年人的合法权益，取得了良好的法律效果和社会效果。 实践中，我国各地基层人民法院普遍开展了多种多样的活动，采取各种措施保障老年人依法维护其各项权益。如重庆市江津区人民法院在该区人民法院及各人民法庭立案大厅免费提供诉讼指南、举证须知等资料；在醒目位置张贴针对老年人及行动有障碍人员的诉讼引导电话，以便在需要时全程陪同其立案；对行动有障碍、交通不方便的老年人，可以电话预约、法官上门立案；对无固定经济来源和无力支付案件诉讼费的老年人实行司法救助，符合缓、减、免交诉讼费的，及时办理，让有合理诉求又无经济能力的老年人打官司无后顾之忧，最大程度地为老年人"排忧解难"。如山东省曲阜市人民法院注重庭后跟踪服务，及时进行案件回访，了解当事人履行义务情况，督促和确保调解或判决结果的切实履行，同时提醒与老年人分开居住的赡养义务人，要"常回家看看"，满足老年人精神需求，真正做到案结事了人和。如安徽省铜陵市人民法院设立了"保护老年人权益合议庭"，这是该县人民法院切实维护老年人合法权益推出的新举措。

4. 人民调解制度发挥着积极作用

人民调解制度是我国法制建设中一项独特的制度，是指在依法设立的人民调解委员会的主持下，在双方当事人自愿的基础上，以法律、法规和社会公德为依据，对民间纠纷当事人进行说服教育，耐心疏导，促使纠纷各方互谅互让，平等协商，自愿达成协议，消除纷争的一种群众自治活动。

加强人民调解与司法程序的衔接。2004年最高人民法院颁布《关于人民法院民事调解工作若干问题的规定》，创设了委托调解制度，2007年最高人民法院发布《关于进一步发挥诉讼调解在构建社会主义和谐社会中积极作用的若干意见》，强调建立和完善引入社会力量进行调解的工作机制。上述文件为创立人民调解与司法程序的衔接，给人民调解制度注入新的活力。目前，许多基层法院建立了诉前委托调解机制，人民调解组织在人民法院设立"人民调解窗口"，负责诉前调解，调解工作的受理范围包括恋爱、婚姻纠纷、赡养、扶养、继承、财产权益等涉及婚姻家庭方面的纠纷等。

（三）完善我国老年人权益保障法实施机制的对策

中南大学法学院院长陈云良曾指出，法律得不到有效实施成为当前最大的社会问题。而正是因为法律得不到有效实施，执法不严，司法不公，全社会普遍不遵守法律，致使法律的权威性锐减。在全面推进依法治国的背景下，老年人权益保障法作为我国社会主义法律规范体系的组成部分，应当进一步完善其实施机制。

1. 弘扬中国传统孝道文化

习近平总书记在主持中共中央政治局就培育和弘扬社会主义核心价值观、弘扬中华传统美德进行第十三次集体学习时强调，把培育和弘扬社会主义核心价值观作为凝魂聚气、强基固本的基础工程，继承和发扬中华优秀传统文化和传统美德，广泛开展社会主义核心价值观宣传教育，积极引导人们讲道德、尊道德、守道德，追求高尚的道德理想，不断夯实中国特色社会主义的思想道德基础。所谓孝道文化，就是关于关爱父母长辈、尊老敬老的一种文化传统。中华民族孝道文化是中华文化的精髓，代表着中华民族独特的精神标志，在培育和践行社会主义核心价值观的过程中，孝道文化的传承非常重要。大力宣传、弘扬中华民族孝道文化，掀起全社会敬老、爱老、养老、重孝、行孝的优良风气，是中华儿女义不容辞的责任。我国宪法、法律不仅将赡养父母规定为子女的义务，而且在国家公共福利事业中，不断发展壮大社会主义敬老事业，为老服务的社会保障体系也在不断完善。弘扬中华民族传统孝道文化，构建社会主义和谐社会，具有重要的现实意义。

2. 培养公民自觉守法的意识

博登海默指出："我们完全有理由认为，如果人们不得不着重依赖政府强力作为实施法律的手段，那么这只是表明该法律制度机能的失效，而不是对其有效性和实效的肯定。"可见，法律的实施还要依靠自觉。换言之，要加大力度普及法律知识，树立法律信仰。从根本上说，就是要培养公民良好的守法意识。公民自觉守法是法律实施机制中的重要环节，老年人权益保障法的实施也有赖于公民的自觉守法。华东政法大学副校长林燕萍教授指出，法律实施水平很大程度上与人们的法律意识有关。如果法律没有真正深入到人们的日常生活中，也很难由此衍生出对法律与公平正义抽象意义的真正理解。如果老百姓碰到问题，首先想到的是找熟人、找关系、走后门、甚至上访，不相信法律能保护自己的权益，法律也就难以实施了。

据民政部网站消息，截至2014年年底，我国60岁以上老年人口已经达到2.12亿，占总人口的15.5%。当前和今后一个时期，我国人口老龄化发展将呈现出老年人口增长快，规模大；高龄、失能老人增长快，社会负担重；农村老龄问题突出；老年人家庭空巢化、独居化加速等特点。因而，我国应当大力开展人口老龄化国情教育，增强全社会应对人口老龄化意识；要大力加强法治宣传教育，提高全体公民对老年人权益保障法的关注和认识，使老年人合法权益得到有效保障。

3. 加强对涉老执法行为的监督

老年人权益保障法规定的执法部门，涉及众多"有关单位"和"有关主管部门"，与司法救济相比，虽然具有某些优点，如无须诉讼费用，成本较低；没有严密的程序，时间较快等，但是确实存在诸多缺陷，如投诉不便、缺乏严密的程序规则、效力不高等。在我国行政部门中，除公安机关外，只有劳动部门对某些事项的处理规定了程序规则，而其他行政机关和基层群众性自治组织则没有受理和解决投诉的程序规则,权益受侵害的老年人去哪里投诉、以什么形式投诉、处理的期限、处理结果的告知方式及效力等都是不明确的,这无疑会增加受侵害老年人维权的难度。因而,政府及有关部门应当对涉及老年人维权的执法行为加强监察与督促,提高执法效能。

4. 进一步提高司法救济效率

目前,我国各地基层人民法院均开通了老年人维权绿色通道,通过电话立案、预约立案、上门立案,让行动不便的老年人能打得动官司;对无固定经济来源和无力支付案件诉讼费的老年人实行司法救助,符合缓交、减交或免交诉讼费的,及时办理,让有合理诉求又无经济能力的老年人能打得起官司。同时许多基层人民法院还加大巡回审判力度,凡涉及老年人的案件,要求就地开庭、调解,以减轻当事人诉累,促使双方调解息诉,并结合乡俗民情,耐心地从法律和道德层面进行教育,促使子女依法履行义务,达到案结事了的效果。

在全面推进依法治国的背景下,为加强对老年人合法权益的保障,建议我国各地基层人民法院进一步提高司法效率,快立、快审、快结涉及老年人权益保障的案件,使老年人合法权益得到及时、有效的保护。

5. 充分发挥人民调解优势

人民调解制度的优点在于符合我国国情、民情,能够更好地达到纠纷解决效果。人民调解作为诉讼解决矛盾纠纷的制度,符合我国"以和为贵""冤家宜解不宜结"的文化理念,有着深层次的文化底蕴,容易被广大群众接受。同时,人民调解有利于"双赢"及维系当事人之间良好关系。尤其是家庭成员之间的矛盾纠纷,在调解员的主持下,找到兼顾纠纷当事人权益的方案,能够最大限度地减少当事人感情上的对立,有利于当事人恢复和谐关系。此外,人民调解制度极大地节约了社会成本,可以有效克服诉讼周期长、程序烦琐、花费较大、执行难等弊端,使有限资源得到了充分高效的利用,很好地缓解人民法院的办案压力,同时可以达到家庭成员之间和睦相处的最终目的。

综上所述,法的作用及其社会效应是通过法律实施取得的,法律的尊严、权威及作用的发挥是在实施过程中和取得有效的结果上体现出来的,再好的法律得不到贯彻实行，也只是一纸空文。因此，为实现我国老年人权益保障法的立法宗旨，有必要进一步完善我国老年人权益保障法实施机制，让老年人实现老有所养、老有所医、老有所为、老有所学、老有所乐。

三、老年人权益保障工作

新修订的《老年人权益保障法》从老年人晚年生活所面临的困难入手，在吃饭、疾病风险、服务需求、住行方便、社会参与等问题上修订条文，保障老年人的合法权益。修改后的老年人权益保障法从老年人晚年生活所面临的风险和难题入手，提出在人口老龄化形势日益严峻的今天，如何全方位解决老年人问题的方案和对策，下面是关于老年人权益保障法关注的五大问题。

（一）吃饭问题：**基本养老保险保障生活**

法律明确规定，国家通过基本养老保险制度，保障老年人的基本生活。国家根据经济发展以及职工平均工资增长、物价上涨等情况，适时提高养老保障水平。

2009年、2011年，党中央、国务院先后启动了新型农村社会养老保险试点和城镇居民社会养老保险试点。短短3年间，两大养老保险均实现了制度上的全覆盖，与此前建立的城镇职工养老保险一道，为百姓织就了一张覆盖城乡的养老保障网。

修改后的法律对计划生育家庭老年人给予特别关注。法律规定，国家建立和完善计划生育家庭老年人扶助制度。

为了扶助农村计划生育家庭老年人，2004年以来，我国对农村实施计划生育家庭的老年人每月给予一定奖励，"十二五"期间，这项措施将惠及城市实施计划生育家庭的老年人。

全国人大常委会委员蒋庄德认为，计划生育政策带来的家庭养老能力受到削弱确实应该引起关注，目前独生子女负担老人的问题越来越凸显，包括双方的父母、爷爷奶奶、姥姥姥爷等，计划生育家庭老年人的扶助制度应该考虑这些问题，还应该有一些相应的配套政策。

（二）疾病风险：长期护理保障逐步开展

据全国老龄办政策研究部主任吕晓莉介绍，目前，我国有失能半失能老年人3300多万。据预测，到2050年，失能老年人将近1亿，同时还将有7900多万临终无子女的老年人，他们将面临突出的护理问题。

为有效应对老年人可能面临的失能风险，法律规定，国家逐步开展长期护理保障工作，保障老年人的护理需求。对生活长期不能自理、经济困难的老年人，地方各级人民政府应当根据其失能程度等情况给予护理补贴。

法律还规定，国家通过基本医疗保险制度，保障老年人的基本医疗需要。有关部门制定医疗保险办法，应当对老年人给予照顾。

（三）服务需求：发展城乡社区养老服务

法律规定，老年人养老以居家为基础，家庭成员应当尊重、关心和照料老年人。

法律还明确，地方各级人民政府和有关部门应当采取措施，发展城乡社区养老服务，鼓励、扶持专业服务机构及其他组织和个人，为居家的老年人提供生活照料、紧急救援、医疗护理、精神慰藉、心理咨询等多种形式的服务。

在养老服务管理方面，法律明确，各级人民政府应当规范养老服务收费项目和标准，加强监督和管理。

（四）住行方便：提供安全便利舒适的环境

为了给老年人提供安全、便利、舒适的环境，修改后的法律对国家推进老年宜居环境建设作出明确规定。

（五）社会参与：丰富老人精神文化生活

老有所为才能老有所乐。专家认为，应对人口老龄化，既要大力发展养老保障、养老服务，充分保障老年人享有各项合法权益，也需要重视发挥老年人群体的作用。

为此，法律规定，国家和社会应当重视、珍惜老年人的知识、技能、经验和优良品德，发挥老年人的专长和作用，保障老年人参与经济、政治、文化和社会生活。国家和社会采取措施,开展适合老年人的群众性文化、体育、娱乐活动,丰富老年人的精神文化生活。

老年人精神慰藉问题。对此,法律也作出明确规定,家庭成员应当关心老年人的精神需求,不得忽视、冷落老年人。与老年人分开居住的家庭成员,应当经常看望或者问候老年人。用人单位应当按照国家有关规定保障赡养人探亲休假的权利。

第三节　老年人权益保障机构

老年护理机构现状。中国老年护理机构有哪些?老人的护理问题一直都是国家探讨的问题,在不断地出台老年人优惠政策后,老人的护理问题还是得不到彻底解决。

随着老年人口及所占比例的不断增加,老龄化问题已成为当今社会的重大问题,使得社会对卫生服务的需求大大增加。要使老年人生活幸福,身心健康,就需要全社会尤其家庭给予特殊的关怀与照顾。本书就我国老年护理现状与展望综述如下。

一、我国已进入老龄化社会

人口老龄化是指社会中60岁以上(含60岁)人口超过总人口的10%或65岁及其以上人口超过总人口的7%。1990年以来,我国老龄人口以平均每年3.32%的速度增长。2000年,我国60岁以上人口达1.3亿,占我国总人口的10.09%,全国开始进入老龄化社会。据推测,2025年,我国老龄人口将达到20.00%,2050年将达到25.50%。我国人口结构由成年型转向老年型,发展速度之快,老年人口之多,世界罕见。老龄人口的增加将给社会生活的许多方面,尤其给健康护理带来巨大的压力。

二、老年人的健康状况

我国老年人的健康状况不容乐观。根据各地老年人健康调查情况表明，无重要脏器疾病的所谓健康老年人仅占20%～25%。老年人患病率高、发病率较高的慢性病依次为高血压、糖尿病、慢性支气管炎、肺气肿、关节炎等。根据我国城市老年人医疗服务调查，老年人2周就诊率为23.75%，远远高于其他年龄组14.66%的水平；老年人住院率为7.62%，比其他年龄组4.36%高得多。

三、人口老龄化对护理服务的需求

老年人是家庭护理的主要服务对象。老年人对家庭护理的主要需求是对其日常生活能力的帮助。由于传统赡养模式的影响，经济条件的限制以及老年人固有的地缘、亲缘情结而不能或不愿进入养老机构，却又需要护理的老年人现状不容乐观，表现为三种情况。一是配偶照料；二是子女照料；三是保姆、钟点工照料。我国大多数老年人均由家属照顾，所以家属的负担很重。因此，无论从老年人自身还是从照顾者方面来说，都急需来自医疗、社区等方面的服务机构的支持和帮助。

大连市人口老龄化程度较高，经济发展快，且工薪收入占人均收入的一半以上。这表明大连的市场需求大，并有一定的经济实力作支撑，所以市场稳定，前景良好。

老年护理机构竞争对手主要是家政服务公司以及综合医疗机构，竞争因素主要包括价格、服务质量、机构环境等。

第四节　老年人权益保障宣传

一、老年人权益保障之普法宣传

老年人属于弱势群体，很多老年人不知道如何保障自己的基本合法权益，我国是个法制国家，所以老年人权益保障法宣传也是至关重要的，老年人得知信息没有像年轻人那样快，到社区宣传成为一种必不可少的途径。

2015年新修订的《老年人权益保障法》把传统的"重阳节"以法律的形式规定为老年节。

关于老年人权益保障的法律，主要的就是《老年人权益保障法》，另外还有《宪法》《婚姻法》《继承法》以及《刑法》等，这些法律中都有关于老年人权益保障的规定。《老年人权益保障法》于1996年10月1日开始实施，已经二十年过去了，在实施中发现存在一些问题，于2012年进行了修订，新的《老年人权益保障法》于2013年7月1日生效。下面以《老年人权益保障法》为主，兼顾其他法律的相关规定，主要讲解两个问题。

（一）老年人享有的权利

对于这个问题，先弄清楚一个基础性的概念，什么是法律上的老年人？《老年人权益保障法》规定，60岁以上的公民是老年人。根据法律规定，老年人拥有的权益有7项之多，因为时间关系，今天主要讲解三种权利：受赡养权，财产权，婚姻自由。

1. 受赡养权

《老年人权益保障法》第十四条规定："赡养人应当履行对老年人经济上供养、生活上照料和精神上慰藉的义务，照顾老年人的特殊需要。"本条以法律的形式明确规定了赡养人的赡养义务，也就是说，赡养人对老年人的赡养是无条件的。

　　法律规定中的赡养人，主要是指老年人的子女，但也包括另外一些有赡养义务的人。根据《婚姻法》《老年人权益保障法》以及最高人民法院的司法解释，有四类亲属对老年人负有赡养、扶养义务。一是老年人的配偶；二是老年人的成年子女；三是老年人的弟妹；四是老年人的成年孙子女、外孙子女。一般情况下，孙子女、外孙子女对祖父母、外祖父母没有赡养的义务，但当老年人的子女全部死亡或生存的子女没有赡养能力时，老年人成年的有负担能力的孙子女、外孙子女，对于需要赡养的老年人就有赡养的义务。

　　在赡养人里面，有一类赡养人需要着重提及，因为关于这类赡养人的纠纷诉诸法院的还是比较多，那就是有抚养关系的继子女这类赡养人。继子女，指的是丈夫与前妻或者妻子与前夫所生的子女，继子女如果与养父或养母有抚养关系，那么继子女就如同亲生子女一样对老年人有赡养义务。但是，如果父母双方再婚是继子女已经成家立业或者能够自己养活自己，继父母对于继子女就没有抚养关系，这类继子女没有赡养老人的义务。但是，这不妨碍他们在道德上履行赡养义务，他们也可以主动履行，只是没有法律上的强制义务。

　　案例1　王老太太20世纪40年代嫁给当时已经有两个小孩的蔡某，孩子当时还很幼小，王老太太一手把两个孩子抚养长大，供他们上学，帮他们成家立业，后又为他们照顾小孩。1993年，蔡某去世，小儿子背地里把蔡某的财产和共有的房产变更到自己名下，王老太太一无所知。随着年老和不中用，小儿子的妻子因为家庭琐事与老太太发生争执，谩骂老人的话语不堪入耳。2006年春节，又一次吵架之后，老人实在受不了了，就离家出走，在河南、吴忠等地流浪。2007年7月，在好心人的指点下，老太太到吴忠市法律援助中心申请法律援助。法院中心人员考虑家庭纠纷尽可能积极支持调节，但是小儿子拒不履行赡养义务。最后不得不对簿公堂，法援中心指派律师，多方取证，最后，法院判决两个孩子每月支付400元的赡养费。

　　再次强调，有抚养关系的继子女对年老的继父母也有赡养的义务。

2. 经济上供养、生活上照料和精神上慰藉

（1）对老年人的经济供养，包括对无经济收入或收入较低的老年人，赡养人要支付必要的生活费，保证老年人的基本生活需要；对患病的老年人应当提供医疗费用和护理；对缺乏或者丧失劳动能力的农村老年人的承包田，赡养人有义务耕种，并照顾老年人的林木和牲畜等，收益归老年人所有。

（2）对老年人生活上的照料，主要指当老年人因患病卧床，年高行动不便或患老年痴呆症等原因，致使生活不能自理时，赡养人要照顾老年人日常的饮食起居。

生活上照料其实是一件比较难做的事情，因为照料的老年人往往行动不便，或者长期卧病在床，需要很大的精力和很多的时间，很可能需要与老人共同生活，而共同生活是需要一定的技巧的。共同生活需要老年人和赡养人双方相互关爱、宽容，而不仅仅是年轻人这一方的宽容。

案例2 有一位刘大爷，是一位农村老大爷，以他为例，就是想让在座各位能够理解父母和儿女之间的相互关爱和理解很重要。刘大爷今年89岁了，思想观念很落后，重男轻女，他有一个儿子，一个女儿，他把财产和房子都给了儿子，一分钱都没有给女儿。但是，儿子就是不养他，用他儿子的话来说，就是"死管活不管"，为什么会这样？就因为刘大爷有一次跟儿子吵架，骂儿子"你的门只有出的人，没有进的人"，这话的意思就是，你只有女儿，没有儿子。儿子没有儿子，在农村中这已经很不好了，刘大爷还这样说，严重地破坏了父子之间的感情。所以，子女赡养老人是他们法定的义务，如果他们不履行赡养义务就涉嫌违法，但是，老年人也一定要具有爱护、宽容自己子女的善良之心。只有相互关爱，生活才能够和谐、长远。

精神上的慰藉，主要指赡养人应尽力使老年人的晚年生活过得愉快、舒畅。现实生活中，对老年人精神上的赡养容易被忽视，随着物质生活水平的提高，对老年人精神上的慰藉将成为主要的赡养内容。

在现实生活中，有些情况可能比较特别，比如，在子女未成年时，父亲或母亲对子女未尽过抚养义务，导致子女成年后不愿意对父母承担赡养义务。在这种

情况下,父母是否还可以要求自己的子女尽赡养责任?在此,为大家讲述一个发生在上海的案例(该案例曾在电视台报道过)。

案例3 某老人有5个子女,但作为父亲的他年轻时缺乏家庭责任心,吃、喝、嫖、赌样样都会,所挣的钱多数用于自己的开销,很少拿回家里用于家庭生活。后来他老了,子女都拒绝赡养。法官说服了五个子女,看在血缘关系上,谅解已经是风烛残年的老人,由五个子女每人每月负担父亲100元作为生活费。

案例4 有一位父亲因为犯罪被判刑入狱十几年,在孩子小时候几乎就没有尽过做父亲的义务,结果父亲从监狱出来后,一贫如洗,身体也虚弱不堪。这种情况下,子女对父亲的赡养义务依然存在,并且受法律保护。如果父亲起诉到法院,法院也会在一定程度上支持父亲的诉求。

以上两个案例说明,只要父母子女关系存在,抚养或赡养的权利义务也就存在,即使父母因种种原因未尽到抚养子女的义务,但是也不影响其要求子女赡养的权利。父母的过错不能成为免除子女赡养责任的理由。同样,子女也不能以"父母分家不公平"为借口而拒绝赡养父母;子女也不能以"与父母断绝关系"或"放弃继承权"等为借口而拒绝履行赡养父母。

农村中,我们有时会听到某户人家父母与儿子之间签订了一份书面的"父子脱离关系的协议",即父亲不要儿子养老,儿子将来也不继承父亲的遗产。事实上,这样的协议约定是没有法律效力的。因为法律规定,权利可以自愿放弃,但法定的义务是不可以放弃的。法律允许儿子放弃继承父母财产的权利,但不允许儿女逃避赡养父母的义务。而且,父母与儿女之间的血缘关系是脱离不了的。

在这里还要提醒大家:在对老年人的赡养义务方面男女平等,出嫁的女儿一方面对自己的父母负有赡养的责任;另一方面,也有协助丈夫赡养自己公公婆婆的义务。

3. 自主处分财产的权利

《老年人权益保障法》第二十一条规定:老年人对个人的财产,依法享有占有、使用、收益和处分的权利,子女或者其他亲属不得干涉,不得以骗取、盗取、强行索取等方式侵犯老年人的财产权益。

老年人有依法继承父母、配偶、子女或者其他亲属遗产的权利，有接受赠予的权利。子女或者其他亲属不得侵占、抢夺、转移、隐匿或者损毁应当由老年人继承或者接受赠予的财产。

老年人以遗嘱处分财产，应当为生活困难的老年配偶保留必要的份额。

（1）生前一般不要处分财产

老年人可以对自己名下的合法财产进行处分。常见的情况是自己名下的房产以分家析产的形式分给自己的子女所有。但在现实生活中，我们经常遇到父母将自己财产以立下协议或遗嘱的形式分给多个子女后，结果部分子女却认为父母对财产分配不公而拒绝赡养已经年老体弱的父母。

通过以上这个案例，告知我们：父母不应该过早地将自己的房产全部处分掉。为了养老，父母应该留点儿财产给自己，这样就可以保证自己直到去世都有财产，使得自己的生活能够有所保障。

（2）最好是以遗嘱的方式处分财产

以遗嘱的方式处分财产，遗嘱要等到老年人去世才发生效力，在老年人在世期间，遗嘱不过一张写满了将来权利的白纸，不发生效力，可以较好地保障老年人的生活，也是子女负起赡养的义务的一种动力或者回报。

我国《继承法》第十六条规定："公民可以立遗嘱、将个人财产指定由法定继承人的一人或者数人继承。公民可以立遗嘱将个人财产赠给国家、集体或者法定继承以外的人。"遗嘱的种类共有以下五种。

①公证遗嘱：指的是生前立下遗嘱后并由公证机关予以公证的遗嘱。

②自书遗嘱：指的是由立遗嘱人亲笔书写、亲笔签名，并且注明书写遗嘱的年份，写明年、月、日。

③代书遗嘱：指的是自己请他人代笔书写遗嘱。但是，立"代书遗嘱"是要具备条件的。委托他人代笔写遗嘱的，应该有两个以上见证人在场见证，由其中一人代书，注明立遗嘱的时间，并且由代笔人、在场见证人、遗嘱人共同签名。

④录音遗嘱：录音遗嘱中要明确说明立遗嘱的时间，也应当有两个以上见证人在场见证。

⑤口头遗嘱：遗嘱人在危急情况下（一般是指在病情严重危及生命之下），可以立口头遗嘱。口头遗嘱也应当有两个以上见证人在场见证。但口头遗嘱是五种遗嘱中效力最低的遗嘱。因此，我国《继承法》规定，在立遗嘱人危急情况解除后，遗嘱人能够用书面或者录音形式立遗嘱的，所立的口头遗嘱就为无效。

如果公民在生前立有多份遗嘱的，而遗嘱内容存在相互抵触的，则以最后的遗嘱为准。另外，自书遗嘱、代书遗嘱、录音遗嘱、口头遗嘱的时间虽然都在公证遗嘱之后，但仍然不得撤销、变更公证遗嘱。因为公证遗嘱具有最高的法律效力。

(3) 处分财产的多种方式

老年人有权自由处分自己的个人财产，不仅仅是指将财产分给自己的子女所有，父母也有权将自己的财产捐赠给国家、赠送给社会福利机构或其他人等的权利。作为子女或亲属是不能干涉父母对财产的处分权，也不得强行夺取老年人的财物。如果子女想方设法只想取得老人的财产，有时候可能发生其他的不愉快。

案例5 前几年在电视上曾报道过一位父亲，一子一女都受过良好的教育，工作很忙，不能自己亲自照顾老人，就给父亲请了一个小保姆照料生活。小保姆精心照料老人，老人临死的时候立遗嘱把财产全部赠送给了小保姆。他那两个孩子悔之晚矣。

另外，需要强调的是，父母在对子女分家析产时，应该在分家书中注明"某处的房屋或财产归儿子（或女儿）×××个人独自所有，其他人均无权享有、不得干涉"。在分家书中之所以要注明这句话，主要是为了防止自己的儿子或者女儿与配偶离婚时，配偶分割本应该属于儿子或者女儿个人所有的财产。《婚姻法》第十八条规定，遗嘱或者赠予合同中确定只归夫或者妻一方的财产才属于个人财产。如果分家书中没有写明这句话，仅仅是写了房屋归儿子所有，那么根据法律规定，这种情况视为父母赠送给儿子与儿媳妇共同所有的，也就是父母分给儿子的房屋变成了儿子与儿媳妇的夫妻共同财产。如果儿子与儿媳妇离婚的话，儿媳妇有权要求分得部分房屋。大家也知道，现在社会因为人员流动性比较大，离婚率是很高的。所以，不管是立遗嘱还是分家析产，这句话对保护自己子女有时候很重要。

4. 婚姻自由

婚姻自由包括结婚和离婚两个方面的自由。《老年人权益保障法》第二十条规定："老年人的婚姻自由受法律保护。子女或者其他亲属不得干涉老年人离婚、再婚及婚后的生活。赡养人的赡养义务不因老年人的婚姻关系变化而消除。"

离婚、丧偶之后的老年人依法享有再婚的自由，子女或其他亲属不得以各种理由加以干涉。现在，有些子女从经济利益，或为钱财或为住房等私利考虑，干涉老年人再婚，这些都是违法的行为。另外，老年人的离婚自由也是不可忽视的问题。当老年人与配偶双方感情确已破裂，婚姻关系无法维持的情况下，当事人有权离婚，子女或其他亲属不能因为父母年老而忽视他们的感情需要，反对父母离婚或者再婚。

这里要特别提及的是，赡养人的赡养义务不因老年人的婚姻关系变化而消除。举一个很感人的事例，这样皆大欢喜的事情一般都不会对簿公堂，也就只能是事例了。

有一位姜老太太，她40多岁的时候丈夫就去世了，留下她独自抚养三个孩子成人。后来经人介绍，跟一位开食堂的吕老头再婚，吕老头有三个女儿，当时女儿都已经成家立业，而且每家经济情况都不错。姜老太和吕老头，老两口开食堂生意红红火火，后来，姜老太太先死，老太太的儿子把母亲在自己的老家安葬，吕老头那边的三个女儿连同女婿，人人都来送葬。三个女儿每人送给老太太儿子5000元作为丧葬费，这种事例成为美谈。所以，赡养人的赡养义务不能因为老年人再婚就发生变化，老年人就是再婚离开了家，赡养人的赡养义务还继续存在。老年人的结婚离婚是他们自己的事情，他们在婚姻方面是自由的。

除了上面谈及的三种权利，还有居住权、社会保障权、继承权等。

（二）老年人如何维护自己的合法权益

前面我们已经谈到，老年人享有多项权利，这些权利受到侵犯时应该怎么办？根据老年人权益保障法的相关规定，老年人的权益受侵犯主要来自社会和家庭。来自社会的侵害主要是负有履行保护老年人权益的组织或者部门，不履行对老年人权益保护时，老年人或者代理人最好寻求行政解决的办法，也就是找相关组织或者部门的上级行政机关进行申诉、控告和检举，其上级主管部门应当给予批评教育，责令改正。这主要是行政手段解决。

家庭纠纷是侵害老年人权益的主要纠纷，这方面的纠纷有三种途径可以寻求救济。老年人权益受到侵害时要寻求法律保护。根据《老年人权益保障法》的规定，老年人合法权益受到侵害时，被侵害人或其代理人有权要求有关部门处理，或依法向人民法院起诉。

1. 调解解决

老年人与家庭成员因赡养、扶养或者住房、财产等问题发生纠纷时，可以要求家庭成员所在地组织或居民委员会、村民委员会调解，各级老龄工作机构都是老年人可以依靠的组织，希望老人在自身权益受到侵害时，能够及时向当地居委会、村委会或各级老龄工作机构反映，请求他们对实施侵害者进行批评教育，直至改正。

2. 诉讼解决

老年人因其合法权益受侵害也可以直接向人民法院起诉。向人民法院提起诉讼，老年人需要解决两个问题：一是请律师，请律师需要代理费；二是要求法院立案解决，法院需要诉讼费。对于无力支付律师费用的，可以向当地村民委员会、乡镇司法所、区县司法局申请法律援助，从而获得法律援助。法援中心就会给老人指派律师，免费为其提供法律服务；要求法院立案交纳诉讼费费确有困难的，可以凭当地村、镇的困难证明申请缓交、减交、免交诉讼费。

3. 行政和刑事处罚

有赡养义务而不赡养，甚至遗弃老年人，抢夺、骗取、偷盗或者故意毁坏老年人的财产，干涉老年人婚姻自由，构成违反治安管理行为的，依法给予治安管理处罚；情节特别严重的，构成犯罪的，司法机关会追究他们的刑事责任。

最后，祝愿在座的每位老年人都能安享晚年。

二、青岛宣传新老年人权益保障法八大亮点

新修订的《老年人权益保障法》于2015年7月1日起实施，我国不少省市将6月定为新《老年人权益保障法》的宣传月。

十二届全国人大常委会第十四次会议于2012年12月28日以全票表决通过了《中华人民共和国老年人权益保障法（修订草案）》。新修订的《中华人民共和国老年人权益保障法》（以下简称老年法）将于2015年7月1日起施行。

为认真学习宣传和贯彻落实好老年法，在全社会大力营造学法、懂法、知法、守法氛围，切实维护老年人合法权益，山东省青岛市老龄办、市人大内司委、市普法办决定6月联合开展老年法宣传月活动，广泛深入宣传老年法的重要意义和法律条文。

（一）背景——"老年型"社会的制度呼唤

老年法自1996年颁布施行以来，在保障老年人合法权益，促进老龄事业发展，弘扬中华民族敬老、养老、助老美德等方面发挥了重要作用。随着我国经济社会的发展、人口和家庭结构的变化，老年人权益保障出现了一些新情况新问题，需要在法律制度上进一步完善。

一是人口老龄化快速发展。1999年，我国60周岁以上老年人口占到总人口的10%，按照国际标准，成为老年型国家。此后，我国老龄化快速发展，第六次人口普查显示，截至2010年年底，我国60周岁以上老年人达到1.77亿，占总人口的13.26%。据预测，到"十二五"期末，老年人口将达到2.21亿，平均每年增加860万，老龄化水平提高到16%，到2025年突破3亿，2033年突破4亿。

二是高龄、失能等困难老人数量增多。目前，我国80岁以上高龄老人超过2000万，失能、半失能老人约3300多万，对社会照料的需求日益增大。

三是家庭养老功能明显弱化。目前，我国平均每个家庭只有3.1人，家庭小型化加上人口流动性的增强，使城乡"空巢"家庭大幅增加，目前已接近50%。

四是老年法的实施环境已经发生了深刻变化。"老有所养"不再只是家庭内

部需要面对的问题,而成为重大的社会民生问题;医疗和护理费用不断增高;养老服务供需矛盾十分突出;随着人口预期寿命的延长,老年人群体逐渐成为参与社会发展的重要力量,而老年人走出家门、参与社会的环境亟须改善。与此同时,在改革开放、经济社会大发展的背景下,近年来,我国老龄事业在实践探索中取得长足进步,在保障老年人权益方面积累了许多经验,国家和地方相继出台了一系列相关政策措施,需要上升为法律制度。

同时,中共中央、国务院《关于加强老龄工作的决定》指出,老龄问题是关系国计民生和国家长治久安的一个重大社会问题。适时修改老年人权益保障法,是坚持以人为本,保障和改善民生的必然要求,是实现"老有所养、老有所医、老有所为、老有所学、老有所乐"的法制保障,是贯彻党的十八大提出的关于积极应对人口老龄化战略部署的重要举措。

(二)意义——我国老龄事业的新里程碑

老年法的这次修订从我国现阶段国情出发,进一步明确了老年人的权利,进一步明确了家庭、政府和社会在老年人权益保障中的责任,充实、完善了家庭赡养与扶养、社会保障、社会服务、社会优待、宜居环境、参与社会发展等各方面与老年人权益息息相关的规定,强化了法律责任。

老年法的修订,为在人口老龄化背景下切实保障老年人权益作出了更为妥善的制度安排,充分体现了党和国家对亿万老年人的关心和尊重,是我国老龄事业发展史上一座新的里程碑,对于弘扬中华民族敬老、养老、助老的美德,增强全社会的责任意识,改善维护老年人权益的各种条件,实现老有所养、老有所医、老有所学、老有所为、老有所乐,必将产生巨大的促进和保障作用。

(三)亮点——八大亮点回应老年人新期待

新修订的老年法共9章85条,与修订前的老年人权益保障法相比,增加了三章,即社会优待、宜居环境和参与社会发展。总体上看,呈现八大亮点:

亮点一:积极应对人口老龄化上升为国家战略任务。

这次修法把积极应对人口老龄化纳入法律,并作为中国的一项长期战略任务上升为国家意志,不仅标志着老龄科学研究的重大结论转换为法律,更重要的是，它是全面贯彻落实党的十八战略部署的具体体现，是全党全社会全面应对人口老龄化挑战的总动员令。

亮点二：对家庭养老进行了重新定位。

新修订的老年法明确了老年人养老"以居家为基础"。由传统的"家庭养老"到"居家养老"，一字之差，意义迥异。老年人虽然居住在家庭，家庭仍然需要充分发挥其养老功能，但也要发挥社区的养老依托功能。这就使社会和国家做好社区建设的责任更加明晰。为确保居家养老的顺利实施，新修订的老年人权益保障法还为国家建立健全家庭养老支持政策提供了法律依据。如出台相关政策，在购买住房的贷款利息、贷款首付或契税上给予优惠，以鼓励子女与父母就近居住或同住；对家有高龄老人、生病老人的在职职工，给予带薪假期制度，以便于其在家照料老人等。

亮点三：规定国家逐步开展长期护理保障工作。

新修订的老年法第三十条规定："国家逐步开展长期护理保障工作，保障老年人的护理需求"，"对生活长期不能自理、经济困难的老年人，地方各级人民政府应当根据其失能程度等情况给予护理补贴"。虽然受各方面条件的制约，我国还难以像日本等国家那样，直接规定建立长期护理保险制度，但毕竟对长期护理保障工作的重要性有了充分的认识，并提出了原则性规定，为我们开展长期护理保障制度乃至长期护理保险制度的探索，提供了法律上的依据。对护理补贴制度的提出，便于督促地方政府在长期护理方面有所作为。这一规定的贯彻实施，也能在一定程度上减轻经济困难老年人的护理费用负担。

亮点四：构建老龄服务体系建设基本框架。

新修订的老年法规定："国家建立和完善以居家为基础、社区为依托、机构为支撑的社会养老服务体系。"为确保这一体系的建立和完善，新修订的老年人权益保障法还分别作出了明确的表述，如对家庭赡养义务的规定，将养老服务设施纳入城乡社区配套设施建设规划的规定，对养老机构所需具备的条件以及扶持、监管的规定等。这些规定是对中国长期以来养老服务业发展经验的积累和总结，是对相关政策措施的肯定和呼应，并将其上升到法律的层面，必将有力地推进中国老龄服务体系的建设进程。

亮点五：突出了对老年人的精神慰藉。

新修订的老年法强调了赡养人对老年人有提供精神慰藉的义务。要求家庭成员应当关心老年人的精神需求，不得忽视、冷落老年人；与老年人分开居住的，应当经常回去看望或者问候老年人，也就是说要"常回家看看"，而用人单位则应当按照相关规定，保障赡养人探亲休假的权利。

亮点六：增加了社会优待内容。

新修订的老年法将社会优待辟为专章，增加了老年人社会优待的内容，扩大了优待对象的范围。优待内容涉及为老年人办事提供便利、提供法律援助、交通优待、参观游览优待等，并免除了农村老年人承担兴办公益事业的筹劳义务。更重要的一点是，法律要求的常住在本行政区划内的外埠老年人，给予同等优待。这对打破一些城市对老年人的地域歧视，具有重要意义。

亮点七：确定了老年人监护制度。

新修订的老年法规定："具备完全民事行为能力的老年人，可以在近亲属或者其他与自己关系密切、愿意承担监护责任的个人、组织中协商确定自己的监护人。监护人在老年人丧失或者部分丧失民事行为能力时，依照有关法律的规定确定监护人"。这一规定是与时俱进的，对老年人及其赡养人和继承人的合法权益，都是一项重要的保护性制度。

亮点八：增加了宜居环境建设的内容。

新修订的老年法要求，制定城乡规划时，要统筹考虑建设适老性的公共设施、服务设施、医疗卫生和文化设施，实施无障碍建设。由于大多数老年人居住在社区，生活在社区，建设适宜老年人居住的社区就成为老年宜居环境建设的重要内容。新修订的老年人权益保障法规定，国家要推动老年宜居社区建设，引导、支持老年宜居住宅的开发，推动和扶持老年人家庭无障碍设施的改造。

例：青岛市老年法宣传月有关活动安排。

宣传月活动主题：学习宣传贯彻老年法，切实保障老年人权益。

宣传月活动安排：

一是召开宣传月活动部署会和新闻通报会。

二是举办老龄工作培训班，进行老年法律知识培训工作。

三是组织开展"送法到基层"活动。

四是在报刊、网络、电台等媒体开辟老年法宣传专栏。

五是在公共场所张贴老年法宣传材料。

六是组织开展老年法律法规及惠老政策咨询活动。

七是开展老年法知识问答活动。

八是举办老年法网络在线问政活动。

九是举办老年法普法宣传老年文艺演出活动。

第四章
老年人权益保障法重要性及实施的意义

第一节　中国慈善机构和福利设施概况

一、老年人的社会福利政策

我们国家的社会福利怎样界定？在福利政策上要怎样突破？这并不是十分清晰的，因为我国的社会福利和国际社会通行的福利是不同的。他们把福利界定为国家或政府对社会所有成员保障和改善生活采取的一切举措，既有保障的范围，也有改善的内容。可是我国的社会福利，按照学者的说法是个狭义的福利，是保障弱势人群基本生存或者说是生活权益。"改善""提高"有可能都还算不上。从这个意义上讲，如果说画一条水平线，他们线下边维持基本的生活权益包括在福利之内，线上边的改善和提高也包括在内。而我们只是把线下边的基本生存包括在内，这基本生存还不是所有公民的基本生存，而只是弱势人群的基本生存。所以从这个角度上讲，我国的福利确实是狭窄的，而且内容也是狭窄的。

可是随着我国市场经济体制的建立和完善，特别是过去那种计划经济体制下的单位保障和福利被打破的情况下，我国的福利政策应该说也该发生一些变化，应该逐渐向国际社会靠拢。但是这个过程我们觉得还是慢了点儿，特别是福利保障的人群在扩大的情况下更是如此。过去我们说弱势人群基本是老年人、残疾人、孤残儿童,以及生活特别困难的需要照顾的人群。但是这几类人中也不全是国家管,有很多情况,国家并不管。国家只管这几类弱势人群中的三无对象和五保户。

但是,随着我国社会政策的逐渐建立和改变,我们的福利对象的边缘,按照我们的想法,逐渐地在模糊。我们现在通常说的福利对象包括老年人、残疾人、孤残儿童等弱势群体,也就不再去区分是不是三无啊,是不是五保啊。反正大家这么含糊地说,我就这么含糊地听,含糊地做。从这个意义上讲,就是说从含糊的意义上使我们的福利对象边缘模糊了,对象群体扩大了,范围有所拓展。那么就模糊的福利对象及它的数量上来讲应该说确实是非常巨大的。老年人有1.45亿,可能按照我们更严格地说应该是1.43亿。为什么这么说呢?我来纠正,主要是过两天我们要做一个新闻发布,和南开大学做一个百年预测的研究,要把我国目前的老年人数量和今后五十年到一百年的老年人发展的趋势和状况做一个公布。残疾人口是6000多万,但是残联觉得这6000万是少了,因此,他们正在进行第二次残疾人的抽样调查。我想,调查之后这个数量还会有大幅度的攀升。孤残儿童现在按照我们通常的说法是三四百万,但是真正严格地统计下来的只有60万左右。这个统计我也知道肯定是有很多的遗漏,因此,我们并不完全相信它。但是制定政策时又得依靠它,因此,目前我们制定孤儿的政策基本上就是按照60万。

那么对这些福利对象的保障和服务的方式上,我们目前主要是采取集中供养和分散供养两种方式。集中供养,大家都知道,就是举办机构、设施和院舍,采取国家供给,养服务对象,养服务队伍,养机构,从而由国家一揽到底把它包起来。目前,我国城乡各种各样的福利机构有38500多所,收养人员有120万左右,床位数有1467000多张,这是我们的存量。当然还有一些社会力量举办的,但是由于规模数量各地掌握的现在都不太一致,所以统计起来也不是那么科学。分散供养就是对三无对象、五保对象,除了集中供养之外采取国家供给的方式,把它放在家庭之中。国家给相应的保障,并且有的时候派遣一些服务人员。这是我们国家基本的福利状况。

那么老年人的福利政策呢？老年人的福利政策应该是把老年人纳入我们的福利对象范围从而制定相应的社会政策。应该是老年人的社会政策，因为我一直做福利，我愿意谈福利，姑且称之为老年人的福利政策吧。福利应该包括两个方面：一是收入的保障，二是服务的保障。收入保障的角度大体上有这么多，有保障老年人合法权益的法律法规，像老年权利保障法。还有关于养老保险方面的一些政策，刚才大家都谈到了。关于医疗保险的政策，关于农村实行新型合作医疗制度的政策，关于城市普遍实施和农村试点实行的最低生活保障的政策，关于农村五保供养制度的规定，关于城乡贫困人口实行医疗救助和生活救助的政策，还有关于特殊优待老年人的一些政策等。就是说我们已经制定出台的和正在执行的，也包括一些探索大体上应该是这么几类。属于服务保障的大体上有这么多，有老年人服务机构举办运营管理监督质量评估等方面的优惠政策和规定办法标准规范等。就是说硬件设施建设的一系列的规定标准规范等。还有社区为老服务设施场所建设运营管理的办法及标准规范等。还有家庭和社会服务，居家养老服务等反面服务的政策和服务的技术规范标准。有为老服务队伍建设的职业标准，专业技术等级规定等。老年人健康状况的评估办法标准，有关发展老年卫生文化教育康复健身等服务的政策的规定，发展老年产业、老年用品市场等方面的政策措施等。

应该说从这两方面讲要是数起来也不少，但是没有一个完整统一的东西，特别是没有一个刚性的管总的东西。如果我们把老年人政策法规体系作为一个体系来看，我说基本的框架可能搭建起来了，但是这个框架结实不结实、合适不合适还有待商榷。另外，这个框架下面需要建墙需要扣顶，这个框架的丰富和完善现在看还远远不够。所以，如果分析一下我国老年社会福利政策法规方面的建设，确实存在不足。

一是老年福利总体上缺少法律层面的根本保障。除了有一部非常原则、无所不包的老年人权益保障法之外，而且这部法律我们现在看已经二十年了。但是随着市场经济体制的建立和完善，这部法律很多地方已经跟市场经济的要求是不相适应的了，跟老年人的发展趋势和老年人的服务需求是不相适应的了。除此之外，我国至今还没有制定出老年福利的专项法律法规。这和国际社会比较起来，我们还是非常滞后的。我国老年服务政策更多更久地还停留在政策文件的层面上。因此，执行起来，它的强迫性、它的刚性和它的时效性都要大打折扣，这是一个缺失吧。

二是老年福利的政策法规体系建设，总体上讲还严重地滞后于经济和社会发展的总体水平。我国老年人社会福利保障和服务水平总体来说还是比较低的。经济不发达欠发达地区和广大农村表现得尤为突出。农村老年人的生活困难、缺医少药的现象非常普遍。前几天，我们看了《中国老年报》登的一个黑龙江两会代表就是人大政协代表到偏远的农村进行调查的状况，真的是非常触目惊心。看了之后，也觉得农村老年人的生活状况和服务需求状况方面的满足是非常糟糕的。当然这种现象和我国的公共财政政策、社会政策以及老年福利政策建设的严重滞后是紧密联系在一起的。

三是老年人的福利政策法规体系的建设缺少配套和衔接。这不仅体现在老年福利政策法规体系的本身各个方面、各个环节、各个层面都缺少配套和衔接，也体现在老年福利政策和其他的经济社会发展政策发生矛盾、不协调甚至相悖的现象。比如院舍服务当中政府包办，导致资源分配不公和效率低下这种体制性的障碍与国家改革大政方针的矛盾，像我国提出政企分开、政市分开、政资政社分离的问题。但是现在我们更多地为老服务机构，特别是城市当中都是政府从办到管一揽子包起来。这跟政市分离起码都是不相吻合的。还有福利投入机制的偏向和市场经济公平竞争机制的矛盾也是非常突出的。国家办的是亲儿子，投入多少也不心疼，这种现象的高耗低效非常突出。但是社会力量举办一点儿资助就像剜心头肉一样，这个现象确实比较突出。

四是老年福利政策在执行过程当中落实不到位或者根本不落实也比较突出。刚才我细数了一堆，当然每一个方面里还有很多政策性的文件，我们说的也不少了。给老年人社会力量举办也好、为老服务业好、社区服务业好、居家养老也好，都有一些支持性的政策和措施。为什么就是不落实？国务院的文件按道理也有强制力，也有权威性，但是到地方照样不落实。这种执行过程当中存在的问题我觉得更为突出。影响了我们的一些构想，或者说影响了老年服务事业的发展。

此外，还有一些缺失。比如说，现行的福利投入预算缺少公开民主透明和监督；城乡二元体制造成的城乡福利体制的分割和巨大的差异；社会福利领域第三部门的作用很少体现；服务人员的专业社会工作者制度的缺失，等等，这些都使得我们老年社会福利、政策法律、法规体系的建设和健全有很长的路要走。

最后，我想对老年社会福利法律体系的建设提一点建议。第一，从长期建设上来考虑老年福利的政策法规建设。特别是要推动老年福利的立法进程，稳步推进城乡统一的老年社会福利保障和服务制度的建设。我觉得这个应该是随着建设社会主义新农村任务的推出，我们今后有些像低保制度、保险制度、最低生活保障、医疗保险这些今后应该逐步向农村扩展。现在已经在进行试点，有一些也不是说完全没有，比如说低保，现在已经有一千多个县在进行试点。听起来县很多，但是试点的时候可能就是一个村、一个乡镇。那么总体来讲，广大的农民还没有最低生活保障，或者说没有养老保险。第二，要建立起新型的合作医疗。第三，加快养老服务网络建设和服务质量专业技术标准体系的建设。这个我们设想要建立一个什么样的养老服务网络呢？三句话，现在我们也在向这个方向努力：以居家养老为基础，这与我们的国情和我们的民族传统是吻合的，因为在任何时候，居家养老在我们这个社会当中可能都是一个最基础的工作；其次是社区照顾为依托；再加上机构的、院舍的供养为补充。这三者如果能够结合起来，在不同的层面上，各级各类养老服务机构服务设施都能够建立健全起来，形成一个服务的网络，老年人的多种服务需求才能够得到一个比较好的满足。

二、对研究处理老年人权益保障法执法检查报告及审议意见情况反馈报告的审议意见

2015年9月1日，十二届全国人大常委会第二十二次会议审议了民政部部长、全国老龄工作委员会办公室主任李立国受国务院委托所作的关于研究处理老年人权益保障法执法检查报告及审议意见情况的反馈报告，共有47人（次）发

言。现根据会议发言情况，将常委会组成人员和列席会议人员的主要意见整理如下。

出席人员普遍认为，2015年全国人大常委会开展老年人权益保障法执法检查，国务院及其有关部门高度重视执法检查报告和常委会组成人员的审议意见，认真研究处理，加强改进工作方向明确、措施得力。出席人员指出，积极应对人口老龄化、依法保障老年人合法权益是一项庞大的系统工程，事关国家发展全局和百姓福祉，不可能一蹴而就，需要持之以恒、下更大气力来应对。出席人员强调，要认真贯彻2016年5月习近平总书记在主持中央政治局第三十二次集体学习时的重要讲话精神，深入落实中央老龄工作方针政策，全面贯彻实施老年人权益保障法，加大投入、扎实行动，健全养老服务体系，重视并用好人口老龄化给国家发展带来的机遇，努力满足老年人日益增长的物质文化需求，不断提高老年人权益保障水平，推动老龄事业全面协调可持续发展。审议中，大家还提出了一些具体意见和建议。

有些出席人员认为，居家养老符合中国传统和现实国情，应当将居家养老作为老龄事业发展的基础模式，着力发展居家养老服务。有的出席人员提出，从现在到将来相当一段时间内，城镇家庭都以"421""422"结构为主，独生子女夫妇除工作外，既要照顾双方父母，还要抚养子女，压力巨大。应积极建立健全家庭养老支持政策和措施，为家庭成员和老年人共同生活、承担赡养义务提供便利。有些出席人员建议，应加快发展居家养老服务，依托社区设施和组织机构，设立社区和乡村老年人照料中心、护理中心，配备护理人员到家庭提供服务，针对居家养老加强社区医院建设，建立志愿者队伍开展上门走访、生活照料、精神慰藉、应急服务等帮扶活动。

有些出席人员提出，应加快促进医疗卫生和养老服务融合发展。有的出席人员提出，2015年我国人均预期寿命为76.4岁，"十三五"规划纲要提出到2020年要增加1岁，建议把保障老年人既长寿又健康作为重要目标，出台确保老有所医的具体措施。有的出席人员提出，推进医养结合旨在通过医疗机构与养老机构的无缝对接，将医疗治理、康复护理、心理咨询等功能融为一体，满足老年人的健康、医疗需求。应完善医养结合养老模式的制度体系,将医养结合纳入养老服务业整体范畴,明确其服务对象、内容、标准、资费等制度和标准,完善医养结合养老机构与医疗机构的协同制度,研究对医养结合养老机构实施"卫生准入、民政扶持、医保定点"政策;丰富医养结合的服务内容,积极倡导城镇以社区为单位,联合医疗机构为老年人提供医疗保健服务。

有的出席人员提出,在鼓励按照医养结合模式发展有良好配套医疗服务的养老社区的同时,应注意把握导向,坚持市场化运作,避免出现打着发展养老产业名义享受土地等优惠政策,实质上搞房地产开发的寻租行为。有的出席人员建议,应构建多元化、全方位的老年康复护理服务体系,引导老年康复护理产业向家庭社区护理倾斜,建立老年心理健康的专业教育培育体系,加强咨询心理学和临床心理学对老年心理健康的研究,提高老年心理健康的评估、治疗和康复水平。有的出席人员提出,目前,许多老年人随子女在异地居住,医保报销结算难的问题突出,建议加快提高基本医疗保险统筹层次,研究对老年人医保个人缴费、报销比例、保险病种等方面给予适当照顾。

有些出席人员认为,应加强对特殊群体老年人的帮扶工作。目前,我国2亿多老年人中有4000万失能、半失能老人,其中1200万属于完全失能,而全国针对这部分老年人的康复护理床位只有7万多张。应切实贯彻执行老年人权益保障法关于国家逐步开展长期护理保障工作,地方政府对生活长期不能自理、经济困难的老年人根据其失能程度等情况给予护理补贴等规定,加快发展老年病医院、康复护理院,鼓励和引导在具备条件的养老机构设置医疗机构,尽快解决失能、半失能老年人长期护理问题。有的出席人员提出,造成老年人失能、半失能的重要原因在于中年时期的慢性病得不到有效防治,中风等导致失能、半失能的疾病发病率持续增加。应高度重视慢性病防治工作,教育引导人民群众树立健康的生活习惯和行为,做到慢性病防治关口前移。

有些出席人员提出,应加快养老服务体系建设,积极发展养老服务业。有的出席人员认为,当前养老服务行业普遍规模小,专业性不足,应完善全国养老服务业的整体规划和发展布局,出台更加明晰的鼓励扶持养老服务业的政策措施,推动养老服务行业制定行业规范，尽快健全养老服务行业体系。有的出席人员建议，针对养老产业投资大、回报周期长、设施设备陈旧老化快等特点，研究通过财政补贴等举措，扶持民营养老机构已有设施设备进行维修更新。有的出席人员提出，应制订智能化养老行动计划，引入互联网和大数据技术，建立包含老年人基本状况、服务需求、养老服务资源等信息在内的养老服务体系数据库，建设连接老人亲属、邻居和医疗卫生、文体教育、心理咨询、志愿服务等社会组织以及餐饮、家政、旅游、法律、中介服务等经营机构的网络服务平台，建设呼叫定位、生理指标监测和家居安全监控等服务系统。有的出席人员建议，加快健全养老服务标准体系，研究制订养老领域服务模式标准、服务设施建设、服务组织机构资质要求、服务质量规范、服务绩效考核、服务人员标准等多项内容，优先制订和实施老年人服务需求评估、服务质量满意度测评、服务质量等级评定、服务安全管理等标准，完善服务评估机制，为生活照料、精神慰藉、文娱健身、医疗保健、法律咨询等多种养老服务项目提供服务规范。

有些出席人员提出，应积极支持和帮助老年人参与社会发展，实现老有所教、老有所为、老有所乐。有些出席人员认为，老年人分不同年龄段有不同需求，特别是60岁到74岁年龄段的老年人健康状况相对较好，对参与社会发展的积极性较高。应进一步完善和细化老年人工作的思路，研究不同地域、年龄阶段老年人的物质、精神等方面需求，有针对性地支持老年人参与社会发展。有的出席人员提出，应鼓励老年人为老年人服务，特别是对年纪相对较轻的老年人，可以吸收为社区志愿者，为行动不便的居家老年人提供帮扶工作。有的出席人员提出，加强老年协会等组织建设，鼓励老年人自我管理、自我教育、自我服务。

有些出席人员提出，当前老龄工作投入不足、资源偏少等问题突出，特别是越到基层政府资金压力越大，应尽快建立老龄事业资金投入和稳定增长机制，进一步拓宽投资渠道，提高资金使用效益。有的出席人员提出，政府对老龄事业的财政投入应重点抓两头，一头是普惠性的社区养老服务建设，包括社区医院建设、社区养老服务人员补贴等；一头是福利院、护理院建设，有效解决孤寡老人、失能半失能老人集中养老医疗护理问题，避免政府投入碎片化、撒"胡椒面"。有的出席人员建议,根据全国和各地经济水平、财政能力、人口年龄结构及养老金支出需求等因素,健全城乡居民基本养老保险基础养老金最低标准和城乡居民基本养老保险基础养老金增长机制。

有些出席人员认为,养老服务队伍的规模和质量远不能适应养老事业发展,应下大力气加快培养养老服务人才。有些出席人员建议,中央和地方财政应加大对老年护理人员培养的支持力度,推动专业培训机构和优质养老机构开展护理人员培训,逐步提高养老服务队伍的专业化水平。同时进一步规范从业人员管理,建立养老服务人员资格认证、职称评定体系,坚持持证上岗制度,逐步提高养老服务从业人员待遇,稳定和扩大养老服务队伍。

有些出席人员认为,全国人大常委会会议听取审议研究处理执法检查报告及审议意见情况的反馈报告,是十二届全国人大常委会在完善监督工作方式方法上的创新,是人大监督制度的新发展,值得认真总结经验,今后对一些涉及面广、影响深远的重要法律和工作,都可以采取这种方式持续开展监督,不断增强人大监督实效。

会前,为配合本次会议听取和审议国务院的反馈报告,全国人大内务司法委员会开展了专题调研,在广泛听取各方面意见和建议、深入研究讨论的基础上,形成了专题调研报告并印发会议。出席人员普遍认为,全国人大内司委的调研报告内容丰富、客观真实,所提建议务实中肯、专业性强,希望有关部门认真研究处理。

(一)我国人口老龄化和老年群体的基本情况

我国是世界上老年人口最多的国家。中华人民共和国成立以后,特别是改革开放以来,随着我国社会、经济的快速发展,人民生活水平的显著提高,医疗卫生条件的明显改善,我国人口死亡率迅速下降,人口平均寿命由中华人民共和国成立初期的40岁提高到2010年的74.83岁。20世纪70年代以来,我国卓有成效地推行了计划生育政策,人口出生率迅速下降,老年人口比重快速上升。目前,我国60岁以上老年人口达到1.77亿,占总人口的13.26%;65岁以上人口超过1.18亿,占总人口的8.87%以上。按照国际通行标准,我国人口年龄结构已经开始进入老年型。在今后较长时期内，我国60岁以上人口还将继续以年均约3.2%的较快速度增长。

我国人口老龄化呈现以下特点：一是老年人口基数大。60岁以上老年人口是世界老年人口总量的1/5，是亚洲老年人口的1/2。二是老年人口增长速度快。从1980到1999年，在不到20年的时间里，我国人口年龄结构就基本完成了从成年型向老年型的转变，而英国完成这一过程大约用了80年，瑞典用了40年。三是高龄化趋势明显。近年来，我国80岁以上高龄老人以年均约4.7%的速度增长，明显快于60岁以上老年人口的增长速度。目前，80岁以上老年人口达1300万，约占老年总人口的9.7%。四是地区老龄化程度差异较大。上海的人口年龄结构早在1979年就进入了老年型，而青海、宁夏等西部省（区）预计要到2010年左右才进入，相差约30年。五是人口老龄化与社会经济发展水平不相适应。欧美一些发达国家在进入老年型社会时，人均国内生产总值一般在5000~10000美元，而我国目前尚不足1000美元，是典型的"未富先老"国家。

人口老龄化是我国社会主义制度优越性的体现和社会文明进步的重要标志，但同时也给我国社会经济发展带来一系列深刻影响。一是人口老龄化加大了老年抚养比，政府用于离退休职工养老金和福利费的财政支出增加。1982年到2000年的18年间，离休、退休、退职费增长了37.4倍。二是随着老年人口高龄化和家庭小型化的发展，老年人的医疗和护理问题日益突出，迫切要求社区提供良好的照料服务。三是老年群体对精神文化生活的需求日益多样化，参与社会发展的热情不断提高，需要政府有关部门和全社会积极为他们创造条件和机会。四是人口老龄化对经济增长、储蓄、投资、消费、产业结构、劳动力市场的调整等产生较大影响，需要认真应对。五是在市场经济条件下，老年贫困风险增加，代际关系出现了许多新情况和新问题，应予重视并妥善研究解决。总之，老龄问题已经成为一个不容忽视的重大社会问题。

我国老年人亲历了中华人民共和国成立、建设和改革的过程并做出了重要贡献，对党和国家怀有深厚感情，在党的领导和教育下形成了无私奉献、艰苦奋斗、顾全大局的优良传统。大部分老年人已经退出社会工作和劳动领域。切实保障老年人的合法权益，让他们度过幸福、美满、安祥、健康的晚年，共享我国经济社会发展的成果，是一项长期而艰巨的任务。

（二）在保障老年人权益方面所做的主要工作和存在的问题

党和政府历来关心老年人的生活，重视保障老年人的合法权益。特别是改革开放以来，党中央、全国人大和国务院采取一系列有力措施加大老龄工作和老年人权益保障的力度。1996年，全国人大常委会颁布了《中华人民共和国老年人权益保障法》。1999年，国务院批准成立了全国老龄工作委员会，确定中组部、中宣部、民政部、劳动保障部、财政部等25个有关部门为成员单位。自全国老龄委成立至今，已先后五次召开全体会议研究部署老龄工作。2000年，中共中央、国务院下发了《关于加强老龄工作的决定》，国务院召开了全国老龄工作会议。2001年，国务院印发了《中国老龄事业发展"十五"计划纲要》。2002年，明确了"党政主导，社会参与，全民关怀"的老龄工作方针。十六届三中全会通过的《中共中央关于完善社会主义市场经济体制若干问题的决定》明确要求"重视人口老龄化趋势等因素对社会供求的影响"。这些重大措施，有力地推动了老年人权益保障工作。在党中央的重视和关怀下，在全国人大和地方各级人大的指导监督下，在社会各界的大力支持和广大老年人的积极参与下，各级政府、各有关部门认真学习宣传、积极贯彻执行《中华人民共和国老年人权益保障法》，老年维权工作取得了明显成效。

第一，高度重视涉老法规政策建设，初步形成维护老年人合法权益的法规政策体系。近年来，我国制定出台了一系列有关保障老年人权益的法规政策。国务院颁布了《关于建立统一的企业职工基本养老保险制度的决定》《关于建立城镇职工基本医疗保险制度的决定》《城市居民最低生活保障条例》《关于加快实现社会福利社会化的意见》等行政法规和政策。各涉老职能部门先后颁布了《关于加快养老金社会化发放的通知》《赡养协议公证细则》《关于加强老年卫生工作的意见》《老年人建筑设计规范》《老年人社会福利机构基本规范》《社会福利机构管理暂行办法》《关于加强老年文化工作的意见》《关于做好老年教育工作的通知》《关于对老年服务机构有关税收政策问题的通知》等一批规章和政策性文件。2003年2月，全国老龄委办公室、司法部、公安部联合下发了《关于加强维护老年人合法权益工作的意见》。此外，有29个省（自治区、直辖市）出台了《老年人权益保障条例》或《〈老年人权益保障法〉实施办法》等地方性法规。这些法规政策，已初步形成了涵盖老年人养老、医疗、文化生活和司法保护等多方面内容的老年法规政策体系，为发展老龄事业、推动老年维权工作奠定了较好的法规政策基础。

第二，加大养老保障力度，较好地保证了老年人的基本生活。

一是大力推进城镇企业职工基本养老保险制度的实施。到2003年6月底，全国参加基本养老保险的离退休人数达3714万人。劳动保障、财政等部门采取加强基本养老保障基金征收、加大财政投入、中央财政对中西部地区和老工业基地实行专项转移支付等措施，保障离退休人员基本养老金的按时足额发放。2003年，中央财政已下达专项转移支付资金454亿元。

2003年以来，全国参保企业离退休人员基本养老金实现了按时足额发放。到2003年6月底，在基本实现养老金社会化发放的基础上，已有1752万名企业退休人员实行了社会化管理服务，社会化管理服务率达到52%。各地建立了离休干部的离休费保障机制、医药费保障机制和财政支持机制，2001年，各级财政共安排16亿元补发了拖欠的离休费和医药费。

二是在城市普遍实行最低生活保障制度，符合条件的老年人全部纳入了低保范围。

三是促进了农村养老保障体系建设。许多农村地区实行了家庭赡养协议制度，浙江等省还推出了《子女对父母最低生活供养标准》，规范和强化了家庭养老。农村集体经济组织普遍对"三无"老人实行了"五保"供养制度，保障了"五保"老人的基本生活。一些有条件的农村划拨部分未承包的土地、山林、水面或滩涂等作为养老基地，收益用于补贴老年人养老。

四是各地对城乡贫困老年人实施了多种形式的救助措施。山西等省县以上人民政府设立了特困老年人救助基金，用于救助农村贫困老年人。四川省实施"安居工程"，投入7亿元资金，解决了10万农村老年人的住房问题。山东省部分农村和青海省牧区许多地方政府积极实行开发式扶贫，采取支持老年人开展庭院养殖和为老年人家庭购买周转母畜群等办法实现脱贫致富。

第三，加强医疗保障和卫生保健服务，改善了老年人的医疗卫生条件。城镇基本医疗保险制度对退休人员在参保缴费、个人账户计入金额和报销比例等方面给予了照顾，近2/3的城市老年人参加了基本医疗保险。江苏、宁夏等省（自治区）出台了破产、改制等困难企业退休人员参加基本医疗保险的意见，建立了大额医疗费用补助制度，减轻了老年人特别是困难企业老年人的医药费负担。上海市开展了退休职工住院补充医疗互助保障计划，已有45.8万名退休职工享受到互助保障待遇。部分农村启动了以大病统筹为主的新型合作医疗制度，中央和地方财政给予了必要支持，为解决广大老年农民的医疗问题提供了制度和资金保障。全国各地根据经济条件按月为百岁以上老年人发放50~300元不等的长寿营养保健补贴。上海、广东、江苏、浙江等省份的一些地区建立了老年人医疗救助制度。老年卫生保健服务得到加强。卫生部成立了老年卫生工作领导小组，推动开展了高血压、糖尿病等老年人常见疾病的调查研究和防治工作，实施了白内障复明计划。各地医院普遍为老年人就医提供优先服务，许多地区建立了老年病医院或在综合医院中开设老年病专科。一些社区开设了老年保健站，建立了家庭病床，为老年人提供了方便、及时的医疗保健服务。

第四，调动各方面力量，以基层为重点推动老年设施与服务较快发展。各级政府在加大投入、加强示范性老年设施建设的基础上，采取出台优惠政策等办法，充分动员社会力量，推动了老年设施的较快发展。目前，全国共有老年福利机构5.1万个，总床位104.2万张，收养81.7万名城乡孤寡或家庭无力照顾的老年人。民政部从2001年开始实施建设社区老年福利服务设施"星光计划"，全国投入福利彩票公益金近40亿元，已建成"星光老年之家"2万多个，就近为老年人提供了养老、照料服务和文化生活场所。共青团中央和全国老龄办共同开展了为老志愿服务的"金晖行动"，全国为老服务志愿者达330多万人，建立社区为老服务站1万多个，"一助一"结对服务超过100万对。各地工会组织常年开展为退休职工服务活动，仅北京市就活跃着2万余支"贴心人服务队"，为退休职工提供各种服务达1000多万人（次）。上海、吉林等省（市）妇联充分发挥妇女的作用，积极开展"居家养老服务"和"巾帼社区服务"工程。基层老年人协会等老年群众组织在自我管理、自我服务方面发挥了重要作用。

第五，制定和出台老年人优待政策，推动老年人共享社会发展成果。按照《中华人民共和国老年人权益保障法》的要求，各地普遍在地方性老年法规中规定了对老年人实行优待优惠的内容，且有16个省（自治区、直辖市）制定了专门的《老年人优待办法》，对老年人乘坐车船、进入文化、娱乐场所等提供多方面、多项目的优待优惠，受到广大老年人和社会的赞誉。山东、湖北等省及时制定出台了农村税费改革新形势下减轻老年人税费负担的优待规定。财政部门提高了抚恤补助标准，老年优抚对象的生活、居住和医疗条件不断得到改善。

第六，创造条件发展老年教育文化体育事业，丰富老年群体的精神文化生活。在各级政府及文化、离退休管理等有关部门的重视支持下，全国老年大学、老年学校已发展到1.93万所，在校学员达181万人，累计毕业人数200多万人。通过继续学习，老年人增长了知识技能，增进了身心健康。2002年，全国老龄办等部门成功地举办了全国老年文艺调演和大型老年合唱节等活动。这些示范性老年文化活动起到了良好的社会导向作用。各地文化、老龄等部门和有关单位组织开展了丰富多彩、形式多样的群众性老年文化体育活动。全国有各类老年报刊70多家，月发行量近千万份。中央和省级广播电台、电视台都开办了老年节目或老年栏目，每天收听收看老年节目的人数超过2亿。各地从体育彩票收入中抽出大量资金，积极为老年人建设文体活动场所，添置器械和用具。坚持经常性体育健身活动的老年人达5000多万人。科学、文明、健康的生活方式逐步在老年人中普及。

第七，重视老年人的社会价值，保障其参与社会发展的权利。各地根据社会需要和自愿量力的原则，鼓励老年人继续参与社会发展。部分老年人经常从事社会公益事业。关心下一代工作委员会、老科技工作者协会、老教授协会、老年人协会等老年组织，在教育青少年、普及科技、发展教育、维护社会稳定等方面发挥了重要作用。2003年，全国老龄委发起组织老年知识分子援助西部大开发的

"银龄行动",试点工作已在上海、辽宁、新疆、青海、甘肃等省(自治区、直辖市)展开,社会反映良好。

第八,加强司法保护和法律服务工作,保障老年人的诉讼权利。各级司法行政部门制定和督促落实律师、公证机构为老年人提供法律援助和法律服务的有关规定。2002年,全国基层法律服务机构为老年人代理诉讼法律事务近10万件,非诉讼法律事务30多万件,提供法律援助2万多件。多数省(自治区、直辖市)和部分地级市成立了老年法律援助中心、老年法律事务所,有的开设了老年法律服务热线,方便了老年人的维权活动。公安部门特别是基层公安干警在保护老年人人身和财产权益方面发挥了重要作用。基层人民调解组织、老年群众组织做了大量调解和服务工作,2002年调解各类涉老纠纷40多万件。

第九,加强法制宣传和道德教育工作,提高全社会敬老养老助老意识和维护老年人权益的意识。近年来,各地政府、各有关部门和新闻媒体采取多种形式,广泛深入地进行老年法规政策宣传和敬老主题教育。许多地方党政领导高度重视,带头学法讲法,利用春节、重阳节和10月1日"国际老人节"走访慰问老年人,用实际行动普法和进行敬老道德教育。各地普遍开展了创建五好文明家庭、评比表彰敬老好儿女、敬老好儿媳等活动,有的地方开展了小学生"红领巾为老送温暖"、中学生"青春辉映夕阳红"成人预备期志愿服务活动,积极营造敬老养老助老的社会氛围。山东、河南、浙江等省的一些地方开展了老年人住正房、老年人被褥展、给好儿媳娘家送锦旗等活动,福建、江苏等省进行了敬老模范村(居)、乡镇的创建活动,收到了良好的社会效果。全国老龄工作机构自1982年成立以来,先后三次举行"敬老好儿女金榜奖""重视老龄工作功勋奖"大型评选表彰,扩大了社会影响。新闻媒体积极宣传先进典型,曝光严重侵权行为,教育了群众。各地重视向老年人宣传普及老年法规政策,增强了老年人自我保护的意识和能力。近期调查表明,接近90%的城乡老年人对目前的生活状况表示满意或基本满意,这是广大老年人对老龄工作和老年人权益保障所取得成绩的充分肯定。

但是,受经济、社会条件的制约和认识水平的影响,老年人权益保障还存在许多问题和薄弱环节，突出表现在六个方面。一是城镇部分老年人的养老和医疗保障不落实。主要是一些未参加养老保险社会统筹的困难集体企业的退休人员退休金不能保证发放，未参加基本医疗保险的亏损、关闭、破产、转制企业和困难集体企业的退休人员基本医疗无法保障。二是农村老年人生活保障制度不健全。家庭养老功能明显弱化，绝大部分老年人未享受社会养老和医疗保障。三是老年贫困问题比较突出，贫困老年人在整个贫困人口中占的比例较高。四是老年人的社会照料与服务明显滞后，不适应市场经济、人口老龄化和老年空巢家庭迅速增多的情况。五是歧视老年人，侵犯老年人人身、财产、住房和婚姻等合法权益的现象时有发生。六是少数地方和部门对老年人权益保障重视不够，工作缺乏力度。个别省份及一些地（市）、县（市）的老龄工作机构很不健全，有将近12%的地（市）和35%的县（市）至今尚未建立老龄工作机构。有的虽有机构，但仍存在编制过少甚至没有编制、经费严重不足、办公条件差等问题，难以承担综合协调和有力促进保障老年人权益工作的任务。

（三）今后一个时期的工作思路和安排

加强老年人权益保障工作是各级政府义不容辞的责任，也是全社会应当关心的大事。当前和今后一定时期老年人权益保障工作的指导思想是：以邓小平理论和"三个代表"重要思想为指针，认真贯彻落实党的"十六大"精神，积极适应全面建设小康社会的要求，切实保障老年人经济、文化等基本权益，重点解决生活、医疗、照料等突出问题，推动老年人共享社会物质文明和精神文明的发展成果，促进老年人权益保障事业与社会经济协调发展。按照党中央、国务院的部署，我们将集中精力，重点做好以下工作。

第一，坚持党政主导、社会参与、全民关怀的老龄工作方针，做好老年人权益保障工作。

一是切实加强领导，推动地方各级政府及有关部门把老年人权益保障工作摆上重要议事日程。按照加强社会发展的思路，把发展老龄事业、保障老年人权益、改善老年人生活纳入全面建设小康社会的总体安排，纳入建设社会保障体系、全民健身和医疗卫生体系、国民教育和社会服务体系等各项社会事业的发展规划，纳入社会经济中长期发展规划和年度计划。抓住我国加快城镇化发展进程、解决"三农"问题等机遇，加大力度提高农村地区老年人的生活水平，推动老年维权工作与社会经济协调发展。认真研究新形势下老年维权工作的新情况、新特点，及时解决老年人权益保障中的重大问题，大胆实践，开拓创新，促进形成全面保障老年人合法权益的制度和机制。

二是进一步推动维护老年人权益的立法工作，建立健全社会主义市场经济条件下保障老年人合法权益的法规政策体系。加快社会保障方面法律法规的立法进度，积极研究制定老年设施建设和为老服务的优惠政策，探索和逐步推进农村养老、医疗、贫困救助等方面的立法工作。

三是加大经费投入。根据国民经济发展水平和老年人口规模，从实际需要和可能出发，增加对老龄事业的经费投入。将老龄机构经费列入各级财政预算，保障正常工作需要。同时，要调动社会各方面的积极性，建立多元化的老龄事业投入机制。

四是大力发展老年福利服务。鼓励和引导社会力量加大对老龄事业和老龄产业的投入，重视老年用品的研发和生产，加快老年设施建设，为老年人提供各种服务。

五是进一步理顺和加强老龄工作机构。尤其是加强县（市）及基层老龄工作机构建设，健全机构，配好干部。在城乡基层社区普遍建立老年人协会，充分发挥各类老年组织在维护老年人权益方面的积极作用。

第二，建立健全老年维权工作体系，推动形成综合治理、齐抓共管的社会化大维权格局。

各级政府和有关部门要充分发挥职能作用，加强对老年维权工作的指导和监督，积极为老年人办好事、办实事。动员社会团体、基层自治组织、老年群众组织等社会力量，积极宣传老年法规政策，调解涉老纠纷，及时帮助老年人解决遇到的困难和问题。调动老年人自我维权的积极性。充分发挥全国老龄委在老年维权工作中统筹规划、综合协调和指导监督的作用。老龄委办公室承担老年人权益保障的具体组织协调工作，对保障老年人权益中的重大问题及时会商有关部门解决，构建老年维权工作的协调联动机制，推动形成党政主导、各职能部门齐抓共管、社会广泛参与的大维权格局。

第三，采取措施，扎实工作，确保老年人权益落到实处。

一是进一步落实好城镇老年人基本生活和基本医疗保障。继续完善城镇企业职工基本养老保险制度，加强养老保险征缴扩面工作，重点研究解决农垦和未参保企业退休人员养老保障问题，全力落实基本养老金的按时足额发放。建立离退休人员养老金的正常增长机制。进一步扩大医疗保险制度的覆盖面，加快建立多层次的医疗保障体系，保障老年人的基本医疗需求。积极研究、妥善解决经营困难企业以及转制、破产企业退休人员参加医疗保险的资金来源问题。

二是重视做好农村老年人的生活保障工作。继续发挥家庭养老功能，加强对赡养人的法制宣传和道德教育，促进其切实履行赡养义务。各地政府和社会组织采取资金或实物补贴、安排子女就业、适当减免税费或劳务负担等措施，以多种方式给予有老年人的家庭以扶持。重视研究和探索解决农村人口老龄化、青壮年人口大量向城镇迁移过程中老年人的养老和照料问题。各地政府积极扶持敬老院等养老机构扩大收养规模，改善设施和服务条件，提供各种支持，吸引有子女但照料困难的老年人入住。发挥、支持老年人协会在倡导和组织低龄健康老年人帮助照顾高龄、患病、有困难老年人方面的积极作用。在有条件的地方探索建立农村养老保险制度，积极发展多种形式的集体福利制度。加快推进农村新型合作医疗制度，逐步解决老年人就医困难问题。

三是加大力度改善贫困老年人的生活。探索建立适应社会主义市场经济和农村税费改革后新的经济条件下的"五保"供养机制。加强老年人生活、医疗和住房等配套救助措施。积极开展捐钱捐物、结对助养、老年人自助互助和志愿服务等多种形式的社会救助活动。特别注意解决女性贫困老年人的问题。逐步建立起政府救济和社会救助相结合，多层次、多元化、多项目的贫困老年人救助体系。

四是大力发展老年照料服务事业。完善"老龄设施标准规范"，积极发展不同所有制形式、不同档次、不同功能的老年设施，满足各类不同情况老年人的需求。加快推进企业退休人员社会化管理服务工作。大力发展老年社区服务，加快建设形成适应城乡不同特点、设施配套、功能齐全、服务形式多样、管理规范的老年社区服务体系。提高老年福利机构从业人员专业化水平。继续推进"志愿者为老服务金晖行动"。继续开展农村老年白内障复明专项医疗服务活动。

五是加强老年人优待工作。继续推动各地制定出台和完善老年人优待政策，随着社会经济的发展不断扩大优待范围，提高优待水平。积极研究制订税费改革新形势下农村老年人的优待办法。

六是组织老年人开展多种形式、丰富多彩的文化体育活动，推动老年人参与社会发展。继续将老年人体育纳入全民健身工程。加大对老年文化教育的投入，建立覆盖城乡、适应不同老年群体需求的老年教育网络。继续推进"老年知识分子智力援助西部行动"项目。

第四，以基层为重点加强老年人的司法保护和法律服务、法律援助工作。

司法部门要严格依照有关法律法规，加强对老年人的司法保护。重点加强基层老年维权工作力度。人民法院在办理涉老案件时，应当及时立案，公正审理。充分发挥基层人民调解组织在调解涉老纠纷、防止矛盾激化、维护社会和家庭稳定中的作用。加强基层老年法律服务和法律援助工作。在有条件的社区和老年人集中的地方设立老年人法律服务站点，为行动不便的老年人提供上门服务。对老年人的法律援助申请简化程序，适当放宽标准。加强行政执法、法律援助、法律服务工作队伍建设。逐步推进基层"老年人维权示范岗"工作。

第五，深化宣传教育工作，大力营造维护老年人权益的良好社会环境。

将宣传普及老年人权益保障法和有关涉老法律法规作为一项长期的任务，纳入规划。充分发挥有关组织和新闻媒体的作用，采取多种形式，开展经常、广泛、深入的宣传教育活动。把法制教育和敬老道德教育结合起来，推动形成与社会主义市场经济相适应、与社会主义法律规范相协调、与中华民族传统美德相承接的社会主义爱老敬老思想道德观。加强对农村特别是边远地区的宣传教育工作，提高基层干部和老年人家庭成员的法制意识和道德水平，转变"女儿不养老""隔代不养老"等传统习俗和观念。加强对青少年的思想和道德教育，积极推动全国老龄、中宣部、教育部、团中央和全国妇联在广大青少年中联合开展的

"敬老爱老助老主题教育活动",增强青少年敬老、爱老、助老的社会责任感。

老年群体是社会的重要组成部分。加强老年人权益保障工作,是各级政府和有关部门的共同责任,是一项长期、艰巨和复杂的任务。坚定不移地贯彻"党政主导、社会参与、全民关怀"的老龄工作方针,加大工作力度,落实各项措施,切实保障老年人合法权益,为保证广大老年人度过幸福、美满、安祥、健康的晚年,促进社会主义现代化建设、经济社会协调发展做出应有的贡献。

第二节 中国老年人社会福利政策及其存在的问题

一、浅论老年人权益保障中存在的主要问题及对策

根据《中华人民共和国老年人权益保障法》第二章的规定,老年人是指60周岁以上的公民。联合国教科文组织明确规定,一个国家老年人占总人口10%以上的,这个国家就进入老化。据此,我国已进入老龄化国家。

(1)老年人权益被忽视和被重视的过程。尊老爱幼、勤俭持家、邻里和睦、家庭团结是中华民族的优良传统。中华人民共和国成立后,百废待兴,为调整旧社会遗留下来的封建等级色彩较浓的婚姻家庭关系,国家的第一部法就是《中华人民共和国婚姻法》,该法明确规定要对妇女、儿童的合法权益进行保护,考虑到当时老龄化问题并不突出,故未将老年人的权益保护列入婚姻法。"文化大革命"的10年,一些地区、一些个人在所谓"破四旧,立四新"的口号下,抡起了践踏老人合法权益的拳头,致使一些老年人的子女以及其他依法负有赡养义务的人没有尽或没有较好地尽赡养老人的义务,还有一些赡养人不明白什么叫赡养义务,什么叫从经济上供养、生活上照料、精神上慰籍,照顾老人的特殊需要。

1978年年底,党中央召开了十一届三中全会,邓小平同志第一次提出,把党和国家的工作重心转移到经济建设上来,并在修改宪法时第一次将禁止虐待老

人写进宪法。

1980年在第一次修改婚姻法时，将保护老人的合法权益写进了婚姻法。自此，老年人的合法权益才真正引起国家、社会、法律的高度重视。

（2）老年人权益保障中存在的主要问题。老年人是国家的财富、社会的财富，他们含辛茹苦地为国家、社会、子女奋斗了几十年，步入老龄后还在发挥着余热，他们的合法权益虽然得到保护和重视，绝大多数赡养人对老年人尽到了赡养的义务，但不尽赡养义务，侵犯老年人合法权益的现象还时有发生，在有些地方和有些家庭还相当严重。其表现在：

1）赡养人赡养意识缺乏。赡养人是指老年人的子女以及其他依法负有赡养义务的人。通常情况下，赡养人是老年人的子女。婚姻法第二十八条规定，有负担能力的孙子女、外孙子女对于子女已经死亡或子女无力赡养的祖父母、外祖母有赡养的义务。这从两个层面明确了赡养人：即通常情况下是子女，特殊情况下是孙子女、外孙子女。老年人权益保障法第十一条规定：赡养老人是指对老年人经济上供养、生活上照料、精神上慰籍，照料老年人的特殊需要。但是，有些赡养人没有认识到老年人的自身局限性，不去生活上照料，不在精神上慰籍，甚至不予经济上供养，使这些老年人感到孤独、心灰意冷、缺乏生活的信心。

2）老年人受遗弃严重。由于历史的原因，很多老年人年轻时未能读书或读书很少，无固定工作，老来没有养老金；有些老人子女多，住房紧张，以至于子女婚后仍和子女住在一起，在父母子女之间、翁婿之间、婆媳之间为生活琐事发生矛盾后，有些很难缓解，往往导致矛盾激化，此时的老年人本身处于劣势，在家中受气是常有的事，个别老人受不了这份"气"选择离家"出走"，被赡养人遗弃在外。

3）老年再婚受到强烈干涉。老年人权益保障法第三十条规定：子女应当尊重父母的婚姻权利，不得干涉父母再婚。子女对父母的赡养义务，不因父母的婚姻关系变化而终止。可是现在社会上仍有两股不正常的势力：一是外在势力，如某位老人结婚了，遭到的多是非议，有的说这么一把年纪还结婚"干什么"，有的干脆说其没出息还找个老太；二是内在势力，即子女们的阻拦和干涉。致使很多老人裹足不前，甚至是结了婚也痛苦连篇，中央电视台"今日说法"节目曾经专门播送子女干涉父母婚姻的节目，否定了子女的错误做法。河南鲁山县土楼王村早年离婚的袁书荣与同村已丧偶的景锡良再婚，袁的四个子女除横家阻拦外，还经常上门吵骂，认为袁的行为是伤风败俗的行为，并拒绝履行对袁的赡养义务，双方一度对峙，水火不容。袁在忍无可忍的情况下，将四个子女告上法庭，2001年7月18日，鲁山县法院到当地开庭并当庭宣判，四个子女供给其母每月65元赡养费。

4）老年人财产经常受到侵犯。我们的老人都是以一颗慈善的心来对待子女的，对子女的生活、婚姻、住房无不予以操持和关心，甚至是自己不吃要给子女吃，自己不住要让子女住。有些子女产生错误的想法，认为父母的钱就是自己的钱，父母的房子就是自己的房子，以至于自己不劳作向父母要钱，与父母在一起坐吃山空，有的要求父母把已购的所有房权过户给自己，还说父母死后继承时不交遗产税，致使一些父母尚健在时已两手空空，自己住的房子却是"子女的房子"。更有甚者，有的子女还强行叫父母分家产。

5）老年人权益受侵犯得不到有效制止。我国已进行三个五年计划的普法，目前正在进行第四个五年计划的普法，国家虽然高度重视普法工作，但发展不平衡，相当一部分人仍未能认识到什么叫老年人权益，应该从哪些方面保障，法律有什么规定，甚至有些组织以及老龄工作的人员也知之甚少，向社会宣传维权、组织老年人维权还仅在起步阶段。有些家庭成员侵犯了老年人权益还认为这是"家务事"，外人无权干涉。

（3）老年人权益保障的主要对策。老年人权益工作是关系到千家万户人心的工作，是社会的一项重要基础工作，它关系道德风尚、社会稳定、经济发展、法律实施，做好这项工作迫在眉睫，十分重要。为此，我提一些粗浅的见解，以供参考。

应对措施：

1）发展社会保障。老年人权益保障的重点是依靠社会力量来进行。一是要强化宣传，要对老年人权益保障法和婚姻法中关于老年人权益保障的规定进行广泛深入的宣传，使有关组织和家庭了解老年人权益保障的法律规定，尤其是让老年人自己了解这些规定；二是要在现有的条件下，发展社区文化生活和社区医疗，发展敬老事业，切实做到老有所乐、老有所医；三是大力宏扬社会正气，对老年事业成效显著的基层组织要大张旗鼓地予以表彰，对尊老敬老做得好的家庭要予以褒奖。对遗弃、虐待老人的当事人要积极取证、追究根源，动用民事、行政、刑事等各种法律手段，发挥各部门的职能作用，制裁相关的违规违法人员。

2）倡导道德保障。老年人权益保障的基础是运用道德手段来进行。道德是关于善与恶、正义与非正义、公正与偏私、荣誉与耻辱等观念以及这些理念相适应的由社会舆论、传统习惯和内心信念来保证实施的行为规范的总和。保障老年人的权益，要靠道德的力量，让人民普遍地尽义务，讲义务不争权利，讲奉献不求索取。现在有一些不尊老敬老的人，常常怨恨自己的父母，责怪自己的父母"没本事"，以致造成没有劳保、家境穷、房子少，怨不得儿女对他们不孝，他们自辞其咎，这严重违背了社会主义道德的要求。对此，应结合《公民道德建设实施纲要》的学习和宣传，以"爱祖国、爱人民、爱劳动、爱科学、爱社会主义"为基本要求，以社会公德、职业道德、家庭美德、个人品德为着力点，广泛开展公民道德的实践活动，使"不孝之子"们在实践参与中思想感情得到熏陶、精神生活得到充实、道德境界得到升华。

3）严格法律保障。老年人权益保障的核心是采取法律措施来进行。一是要落实好《老年人权益保障法》和新《婚姻法》，对不尽赡养义务的要依法强制赡养人履行义务，让他们真正做到从经济上供养、生活上照料、精神上慰藉，实现老有所养，让老人颐养晚年；二是依法保护老年人的再婚权利，对干涉阻拦老年人婚姻的除进行劝导教育外，对违反治安管理规定的、对构成犯罪的要依法追究治安和刑事责任；三是有计划地在老年人中进行法制宣传教育，除让他们认真学习《老年人权益保障法》和《婚姻法》外，还要对他们进行《继承法》《民法通则》《合同法》的宣传教育，使他们依法来保护自己的再婚权、被赡养权、物权、赠予权以及其他民事权利，在无憾中享受晚年。

4）加强自我保障。自己的权益掌握在自己的手中，要依靠自己的力量去实现。一是要克服"家丑不可外扬"的陈旧思想,对子女、孙子女、外孙子女不尽赡养义务的情形,要行使《婚姻法》第二十八条赋予的权利,敢于诉诸法律来保护;二是对子女遗弃、干涉婚姻自由的行为多做疏导工作,并可随时请求基层组织和单位进行调解,对工作无法做通的子女,要反映或提起诉讼,运用法律手段来维护自己的权益;三是慎重对待自己的财产,不要轻易将自己的财产赠予子女,尤其对住房这样的大宗财产的赠予更应慎重,要善待自己的财产,一旦决定财产给哪位子女,可采取遗嘱的办法,可进行公证,完善自有财产处分的合法性。随着经济的发展、法制的健全、社会的进步,老人的权益将会得到各界的重视,通过政府、社会、基层的共同努力,老年人的权益将会得到应有的重视和保护。老人们:莫道桑榆晚,为霞尚满天。

二、试析老年人权益保障的若干问题

目前,人口老龄化已经成为我国一个不容忽视的重大社会问题。老年人社会保障制度不够完善,老年设施、产品、服务短缺,老龄事业总体上仍滞后于人口老龄化的要求和社会经济的发展,侵犯老年人合法权益的现象时有发生。本书针对当前老年人权益保障的现实状况,提出了加强老年人权益保障的若干应对措施。

所谓老年人权益,是指老年人依照国家法律法规所享有的各种权利和利益的总称,它包括老年人与其他年龄群体共同享有的政治、经济、文化等方面的权利和利益,也包括老年人作为社会弱势群体所享有的特殊的权利和利益。当我们在研究老年人权益的时候,必须以科学发展观所倡导的"以人为本""协调发展"的基本理念为出发点,来透视我国现行的《老年人权益保障法》(以下简称《老年法》)。《老年法》作为我国老年人权益保障的基本法,填补了我国法律体系中老年权益保护领域的立法空白,为我国老年人权益保障提供了基本依据。《老年法》颁布十余年来,在依法保障老年人权益方面发挥了积极的作用。但随着我国人口日益老龄化,家庭养老压力逐步增大,养老问题正由家庭问题转变为重大的社会问题，现行《老年法》的很多内容已经不适应社会发展的需要。笔者从事老龄工作二十多年，深刻认识到我国人口老龄化问题的严重性，迫切需要我们重新审视《老年法》，采取更加有效的措施，切实保护老年人的合法权益。

(一) 未富先老，我国人口老龄化问题严重

我国在人口增速减缓的同时，人口老龄化问题日益严峻。2005年人口抽样调查的数据显示，我国60岁以上老年人口在总人口中的比重已经达到12.93%。老年人口在总人口中的比重不断增加，无疑会对中国经济的持续增长带来消极影响。从目前来看，我国人口老龄化已呈现出如下显著特点。一是"二高"。一方面，老龄化以前所未有的高速度增长，从成年型变为老年型，同样的过程欧美发达国家经历了几十年甚至100多年，而中国仅用了18年时间；另一方面，高龄老人越来越多。据统计，2007年65岁以上老年人口高达1.04亿。二是"二大"。一方面，老龄人口基数大，占亚洲老年人数的一半，相当于日本人口数；另一方面，地区差异大，经济发达地区与老小边远地区相比，老龄人口数量、养老观念等方面存在明显差异。

(二) 老年人权益保障中存在的主要问题

老年人是过去的劳动者，曾经为国家建设、社会进步做出巨大的贡献。他们的大半辈子，既有功劳，也有苦劳，理应得到全社会的尊重和爱护。然而，由于人们的法律意识淡薄，侵害老年人合法权益的现象十分普遍，这已经成为我国社会发展的不安定因素。司法实践中，在老年人权益保障方面存在以下问题。

(1) 立法保护方面。一是立法不够完善，不够配套。法律体系是一项系统工程，各部门之间应互相联系、互相制约。目前，在老年人的权益保障方面，除了一部《老年法》外，关于老年人的生活、医疗、福利等诸多方面都还缺乏配套有效的法律规定。《老年法》同其他相关法律之间还存在着不协调之处。如《计划生育法》明确规定：一对夫妻生育一个子女（特殊情况例外）。在大多数情况下，一对夫妻要侍奉四位老人，其负担之重，不言而喻。而《老年法》又规定：养老以家庭为主。这意味着仍然是以一个子女养老为主。显然，这两部法律没有进行有效的协调和对接，各行其是。二是不够具体，操作性差。《老年法》是在

1996年出台的。由于出台的时间仓促,理论准备不足,许多规定比较原则、笼统,缺少可操作性。如该法中有许多口号式的空泛用语,如"国家鼓励""提倡""发展"等诸如此类的措辞。时至今日,全国大部分地区还未制定《老年法》实施细则,使执法机关在实际工作中难以有效地实施,这对老年人权益的保护非常不利。

(2)文化传统方面。尊老敬老是中华民族的传统美德,但近年来,随着经济的快速发展,传统的道德观念受到冲击,侵犯老年人权益的现象还比较突出。一是老年人受歧视、受虐待、遗弃现象屡有发生。由于历史的原因,很多老年人年轻时未能读书或读书很少,无固定工作,老来没有养老金,在家庭中没有地位,受到歧视。二是出于封建观念的影响及经济原因的考虑,有的子女侵占老年人的住房,有的子女粗暴干涉老年人的婚姻生活,严重侵犯了老年人的婚姻自由权。

(3)社会保障方面。当前的养老保障制度和医疗保障制度还处在全面改革中,尚没有完全建立起来,老年社会福利项目、福利设施欠缺;由于国家和社会资金投入不够,造成数量不足,设施不全,收费偏高,跟不上社会需求;老年社会救济的范围偏窄,对无赡养人、无劳动能力、无生活来源的老年人提供的资金或实物有限,难以达到最低限度的生活标准。

(4)执法保障方面。由于立法上的缺陷,导致执法机关在司法实践中无法有效地保障老年人合法权益。首先,一些政府机关不能很好地履行其应尽的职责,如有的地方不按时按量发放养老金,使老年人生活受到影响;对暴力干涉婚姻自由、歧视、虐待、遗弃老年人的行为,由于许多执法机关简单地认为是家庭矛盾,不是自己的职责范围而不愿管,致使老年人的合法权益受到损害。其次,现行法律对执法机关的违法失职行为无具体的惩治规定,使得执法机关抱着"清官难断家务事"的错误观念,使老年人的权益得不到有效保障。

(三)完善我国老年人权益保障的应对措施

党中央对老年人的权益已经做出比较全面、比较科学的规定,即老有所养、老有所医,老有所教,老有所学,老有所为,老有所乐。笔者认为,这六项权益是一个不可分割的有机整体。要保证这六项权益的全面实施,是一项极其复杂的任务。加强和完善老年人权益的法律保护，我们必须正确面对当前存在的问题，积极探索建立新型老年人权益保障机制。

1. 尽快修订《老年法》

目前，我们国家正准备修订《老年法》。修改《老年法》之前，应做好充分的理论准备和深入细致的调查研究。通过修订，力求达到以下定位：《老年法》是我国法律体系中根据宪法设立的一部独立的部门法；达到法定年龄的老年人是该法独有的权利主体；保障老年人权益实现的义务主体是国家、社会；老年人权益保障及社会参与应当具体化；同相关部门法相互衔接、相互配套等。

2. 借鉴外国养老立法经验，建立并完善老年人权益保障法律体系

据报道，美国颁布实施了《社会保障法》《医疗保障法》《美国老人法》《禁止歧视老年人法》等法律，有效保护了老年人的权益。但是，外国养老立法也有教训。一些老牌发达国家在发展社会养老过程中过分突出了社会福利，使政府背上了沉重的财政包袱，随着人口老龄化程度的加深，引发了社会保障危机。因此，老年人权益保护法的内容应与国家经济发展水平相适应。我们应该借鉴外国养老立法的成功经验，探讨制定适合我国国情的《养老保险法》《社会救济法》《老年保健法》等法律，逐步形成以《宪法》为统帅，《老年法》为主体，以其他相关法律为补充的老年人权益保障法律体系。

3. 加强《老年法》的普及和研究工作

政府应加大宣传、普及《老年法》工作的力度。各级领导要以身作则，带头学习贯彻《老年法》；对青少年要从小进行道德和法制教育，在全社会形成尊老敬老的良好氛围；政府有计划地在老年人中开展法制宣传教育，不断增强老年人维护自身合法权益的主体意识，让他们拿起法律武器，依法维护自己的民事权利；为了更好地宣传、普及《老年法》，应该把老年法学作为一门独立的学科予以研究，建议在一些高等院校开设老年法学课程，培养一批急缺的老年法学专业人才，以适应我国的老年法学研究工作。

4. 建立健全老年人社会保障和社会福利制度

随着人口老龄化浪潮的迅速到来，如何构筑一个与社会主义市场经济体制相

适应，满足全社会保障需求的社会服务体系，是保护老年人权益实现的一个重要内容。国家应当采取有效措施，逐步建立国家、社会、家庭和个人相结合的养老保障机制，确保老年人的基本生活和基本医疗需要。在城镇，要建立起以基本养老保险、基本医疗保险、商业保险、社会救济、社会福利和社会互助为主要内容的比较完善的养老保障体系；在农村，要坚持以家庭养老为主，进一步完善社会救济和以保吃、保穿、保住、保医、保葬为内容的"五保"供养制度。

5. 建立健全老年维权工作体系和网络，加强老年维权工作

为加强老年维权工作，建议国务院设立一个具有行政职能的老年法执法协调机构，赋予该机构指导全国老年工作、发展老年事业的职责（建议全国老龄工作委员会承担此职能）。人民法院对涉老案件应实行优先立案、优先审理、优先执行；对特困老年人起诉案件实行诉讼费缓、减、免的优惠待遇，政府优先对其实施法律援助；在基层法院设立老年法庭，在审理涉老案件时吸收老龄委工作人员为人民陪审员，以维护老年人利益。老年人的权益问题主要反映在社区、基层，通过老龄管理服务机构、社区老年人协会及社区居委会，主动帮助调解纠纷，化解矛盾，共创和谐社会。

6. 加强老年人专项服务设施建设

我国各地都建有少年宫、儿童医院等教育服务设施。相比之下，作为老年人这一特殊群体，在专项服务设施建设方面亟待加强。随着老龄化人口越来越多，各地都需要建立并完善诸如老年人活动中心、老年病专科医院，老年公寓等专门为老年人服务的设施；国家应加大力度，积极推进以居家养老服务为基础、社区服务为依托、机构养老为补充的养老服务体系建设，采取多种途径筹集资金兴办老年人福利设施，鼓励有条件的单位或个人集资兴办老年人文化服务设施；进一步完善老年人优待制度，以保障老年人这一弱势群体的特殊需要。

7. 保护老年人合法权益是全社会的共同责任

老年人是社会的重要组成部分，依法维护老年人的合法权益，满足老年人日益增长的物质文化需要，让老年人共享经济建设和社会发展成果，是我们党和国家全心全意为人民服务的根本宗旨的体现，也是新形势下，落实科学发展观重要

思想的体现。因此，人口老龄化问题应引起我们足够的重视。各级国家机关、社会团体、企业事业组织、基层群众性组织应各负其责，相互配合，相互协助，齐抓共管，共同保障老年人的合法权益。

第三节　老年人社会福利机构的建设

在全面推进依法治国的背景下，我国老年人权益保障法的实施机制在守法、执法和司法等方面有待进一步完善，应当加强公民守法意识培养，加强执法监督，提高司法效率和权威，充分发挥人民调解作用。

党的十八届四中全会《决定》强调，"法律的生命力在于实施，法律的权威也在于实施"。全面推进依法治国，重点就在于保证法律得到有效的实施。我国老年人权益保障法颁布于1996年8月，并于2012年12月修订，该法的制定和实施对弘扬中华民族敬老、养老、助老的美德，增强全社会的责任意识，有效地保障老年人合法权益具有重要的理论和实践意义。在全面推进依法治国背景下，我国老年人权益保障法实施机制在守法、执法和司法等方面有待进一步完善。

一、我国老年人权益保障法实施机制的特点

法律实施是指通过一定的方式使法律规范的要求和规定在社会生活中得到贯彻和实现的活动，一般包括守法、执法和司法等活动。我国老年人权益保障法规定的老年人权益包括家庭赡养与扶养权、精神慰藉权、婚姻自由权、财产所有权等。我国老年人权益保障法的实施机制包括公民守法、行政机关和有关部门的执法以及司法机关司法活动等方面，其特点体现为以下几个方面。

1. 倡导全社会优待老人

《中华人民共和国老年人权益保障法》第五条第三款规定："倡导全社会优待老年人。"该法还明确规定，保障老年人合法权益是全社会的共同责任。全社会

应当广泛开展敬老、养老、助老宣传教育活动，树立尊重、关心、帮助老年人的社会风尚。

近年来，我国已逐步建立起多层次的社会保障体系，逐步提高对老年人的保障水平。对于社会养老服务体系的建设，我国倡导建立和完善以居家为基础、社区为依托、机构为支撑的社会养老服务体系。在我国，老年人权益保障法规定县级以上人民政府负责老龄工作的机构，负责组织、协调、指导、督促有关部门做好老年人权益保障工作，并要求国家机关、社会团体、企业事业单位和其他组织应当按照各自职责，做好老年人权益保障工作。同时，老年人权益保障法规定，基层群众性自治组织和依法设立的老年人组织应当反映老年人的要求，维护老年人合法权益，为老年人服务。

2. 涉老执法部门体系庞大

《中华人民共和国老年人权益保障法》第八章以十一条内容的篇幅，规定了违反老年人权益保障法的"法律责任"，明确规定了"有关单位"和"有关主管部门"的责任。

我国老年人权益保障法明确规定，老年人合法权益受到侵害的，被侵害人或者其代理人有权要求有关部门处理，不履行保护老年人合法权益职责的部门或者组织，其上级主管部门应当给予批评教育，责令改正。对于家庭成员干涉老年人婚姻自由的，或者对老年人负有赡养义务、扶养义务而拒绝赡养、扶养的，虐待老年人或者对老年人实施家庭暴力的，由有关单位给予批评教育，构成违反治安管理行为的，由公安机关依法给予治安管理处罚。对于家庭成员盗窃、诈骗、抢夺、侵占、勒索、故意损毁老年人财物的，或者侮辱、诽谤老年人的，构成违反治安管理行为的，由公安机关依法给予治安管理处罚。对于养老机构负有管理和监督职责的部门及其工作人员不按规定履行优待老年人义务的，由有关主管部门责令改正；涉及老年人的工程不符合国家规定的标准、管理人未尽到维护和管理职责的，由有关主管部门责令改正，并对有关单位、个人依法给予行政处罚。

从上述相关规定来看，老年人权益保障执法主体涉及地方各级人民政府和有关部门、基层群众性自治组织等，执法部门庞杂且任务繁重。概言之，"有关单位"和"有关主管部门"既包括公安机关、妇女联合会等群团组织、基层群众性自治组织，也包括国家工作人员所在单位或者上级机关、医疗保障和最低生活保障等社会保障机构主管部门、养老机构有关主管部门、履行优待老年人义务的单位的主管部门、涉及老年人工程的所有人、管理人的有关主管部门等。实践中，前述"有关单位"和"有关主管部门"的执法任务庞杂而繁重。

3. 司法救济是老年维权的重要途径

根据《中华人民共和国老年人权益保障法》的规定，侵害老年人合法权益情形严重的，其当事人应当承担相应的民事法律责任和刑事法律责任。老年人合法权益受到侵害的，被侵害人或者其代理人有权要求有关部门处理，或者依法向人民法院提起诉讼。

我国老年人权益保障法明确规定，国家工作人员违法失职，致使老年人合法权益受到损害构成犯罪的，依法追究刑事责任。一是老年人与家庭成员因赡养、扶养或者住房、财产等发生纠纷，可以直接向人民法院提起诉讼。二是干涉老年人婚姻自由，对老年人负有赡养义务、扶养义务而拒绝赡养、扶养，虐待老年人或者对老年人实施家庭暴力构成犯罪的，依法追究刑事责任。三是家庭成员盗窃、诈骗、抢夺、侵占、勒索、故意损毁老年人财物构成犯罪的，依法追究刑事责任。四是侮辱、诽谤老年人构成犯罪的，依法追究刑事责任。五是养老机构及其工作人员侵害老年人人身和财产权益构成犯罪的，依法追究刑事责任；对养老机构负有管理和监督职责的部门及其工作人员滥用职权、玩忽职守、徇私舞弊构成犯罪的，依法追究刑事责任。六是涉老工程不符合国家规定的标准构成犯罪的，依法追究刑事责任。

实践中，我国各地基层人民法院在处理涉及老年人合法权益纠纷案件中，采取了多种举措，司法救济是保障老年人合法权益的重要途径。

4. 适用人民调解解决家庭纠纷

人民调解作为我国特有的纠纷化解方式，以其便民性、主动性、亲和性和情理法共融性，把大量的矛盾纠纷化解在萌芽状态，大大减少了信访工作量、诉讼工作量和可能发生的违法犯罪，在维护社会和谐稳定中发挥着独特的作用。

为方便促进家庭成员和睦相处，我国老年人权益保障法规定，在家庭生活中，老年人与家庭成员间因赡养和扶养或者住房、财产等权益发生纠纷的，可以申请当地人民调解委员会或者其他有关组织进行调解，人民调解委员会或者其他有关组织，应当通过说服教育等方式化解家庭矛盾和纠纷，对有过错的家庭成员给予批评教育，以便有效地维护老年人合法权益。

二、我国老年人权益保障法实施现状评析

1. 全社会对老年人权益保障关注不足

我国《老年人权益保障法》明确规定，"保障老年人合法权益是全社会的共同责任"。但实践中，我国社会各界、各阶层以及全体公民，对老年人权益保障的关注还存在不足。一是法律宣传不够深入，对我国社会人口老龄化问题的认识不足，对老年人群体的关心和重视程度不够，"尊老"远不及"爱幼"的程度，许多老年人晚年的精神生活比较贫乏。二是为老服务工作发展不十分平衡，老龄问题还没有引起全社会的普遍关注，个别地方老年人维权机构不作为。三是为老服务设施尚不够完备，对老年群体的整体公共服务水平有待进一步提高。四是社会上许多人包括一些家庭成员，对维护老年人合法权益认识不足，造成社会上不尊重老人和侵犯老年人合法权益的现象时有发生。五是农村留守老年人的权益保障问题突出，许多农村留守老年人不仅得不到子女赡养，甚至还要一边干农活，一边为外出打工子女看护孩子，老无所依。

2. 涉老执法部门庞杂监督难

如前所述，作为老年人权益保障执法主体的"有关单位"和"有关主管部门"，既包括公安机关、妇女联合会等群团组织、基层群众性自治组织，也包括国家工作人员所在单位或者上级机关、医疗保障和最低生活保障等社会保障机构主管部门、养老机构有关主管部门、履行优待老年人义务的单位的主管部门等，队伍庞大、体系庞杂，因而执法监督难度大，工作量也相当大。

3. 司法救济是老年人维权有效途径

随着我国社会老龄化进程的加快，涉及老年人的权益保护问题也日益突出，除传统的赡养纠纷外，再婚、继承、房产纠纷、损害赔偿等涉老案件也不断出现，各地基层人民法院在审理涉老案件中倾力维护老年人的合法权益，取得了良好的法律效果和社会效果。

实践中，我国各地基层人民法院普遍开展了多种多样的活动，采取各种措施保障老年人依法维护其各项权益。如重庆市江津区人民法院，在该区人民法院及各人民法庭立案大厅免费提供诉讼指南、举证须知等资料；在醒目位置张贴针对老年人及行动有障碍人员的诉讼引导电话，以便在需要时全程陪同其立案；对行动有障碍、交通不方便的老年人，可以电话预约、法官上门立案；对无固定经济来源和无力支付案件诉讼费的老年人实行司法救助，符合缓、减、免交诉讼费的，及时办理，让有合理诉求又无经济能力的老年人打官司无后顾之忧，最大程度地为老年人"排忧解难"。如山东省曲阜市人民法院，注重庭后跟踪服务，及时进行案件回访，了解当事人履行义务情况，督促和确保调解或判决结果的切实履行，同时提醒与老年人分开居住的赡养义务人，要"常回家看看"，满足老年人精神需求，真正做到案结事了人和。如安徽省铜陵市人民法院设立了"保护老年人权益合议庭"，这是该县人民法院切实维护老年人合法权益推出的新举措。

4. 人民调解制度发挥着积极作用

人民调解制度是我国法制建设中一项独特的制度，是指在依法设立的人民调解委员会的主持下，在双方当事人自愿的基础上，以法律、法规和社会公德为依据，对民间纠纷当事人进行说服教育，耐心疏导，促使纠纷各方互谅互让，平等协商，自愿达成协议，消除纷争的一种群众自治活动。

加强人民调解与司法程序的衔接，2004年，最高人民法院颁布《关于人民法院民事调解工作若干问题的规定》，创设了委托调解制度。2007年，最高人民法院发布《关于进一步发挥诉讼调解在构建社会主义和谐社会中积极作用的若干意见》，强调建立和完善引入社会力量进行调解的工作机制。上述文件为创立人民调解与司法程序的衔接，给人民调解制度注入新的活力。目前许多基层法院建立了诉前委托调解机制，人民调解组织在人民法院设立"人民调解窗口"，负责诉前调解，调解工作的受理范围包括恋爱、婚姻纠纷、赡养、扶养、继承、财产权益等涉及婚姻家庭方面的纠纷等。

三、完善我国老年人权益保障法实施机制的对策

中南大学法学院院长陈云良曾指出，法律得不到有效实施成为当前最大的社会问题。而正是因为法律得不到有效实施，执法不严，司法不公，全社会普遍不遵守法律，致使法律的权威性锐减。在全面推进依法治国的背景下，老年人权益保障法作为我国社会主义法律规范体系组成部分，应当进一步完善其实施机制。

1. 弘扬中国传统孝道文化

习近平总书记在主持中共中央政治局就培育和弘扬社会主义核心价值观、弘扬中华传统美德进行第十三次集体学习时强调，把培育和弘扬社会主义核心价值观作为凝魂聚气、强基固本的基础工程，继承和发扬中华优秀传统文化和传统美德，广泛开展社会主义核心价值观宣传教育，积极引导人们讲道德、遵道德、守道德，追求高尚的道德理想，不断夯实中国特色社会主义的思想道德基础。

所谓孝道文化，就是关于关爱父母长辈、尊老敬老的一种文化传统。中华民族孝道文化是中华文化的精髓，代表着中华民族独特的精神标志，在培育和践行社会主义核心价值观的过程中，孝道文化的传承非常重要。大力宣传、弘扬中华民族孝道文化，掀起全社会敬老、爱老、养老、重孝、行孝的优良风气，是中华儿女义不容辞的责任。

我国宪法、法律不仅将赡养父母规定为子女的义务，而且在国家公共福利事业中，不断发展壮大社会主义敬老事业，为老服务的社会保障体系也在不断完善。弘扬中华民族传统孝道文化，构建社会主义和谐社会，具有重要的现实意义。

2. 培养公民自觉守法的意识

博登海默指出："我们完全有理由认为，如果人们不得不着重依赖政府强力

作为实施法律的手段，那么这只是表明该法律制度机能的失效，而不是对其有效性和实效的肯定。"可见，法律的实施还要依靠自觉。换言之，要加大力度普及法律知识，树立法律信仰。从根本上来说，就是要培养公民良好的守法意识。

公民自觉守法是法律实施机制中的重要环节，老年人权益保障法的实施也有赖于公民的自觉守法。华东政法大学副校长林燕萍教授指出，法律实施水平很大程度上与人们的法律意识有关。如果法律没有真正深入到人们的日常生活中，也很难由此衍生出对法律与公平正义抽象意义的真正理解。如果老百姓碰到问题，首先想到的是找熟人、找关系、走后门、甚至上访，不相信法律能保护自己的权益，法律也就难以实施了。

据民政部网站消息，截至2014年年底，我国60岁以上老年人口已经达到2.12亿，占总人口的15.5%。当前和今后一个时期，我国人口老龄化发展将呈现出老年人口增长快，规模大；高龄、失能老人增长快，社会负担重；农村老龄问题突出；老年人家庭空巢化、独居化加速等特点。因而，我国应当大力开展人口老龄化国情教育，增强全社会应对人口老龄化意识；要大力加强法治宣传教育，提高全体公民对老年人权益保障法的关注和认识，使老年人合法权益得到有效的保障。

3. 加强对涉老执法行为的监督

老年人权益保障法规定的执法部门，涉及众多"有关单位"和"有关主管部门"，与司法救济相比，虽然具有某些优点，如无须诉讼费用，成本较低；没有严密的程序，时间较快等，但是确实存在诸多缺陷，如投诉不便、缺乏严密的程序规则、效力不高等。在我国行政部门中，除公安机关外，只有劳动部门对某些事项的处理规定了程序规则。而其他行政机关和基层群众性自治组织则没有受理和解决投诉的程序规则，权益受侵害的老年人去哪里投诉、以什么形式投诉、处理的期限、处理结果的告知方式及效力等都是不明确的，这无疑会增加受侵害老年人维权的难度。因而，政府及有关部门应当对涉及老年人维权的执法行为加强监察与督促，提高执法效能。

4. 进一步提高司法救济效率

目前，我国各地基层人民法院均开通了老年人维权绿色通道，通过电话立案、预约立案、上门立案，让行动不便的老年人能打得动官司；对无固定经济来源和无力支付案件诉讼费的老年人实行司法救助，符合缓交、减交或免交诉讼费的，及时办理，让有合理诉求又无经济能力的老年人能打得起官司。同时许多基层人民法院还加大巡回审判力度，凡涉及老年人的案件，要求下乡就地开庭、调解，以减轻当事人诉累，促使双方调解息诉，并结合乡俗民情，耐心地从法律和道德层面进行教育，促使子女依法履行义务，达到案结事了的效果。

在全面推进依法治国的背景下，为加强对老年人合法权益的保障，建议我国各地基层人民法院进一步提高司法效率，快立、快审、快结涉及老年人权益保障的案件，使老年人合法权益得到及时、有效的保护。

5. 充分发挥人民调解优势

人民调解制度的优点在于符合我国国情、民情，能够更好地达到纠纷解决效果。人民调解作为诉讼外解决矛盾纠纷的制度，符合我国"以和为贵""冤家宜解不宜结"的文化理念，有着深层次的文化底蕴，容易被广大群众接受。同时，人民调解有利于"双赢"及维系当事人之间良好关系。尤其是家庭成员之间的矛盾纠纷，在调解员的主持下，找到兼顾纠纷当事人权益的方案，能够最大限度地减少当事人感情上的对立，有利于当事人恢复和谐关系。此外，人民调解制度极大地节约了社会成本，可以有效克服诉讼周期长、程序烦琐、花费较大、执行难等弊端，使有限资源得到充分高效的利用，很好地缓解人民法院的办案压力，同时可以达到家庭成员之间和睦相处的最终目的。

综上所述，法的作用及其社会效应是通过法律实施取得的，法律的尊严、权威及作用的发挥是在实施过程中和取得有效的结果上体现出来的，再好的法律得不到贯彻实行，也只是一纸空文。因此，为实现我国老年人权益保障法的立法宗旨，有必要进一步完善我国老年人权益保障法实施机制，让老年人实现老有所养、老有所医、老有所为、老有所学、老有所乐。

第四节　中外老年福利机构和政策对比与反思

一、美国老年人的福利待遇

美国国会早在1965年就通过了《美国老人法》，旨在明确和保护美国老年人的权益，使老年人在生活、健康、自由和尊严等方面得到尊重。另外，这部法律也规定美国各州有责任和义务为老年人优待服务。几十年来，随着客观情况的不断发展变化，这部法律又经过了十多次的修订，使其更加完善。这在日常生活中，人们也可以看到美国老年人享有的福利待遇。

在医疗保健方面，本人持有绿卡或子女已经入籍的65岁及以上人士，即可享受免费医疗的待遇，包括生病就医、体检和打预防针等。符合一定条件（单身年收入低于1.5万美元，夫妻低于2万美元），还可申请福利药费补助卡。持卡者购买处方药只付5美元，其他药费由发卡单位支付。65岁以上人士看牙不在免费医疗待遇当中，但是持有福利药费补助卡，看牙享受15%的优惠。众所周知，在美国看病就医，一般没有医疗保险是承受不起的。因此，外籍老人若到美国定居，如果符合条件，一定要让子女帮助申请"白卡"。所谓"白卡"，其实是美国政府给符合条件的低收入或者无收入的公民和永久居民等提供的免费医疗保险卡，正式名称是Medicaid卡。享受"白卡"福利的，既有美国本土低收入或者无收入的美国人，也有包括华人在内的各国移民。据统计，仅美国加州就有大约200万"白卡"持有者，享受免费医疗。从来没有在美国工作过且没有资产的"银发族"，一样有资格申请"白卡"，其先决条件是，申请人必须持有美国绿卡，是美国"永久居民"。申请"白卡"的程序很简单，只要按照各州政府网站的相关要求，如实申报就可以了。从提出申请到获得批准、收到"白卡"通常只需要两三个月时间。"白卡"上面除了有持卡人姓名、出生日期、性别和编号信息外,还有与持卡人一起选定的附近家庭医生姓名和电话,预约门诊很方便。去"白卡"上指定的医生那里看病通常是免费的,看急诊和住院也是基本免费,需要自费的只是一小部分,彻底为"老漂华人"在美国看病解除了后顾之忧。

在住房方面,美国一些州还规定,符合年龄条件的老年人可以以低租金租用或享受政府补助购买老年公寓。这种专门为低收入和无收入老人准备的养老公寓,每套面积50平方米左右,包括厨房、卫生间、冰箱、炉灶、烤箱和壁柜壁厨,水电煤气冷暖空调和报警系统齐全,还会安排老年公寓的人们集体乘车逛超市,一般每月房租800美元左右。没有固定收入的每月只要交25美元左右,剩下由联邦政府补贴。有收入者交收入的30%,所以低收入与无收入老年人入住最合适。入住申请手续很简单,只要年满62岁,美国公民与绿卡持有者,能够自理均可申请,一般两三个月即可获得批准。这不仅是由于一般美国老人都有自己的房子和车子,他们会尽量地自己独立生活,不到万不得已不去老年公寓;还可能由于老年公寓对于许多美国老人来说就是一个最后的居所,所以心理的感觉可能不好。前几年,大多数"漂美老华"对这种老年公寓也不喜欢,这不但是由于他们的"中国胃"享受不了这里洋菜洋饭洋汤,更由于大多数"漂美老华"无法用英文与其他房客交流,时间久了会产生孤独感,对健康也不利。不过,这种情况近几年已经有所改善,美国一些地方开始出现"多文化老年公寓",非营利组织和政府也开始关注移民老人的精神需求。随着近些年"老漂华人"的大幅增多,不少地方也在兴建和经营华人老人公寓,在这里不但可以享受中国饭菜,还可以在一起聊聊天、打打麻将,因而受到不少"漂美老华"的喜爱。

在日常消费方面,美国符合条件的老年人可以享受水电、燃气等公共设施费用的打折优惠。比如,有的地方规定,年满65岁的老年人在一定的收入状况下,可享受最多18美元的电费折扣,还可以免去排水管道服务费等。不少百货商场、食品超市、二手商品连锁店、汽车维修连锁店等,每周都有对老年人的折扣日,具体是星期几,不同地点的连锁店各自有不同的规定。一些游轮、铁路和航空公司也为老年人提供价格优待的票价打折,不少饭店、理发店、电影院、健身俱乐部也对老年人实行价格优惠。最让那些爱旅游的老年人称道的是,年满

62岁的老年人，仅花费10美元就可以购得一个终生通票，在全美2000多处景点和国家公园，以及一些露营地、游泳馆享受免费或打折优惠。如果网上订购，只不过需另交10美元处理费。此外，美国很多大学都为年满60岁人士提供继续教育课程，而且收费很低，甚至免费。比如犹他大学允许年满62岁人士参加很多正规的大学课程，进行旁听或非学分学习，每学期仅支付25美元。俄亥俄州规定，各个大学只要座位允许，年满60岁人士可以免费听课。

值得一提的是，在日常消费方面对老年人的优待有不少项目是不要绿卡的，也就是说没有绿卡的"漂美老华"也是可以享受到这些福利的。

二、美国老年福利和社会为老服务

2003年11月7日至20日，以全国老龄办副主任、中国老龄协会副会长白桦为团长，由教育部孙成华、司法部李明、民政部寇宝文、蔡卫义、河南省民政厅朱昆明及全国老龄办程勇、肖才伟组成的考察团，赴美国旧金山、纽约、华盛顿、洛杉矶，就美国的社会为老服务进行了考察。代表团先后拜会了联邦政府老龄署内华达州办事处主任，与旧金山市政府老年与成年人服务局有关人员举行了座谈交流，走访了美国退休人员联盟，参观了洛杉矶华裔老年人协会、华埠老人服务中心、格兰老人公寓、喜瑞都老人服务中心等养老机构。

（一）美国老龄化的基本情况

美国是一个拥有2.8亿多人口的发达国家，65岁以上老年人口为3500万，占总人口的12.4%。美国老年人绝大多数在自己的家中生活，有970万独居老人，约占老年人的30%。75岁以上的老年妇女有50%是独居。有201万老年人住在养老院，约占老年人口的5.7%。2000年，美国老年人口的人均收入男性为19168美元，女性为10899美元。约340万老年人口生活在贫困线以下，占老年人口总数的10%。有220万老年人接近贫困线。由于人口老龄化程度加剧，高龄老人增多，用于老年人的各种福利费用将会有增无减。目前，美国联邦政府预算中12亿美元用于老年人的开支。

1. 老年福利服务政策法规健全

20世纪30年代初的美国经济危机，促使美国认识到，只有建立社会保障制度，使人民感到生活上有一定保障，才能使社会稳定。1935年，联邦政府颁布《社会保障法》，重点就是老年社会保障。至此，养老问题纳入了法制化，实行强制性的养老保障制度。就业者在能劳动并获得收入时以税收的形式向政府交纳社会保障税。工作到年满65岁退休后领取养老金。养老金制度是一项基本的老人政策。凡在美国工作缴纳达到120个月的社会福利安全税，并且每季收入至少保持540美元，65岁时即可开始领取退休金。养老金制度曾多次修订和补充，发展到今天的"老年、遗属、伤残与健康保险（OASDHl）"。这一保险项目是强制性的，雇主和雇员各交雇员工资的7.02%（1985年）作为社会保障税。为保护老年人的生活免受通货膨胀的影响，1974年，政府通过《补充保障收入法案》，规定保险费的支付按物价变动自行调整。还规定当65岁以上的贫困老人月收入和财产达不到一定的水平时（一般每人每月平均700美元左右。洛杉矶2003年贫困线为778美元/月），就可以申请"补充保障收入"的援助，使他们能够维持基本的生活水平。在老年人医疗方面，美国国会于1966年7月通过了《医疗照顾保险法案》，老年人看病住院基本免费，对于无资格领取社会保险的贫困者，根据"医疗补助"项目，由联邦政府出资，协助各州给这些需要帮助的贫困者救济性的医疗补助，为低收入的老年人、残疾者和他们的家属提供医疗补助费用。

由于美国老年人口的不断增加和贫困等问题，1965年，国会通过了《老人法》，并要经修正补充，相继出台了《老人志愿工作方案》《老年人营养方案》《多目标老人中心方案》《老年人社区服务就业法》《老年人个人健康教育与培训方案》。除了以上直接影响老年人生活的社会福利和立法外，还有一些非专为老年人而设，但是与老年人生活有密切关系的社会福利项目，如《食品券法案》《住房补助》。从总体上看，美国经过半个世纪，已经建立起对老年人的安全网，使他们无论在收入、健康、服务、居住、就业、学习等方面都有所保障。

2. 社会为老服务周到细致

美国是一个法制国家，社会为老服务都是以立法的形式确立起来的。《美国老人法》和其他老年法律法规以为全体老年人提供服务为目标，建立、规范和完善社会为老服务体系。主要有以下六个方面内容。

（1）支持性服务。资助社区为老年人看病、购物、参加老年活动中心的活动提供交通；为老年人提供整理、打扫房间服务，支持入户服务和建立托老所。

（2）营养服务。为老年人提供营养午餐，可以集体就餐，也可送餐到家。

（3）预防性健康服务。通过为住在社区的老年人提供教育和信息服务，使老年人参加活动、锻炼。改善膳食和营养结构，定期检查身体，采用科学的生活方式。

（4）全国支持家庭照料者项目。帮助为配偶、老年亲戚和朋友提供照料的人。具体内容有：帮助照料者获得有关政策信息；提供咨询，培训；提供服务人员临时替代照料者；提供其他补充性服务；帮助须照料19岁以下孙子女的老年人。

（5）保护老年人权益。主要是防止老年人受到虐待。

（6）为土著民族的老年人提供服务。

此外，旧金山老年人与成年服务局还有一项服务，就是为那些没有遗嘱、身边没有亲属的老人，处理遗产和债务，安排葬礼等料理后事服务。在洛杉矶，我们与老年人座谈时，老人们认为，在社会保障上所有实施的各类项目中，实行得最为成功的还是老年人方面的项目。老人对政府和社会提供的服务是满意的。

3. 政府鼓励社会力量参与发展老年福利事业

美国由于人口老龄化发展，高龄老人增加，以及现代化的过程中，家庭对老年人照顾作用不断弱化等原因，住养老院的人数逐年增加。1966年，美国老年人住养老院的有75万人，只占老年人总数的2.5%；1985年，住养老院的人数150万，占老年人总数的5%；2000年达到201万，占老年人总数的5.7%。预计2040年将再增加一倍，其中高龄老人、妇女和未婚者将占绝大多数。老年人对养老机构的需求很大，政府采取措施鼓励社会力量兴办养老机构，其管理和服务的形式主要有：一是个人或团体投资，由政府雇人管理提供服务；二是由政府和个人、团体共同投资，由个人或团体管理提供服务；三是完全由政府投资，个人或团体管理。无论哪一种形式的机构，政府均提供资金、技术帮助和给予政策优惠，如免征地税、营业税等。这些养老机构都要接受政府的考核、监督。对盈利的养老机构，政府利用价格杠杆控制它的利润水平不超过15%。目前，美国建设有不同性质、不同服务项目的养老机构2万多家。其中有养老院、老年公寓、护理院、老年服务中心、托老所等。由此形成一个覆盖面大、内容丰富的养老服务体系，使每一个有需要的老年人都能够在不同的机构中找到合适的服务和帮助。

4. 美国有健全的老龄工作机构

1965年，国会通过的《老人法》主要内容之一是在联邦政府内设立联邦老龄署，专门负责全国的老龄事务。其职责是：保证老年人在老年期拥有尊严；使老人在把握自己的生活中有足够的选择；使老人在自己的社区保持积极性和独立性；负责计划、管理和监督对老年人的社会服务，有效地执行老人法的有关规定。该机构向地方政府拨款资助社区计划与服务项目，开展有关科研、从事示范性项目以及老龄领域的培训工作。1973年，《老人法》的修正案中又规定，各州要成立州和地方行政组织即地方老龄局。目前全美各地相继成立了地方老龄机构，形成了自上而下的工作网络。该网络包括：联邦老龄署、56个州级老龄局、655个地方老龄局（办）、243个土著或原始部落老龄组织以及29000个经注册认可的老龄服务机构。此外，还有数千名志愿人员。

我们访问的旧金山老年人与成年服务局有160个工作人员，每年预算3000万美元。管理着12个非营利机构，50个提供营养餐的服务中心，4个痴呆老人养护中心，并且联系474家企业为老年人提供服务。

5. 几点启示

（1）社会养老保障立法已经迫在眉睫。从国际经验看，在人口老龄化高峰到来的前20年至30年，必须建立适当的社会养老制度，进行充分制度准备和资金储备，才能应对人口老龄化浪潮给经济发展和社会稳定带来的巨大冲击。美国20世纪30年代就颁布了以养老保障制度为主均《社会保障法》。我国至今没有这样一个法律，城市养老保障制度虽然建立，但覆盖面窄、水平低，仍需要不断完善。尤其是农村养老保障制度缺位。建立社会养老保障制度越早,其成本就越低。目前离我国老龄化高峰期的到来已经不足20年,这意味着我国已经进入了建立社会养老保障制度的预警期,留给我们准备的时间已经不多了,建立、改革和完善我国社会养老保障制度已经迫在眉睫。

(2)建立科学、完善的政策法规体系。美国老年福利和为老服务政策是在20世纪70—80年代逐步建立和完善起来的。该体系涉及老年人方方面面,内容周详具体,可操作性非常强。近年来,我国虽然加强了对老年人权益的保护,重视社会为老服务工作,出台了《老年人权益保障法》,颁布了《中国老龄事业发展"十五"计划纲要》等一系列政策法规。但是,总体上看,老年福利政策法规还不完善,没有形成体系。已有的政策法规比较原则,可操作性差,如对拒绝缴纳养老保险金的单位和个人如何处理,没有明确的法律规定;养老保险法、赡养法没有提到立法议事日程;在老年福利服务支持政策上,缺少按比例增长的财政投入,中央财政预算没有老龄事业专项经费户头,致使社区为老服务业发展缓慢,农村老龄工作薄弱。老年农民的养老、医疗问题比较突出;一些涉及老年人权益的政策法规也不够明确和完善,致使一些侵害老年人权益的行为、案件由于缺乏法律依据而得不到及时处理等。

因此,要借鉴美国的经验,努力构建养老社会保障政策体系,完善和建立养老金筹集发放,养老保险,老年医疗保险,老年福利,老年生活救助,老年参观、游览、交通、旅游、就医、补助优待等政策,用政策和制度保证老年人的政治、经济、文化、社会、生活等基本权益。出台老龄产业政策,大力扶持老龄产业发展,满足老年人各方面的需求。

(3)确立以老年人为本的社会福利服务理念。在对美国老年福利服务的考察中,我们感到以人为本的思想渗透到了老年社会福利服务的方方面面,对老年人的服务有:医疗照顾、营养午餐、交通免费。送饭到家、电话咨询、家庭帮工、到家服务的各种修理工作、陪同游览、医疗护理。白天照顾生活、友谊访问、病危收容、健康与治疗咨询、不能自理病人的服务,以及精神病患者看护等。我们国家有些老年福利服务,比较原则化,落实不到位,缺乏法制规范,而且随意性比较大。

（4）建立健全老龄工作机构和服务网络。建立健全老龄工作机构和基层社会化的为老服务网络，是做好老龄工作的保证。目前，我国县、乡（街道）两级老龄工作机构有待进一步加强和完善。基层为老服务十分薄弱，要采取社会福利社会化和产业化两个轮子一起转的方针，形成政府主导、企业单位、社会组织和机构以及志愿者相结合的社会化为老服务网络。当前，我国老年福利服务面临良好的发展机遇。我们要自觉树立全面、协调、可持续的发展观，贯彻"老年人为本"的思想，重视老年人的基本需求和个性化需求，使老年人在有保障、有尊严、有安全的社会条件下生活，不断提高生活质量。

（二）美国房地产业发展背景

1. 基本概况

全国面积为936.3123万平方公里，居世界第4位，土地资源丰富，产业齐全，为典型的大陆经济体。

2. 人口与文化概况

现有人口2.7亿，居第3位。美国为移民国家，新移民的住宅需求量和购买力强。民族成分多元化，其中白人占80%以上，黑人约占12%。人口分布平均每平方公里只有25人，西部人口密度1平方公里不足2人。文化多元化，崇尚自由、独立、冒险、追求实际、看重能力和才华。

3. 城市化与人口迁移

城市化水平高，城郊发展差距小，教育水平与生活水平高，人口自由迁徙，流动性大，大部分人集中在五大湖岸、密西西北河及大西洋沿岸附近。

4. 经济模式

崇尚以私有制为主导的自由市场经济，自由市场经济充分体现在美国的"自由企业制度"上，其核心是私人财产所有权。但政府仍可通过财政政策、货币政策和法律干预经济活动和约束企业行为。

（三）美国经济发展的简要过程

1776年独立后经100年时间，由一个农业国转变成了工业国，至19世纪80

年代，美国工业生产超过英国，跃居世界前列。

第二次世界大战后，美国在资本主义世界工业总产量中所占的比重，由1937年的41.4%增加到1947年的62%，贸易出口额由14.2%上升到32.5%。美国集中了资本主义世界全部黄金储备的70%，奠定了世界头号经济大国的基础。

20世纪50年代和60年代，美国经济处于迅速发展的"黄金时代"。工业生产以4.6%的平均增长建度向前发展，美国经济在各个方面保持着绝对优势。

60年代后期以来，形势发生了急剧变化。美国长期实行凯恩斯主义所带来的负作用及它所奉行的全球战略对经济发展带来的消极影响，加之日本、西欧国家经济的恢复和发展，使美国在世界经济中的地位逐渐下降，其在世界经济中所占的比重由1955年的36.3%，下降到1975年的26.6%。

80年代后，里根总统放弃实行40多年的凯恩斯主义经济政策，改为奉行以供应学派理论和货币主义为基础的经济政策，使美国经济从1982年以来连续增长并降低了通胀率和失业率，美国综合国力有所增强。

1993年，克林顿入主白宫，提出了以削减财政赤字为中心的振兴经济计划，特别是调整科技发展战略和政策，增加民用研究和开放。1994年，美国经济进入较平稳的温和增长期。1997年，其GDP达8.08万亿美元，经济增长率为3.8%。1999年，美国经济第一次实现近30年来政府开支的平衡。

（四）美国的土地制度

1. 私人土地

占美国国土面积的59%，主要分布在东部和中部。

凡法律承认的私人土地，在县政府都有登记。当土地买卖双方达成协议后，只要到县政府办理变更所有权登记，便能实现转移。

土地买卖价格由估价公司协助确定。

2. 联邦土地

联邦政府土地为32%，主要分布在西部地区。

国有土地按地籍单元小区出售，一个地籍单元为36平方英里，可将一个单元划分为36个1平方英里的小区，其中专门划分出学校、宗教用两个小区不出售，可出售的是其他 34 个小区。若私人买地较少，还可以再将小区等分为四格单独出售。凡私人买公地，都须提出申请。

3. 州政府土地

州政府土地为7%。

4. 印第安人保留地

2%为专门辟给原来美洲的土著居住。

备注：土地发展权。

美国为了保护城市郊区耕地设置了土地发展权。为了保护城郊农村耕地不被城市扩大盲目蚕食。美国政府采取向耕地所有者购买发展权的办法。农民出售发展权后可以继续耕种这块土地，但不能改变用途如建造房屋、开设工厂、开辟商店等。一般来说，政府也不开发，继续让农民耕种。如果城市规划已决定改变用途，那么这时可以采取两种办法：

（1）农民从政府手里赎回发展权，或自己开发，或者出售给开发者；

（2）政府购买这块土地的所有权，成为政府土地，政府从而就有权处置这块土地。

土地发展权的设置，是美国政府对城市土地进行宏观调控的一种独特手段。

（五）美国住房政策

1. 总目标

"让每个美国家庭应该能够承受得起一套环境适宜的体面住房"。

20世纪40年代以来，美国住房政策的重心转到可承受住房上，鼓励和支持中低收入阶层拥有自己的住房，从而加快了住房自有化的进程。

2. 基本目标

住房的供给与需求，基本上由市场来平衡。

一般家庭通常根据自己的收入和偏好按市场价格（或租金）为自己选择适宜的住房，联邦政府的主要责任是向那些没有足够能力负担一套住房的贫困家庭提供帮助。

3. 基本原则

（1）住房属私人财产，应通过市场来调节供求关系，坚持住房商品化。

（2）住房具有商品与社会双重性，不能完全依赖市场，政府要通过金融、税制等干预手段引导市场向政府确定的住房目标靠拢。

（3）建立公共住房机构，直接向低收入家庭提供廉价住房或者进行住房补贴。

（六）美国住房制度

1. 区别高中收入制定住房供应政策

美国高中低居民户的比例大体上是20∶62∶18。对高收入者供应商品房；对中等收入者供应"社会住宅"，政府对开发建设社会住宅给以贴息优惠支持，并调控社会住宅的建设标准和售价；低收入者住标准较低的住房（廉租屋）、只租不售。

2. 购房信贷保险制度

中等收入者购买社会住宅可以申请贷款，采取政策性贷款（利息较低）与商业性贷款相结合的办法。同时，实行政府为购房居民担保的制度，政府收取0.5%的管理费为购房者提供担保，购房者持保证书到金融机构办理贷款手续，如果若干年后购房家庭因故无力偿还贷款，则由出具担保的政府管理局负责偿还贷款。这种措施不但支持了中低收入家庭获得住房，而且大大降压了金融机构的贷款风险，提高了向购房者贷款的积极性。

3. 实行对购买房者核减税利的优惠制度

这是美国政府为了推行住房自有化而实行的一种优惠政策。购买自用住房户一般可以得到三方面的优惠待遇：一是免交贷款利息税；二是免交所得税；三是减少财产税。购买自用住房实行税收减免，是美国的一项重要住房政策，也是其住房制度的一个突出特点。

4. 住房租金补贴制度

1965年修订的《宪法》规定美国政府对低收入家庭给予一定的住房补助。补助的方式通常有两种：一种是直接对低收入家庭提供低租金的公共住房（一般低于市场价的20%~50%),另一种是向低收入家庭发放住房券。美国的房租补贴政策是一种直接补贴形式,家庭收入越低者,所获得的补贴也就越多,这说明,美国的住房政策是向低收入阶层倾斜的,低收入家庭是政府优惠政策的最大受益者。

5. 老人住房特惠政策

1965年颁布的《老人法》规定要按老人的特殊需要规划设计老人住宅,向他们提供适宜的住房,其住宅成本要为老人所能负担等。

(七)美国住房政策演变

第二次世界大战结束,工业化和城市化进程加快,大量农民离开本地涌向城市,使城市住房数量不足。联邦政府规定了住房最低标准,并以最大的努力尽可能提供更多的住房。这个阶段建设大量住宅的任务主要由政府来承担。

美国的地产行业自20世纪30年代起步,50年代迅速发展。

二次世界大战结束到1960年,住房数量不足已基本解决(1950年人均GDP2536美元)。

从1946年开始,每年新建住宅100万套以上。

20世纪60—70年代初,"一人一室"目标基本实现(1970年人均GDP5067美元)。

对前两个阶段建造的大量的标准住宅进行改建、扩建和更新,以达到房屋的质量优良与环境舒适的标准。这一阶段美国住宅建设增长66%,而人口仅增长16%。

80年代中期,美国每年住宅投资占国民生产总值的6%~8%,每年建设住宅保持在150万套之间。1999年年底,美国2.7亿人口拥有1.1亿个住房单位,67%的家庭拥有独立的住宅,美国人均居住面积已达60平方米,而且90%左右的住宅配有先进的现代化设备。目前,自有住宅率为70%。美国住宅不但在数量上增加比较快,其居住环境和质量也在逐步提高。单幢的独户住宅比例不断加大,住宅的标准越来越高。

70年代初至今,其间人均GDP高速增长,由1970年的5067增长到1980年的

12282美元，再增长到1990年的23228美元。

住房政策向鼓励居民自购和自建住房方向倾斜，提高现有住宅的总体水平。

1974年，美国国会通过了住宅和社区发展的混合立法。1977年，进一步通过《住宅与城市发展法》，把住宅建设与社区规划以及社会的发展紧密联系起来，提高了住房环境的总体水平。

（八）美国住房产业的金融系统

1. 目标

保证存款安全以确保银行的健全，改善对货币政策的控制，鼓励住宅自有。

2. 基本特点

（1）私人金融占主导地位；

（2）形成住房一级抵押市场和二级抵押市场这两级市场；

（3）政府对住房金融市场形成完善的调节系统。

3. 运作模式

金融中介。包括商业银行、储蓄贷款协会、储蓄银行和人寿保险公司。此外，联邦政府建立完善的退休养老基金制度，为住房抵押市场提供稳定的长期资金。

4. 住房抵押贷款种类

（1）普通抵押贷款。

（2）地方或联邦政府担保的特殊抵押贷款。

5. 贷款逾期处置

逾期开始计收罚息，贷款银行同时按照贷款合同通知私人信用调查公司，在电脑资信网络中输入借款人的不良记录并保留5年，以影响借款人将来的借款能力。逾期90日，贷款银行可要求借款人迁出所购住房，并拍卖抵押物，由联邦住房管理局等政府机构和私人保险机构在金额限度内向提供保险或担保的机构追索。贷款银行在处理呆账和拍卖抵押物时，一般都尽量采取协商的方式解决，避免向法院起诉，防止给社会公众造成贷款银行资产质量不良的印象。

(九) 美国房地产开发体系

1. 准备阶段

房地产开发初期由购置土地、规划或分区变更组成。首先做投资前研究，通过项目的经济分析做出资金安排；然后按美国的房地产法，遵循政府的分区制和产权分割等法规，在政府总规划范畴内提出立项申请。房地产企业同政府协商估价土地，通过谈判和法律程序购置土地。经政府审批立项后，即可进行合法的开发建设。

2. 建设阶段

由现场施工准备、施工和资金筹措三部分组成。美国的建筑业以合同承包制为主要经营方式。建筑和施工更具有现代化特征，对于建筑标准和质量控制严格。关于资金筹措，在美国通常只要贷款信用良好，或有不动产做抵押，从银行较易取得建设贷款。

3. 营销阶段

首先做房屋估价以确定售价，然后一般委托房地产经纪人（或不动产中介公司）介入进行营销宣传以寻求潜在买主。

4. 服务阶段

由维修管理和房屋的改建增建组成，开发企业对房屋提供1年的保修期限。

(十) 美国房地产业的发展特征

综上所述，美国房地产业的发展特征有以下四点。

（1）在美国不存在中国式的土地垄断供应和因政府干预造成的市场扭曲，土地随着开发会随需求源源不断地供应出来，对房地产企业而言，社会关系非决定性因素，企业管理运作更规范化。

（2）在联邦政府优惠政策的推动下，美国基本形成了住房供求以市场机制为主、政府参与为辅的住房制度，住房政策向中低收入阶层倾斜。

（3）美国的住房抵押市场以私人金融和市场运行机制为基础，通过采取包括政策性金融机构在内的诸多手段间接参与和调节，既达到了对住房金融系统有效管理、调控的目的，又不抑制系统应有的活力和效率，成为世界上最富有成效的住房金融体系。

(4) 通过谈判和法律程序购置土地，主要委托房地产经纪人（或不动产中介公司）进行营销宣传并进行销售。

（十一）美国房地产巨头普尔特（PULTE-HOMES）

普尔特是美国四大房地产开发公司之一，长期保持着缓慢增长，持续52年盈利，股东回报率达到18%（万科目前只能做到11%~12%）。其主要的经营特点有以下4个。

1. 跨地域开发，规模化发展

普尔特在美国27个州、44个城市有业务，在美国房地产市场上的占有率是5.3%（万科目前在中国只有1%）。

2. 专业化及高标准复制能力

公司的主营业务是居民住房业务。

3. 高客户忠诚度

公司宣传口号是"始终如一的客户体验"，具有40%的客户忠诚度。

4. 锁定终生客户

公司价值理念是"在最佳的地点为居住者提供超一流的住房和服务"并且"终生服务"。公司产品链几乎涵盖所有居民住房市场，包括首次置业、二次置业、三次置业、老年人住房及国际房地产市场。

（十二）美国房地产发展模式及借鉴

美国房地产发展模式：大陆经济+发达的不动产金融服务支撑的高度专业化分工模式。

美国房地产发展借鉴：

1. 土地经济形态的差别造成土地价值和企业行为不同

我国香港处在城邦经济的框架之内，经济和一个城市的发展绑在一起，土地就是绝对财富，土地价值被极度夸大。但在美国，土地是无限供应，没有几家公司是靠土地取胜的，社会关系为非决定性因素。

2. 美国房地产经营的核心是金融运作而非开发营建

在美国地产模式中,基金或者投资银行成为房地产市场的主导者,地产建造商或中介商只不过是围绕地产基金的配套环节。

3. 美国房地产公司业务高度专业化

当香港公司纵向安排价值链的时候,美国公司则只做一个环节来追求增值。由于充分竞争和高度发达的不动产金融,房地产公司不得不采用高度专业化和长期收益为主的商业模式,在细分市场上取胜,靠长期经营获利。

4. 房地产企业规模化是必然趋势

美国排名靠前的数家大型房地产开发企业市场占有量较大。企业规模大,开发成本低,建筑水平高,是当前美国房地产业的三大特点。目前,我国香港房地产业也是7~8家大的企业垄断了近80%的市场份额。房地产企业规模化经营是国际市场中的一个特点。

5. 组织形态标准化

亚洲企业的价值体系和管理文化都比较模糊,这与欧美国家有很大差距。在美国,最基本的要求是人我界限清楚、专业化、细分、财务透明,组织形态的标准化十分重要。

6. 高度重视信用

与国内有些房地产公司重营销、重社区概念不同,美国房地产市场重质量、重信用,这是房地产市场发展成熟的一个表现。

7. 重视客户忠诚度

提供超一流的住房和服务,延长产品线,终生服务,锁定终身客户。

三、美国老年人移民福利政策介绍

有早些年移民到美国、现在早已退休的"老侨",有近几年才拿到美国"绿卡"或入籍美国取得公民身份、吃美国社会安全补助金的"新侨",也有赴美探亲作短期逗留的"过路客"。在一起闲谈中,问得较多的问题是:你们的孩子是美国公民了吗？你们拿到美国绿卡了吗？拿了美国公民身份证了吗？谈得较多的话题是：美国老人福利如何如何的好、生活有保障、看病不要钱等。

在美国，老年人的福利政策确实比较完善，社会服务也比较到位。这里不仅有老人公寓和老年人活动中心这样的老年人服务设施，还有一系列老人福利政策规定，涉及许多政府机构和事业部门，形成了全社会各个方面的合力来关爱老人，特别是医疗保险。老年人在这里，能享受到真正意义上的老有所养、老有所乐、老有所医、老有所护。这对于还未享受到美国老人福利的赴美"暂住"的中国老人来说，不得不是一个强烈的诱惑。他们当中的有些人就是花上几年的"不懈努力""钻天打洞"、千方百计地争取拿到美国的绿卡，进而入籍美国，申请美国的社会补助金，走进美国公民的养老世界，充分地享受美国政府给予老年人各种福利的优惠待遇，融入美国老年人群体社会中去。

在言谈之中，我们了解到一些有关美国老人福利的政策规定，的确很人性，很优越，令人称道。这里，就我们所调查到的美国老人福利政策规定记叙如下。

申请享受美国老人福利的首要前提是，在美国的子女必须是入了美国籍的美国公民，自己必须是持有美国绿卡或获准移民入籍的人。

申请到美国绿卡的老年人，就可以办理类如国内身份证的"社会安全卡"。用这个体现个人独有信息的社会安全卡进而申办社会医疗保险，就可以享受美国的年满65岁老年人免费医疗的待遇。

美国老年人免费医疗的待遇，不仅是有病随时看医生一切费用由发证部门埋单，而且包括平时的定期体检和打各种预防针。在密比达老年人活动中心，就经常有身挂听诊器的医生和护士上门为老年人保健服务。

低收入和没有收入的老人可以申请社会安全补助金。社会安全补助金是联邦政府每月发给无收入或低收入人员的补助金。符合下列条件之一的就可以申请：①年满六十五岁的老人或任何年龄的盲人和伤残人员；②美国公民或绿卡持有者；③单身月收入低于500美元者或夫妻月收入低于800美元的；④银行资产单身不超过2000美元，夫妻不超过3000美元的（各州的条件略有不同）。

这些美国老人福利条件规定的对象是老年人个人，并不包括老年人的子女。

所以，迈进这个领域的门槛并不算难。我们见到的绝大多数老人都已拿到丰厚的退休金或已享受到美国的社会安全补助金。

如果享受到美国的社会安全补助金，你不但每月可以得到好几百美元的生活补助金，而且可以享受到免费医疗或医疗补助。对于低收入的老人来说，免费医疗无疑是生活在美国的护身符。有了医疗补助，老人看医生、住院甚至买药就能省很多钱。

美国看病贵，买药更贵，这是不争的事实。美国老人福利政策规定，年过65岁的老人，看病基本不掏钱，住院的费用也很少。买药，单身年收入低于15000美元，夫妻年收入低于20000美元，就可以申请福利药费补助卡。药费补助卡持有者每次到药店买医生开的处方药，自付5美元，余下的费用由发卡单位支付，这就使老人没有了就医和买药的后顾之忧。

一般情况下，牙病的治疗是不包括在医疗补助优惠待遇里的。但有了福利药费补助卡，65岁以上的老人看牙可以享受百分之十五的美国老人福利优惠。

此外，在水电、燃气、交通、旅游和高龄护理等方面，美国也明确规定了一些免减费和发放特护费的优惠政策。

四、试论1965年《美国老年人法》的诞生及对我国老龄政策的启示

在美国老龄政策的发展历史上，1965年《美国老年人法》的诞生具有划时代的意义。20世纪60年代，美国经济的飞速发展，老年人的迫切需要，老年社会学理论的发展，代表老年人的利益集团施加的压力都是促使其最终诞生的重要因素。1965年，《美国老年人法》颁布后，老年人获得了全方位的保障，美国逐步构建起老龄工作的行政网络。1965年，《美国老年人法》对我国的老龄政策也有着重要的启示作用。

20世纪，美国的老年问题变得日益严重，联邦政府出台了一系列法律试图解决这一棘手问题，其中1965年颁布的《美国老年人法》在美国老龄政策的发

展史上具有划时代的意义。它的诞生标志着美国的老龄政策不再仅仅停留在经济保障的范畴内，而是对老年人的物质和精神等各方面有了全面的保障和服务。本书拟对这一法律诞生的历史背景、立法过程、主要内容、历史意义和对我国老龄政策的启示进行一些探讨。

（一）1965年《美国老年人法》诞生的历史背景

第一，20世纪60年代，美国经济的飞速发展为《美国老年人法》的颁布奠定了物质基础。60年代，肯尼迪和约翰逊两位总统继承了新政的传统，加强了新政式的国家垄断资本主义的发展，再加上美国的第三次技术革命已呈燎原之势，这一切都大大促进了经济的繁荣。60年代，美国的经济保持了长达106个月的持续增长，成为二战后经济发展最快的时期，进入了"丰裕社会"阶段。国民生产总值从1961年的4972亿美元上升到1969年的7256亿美元，平均增长率为4.3%，超过了1947—1953年的3.9%和1954—1960年的2.5%。繁荣的国家经济为政府扩大老年保障提供了可靠的资金来源，从而为1965年《美国老年人法》的通过奠定了基础。

第二，老年人提高生活质量的迫切需求是《美国老年人法》出台的另一动因。20世纪60年代，美国老年人口的数量迅速增加。1900年时，美国老年人口数为308万，到1963年时已经增长到1756万，是1900年人数的近6倍。在老年人口增多的同时，老年人的贫困现象还相当严重。1959年，社会保障署的一份报告指出，65岁以上的男女公民有35.2%没有足够的收入。1963年，单独生活的65岁的老年人中，有40%的男性老人和67%的女性老人，其收入低于由经济学家莫莉·奥尔尚斯基测算的贫困线标准。卫生、教育和福利部的部长安东尼·塞勒布雷瑟在1963年一次老龄会议上做的报告中也指出："害怕疾病和缺少充足的钱是近1800万美国老年人最担心的事情。"可以说，面对日益增多的老年人，为了满足老年人摆脱贫困、提高生活质量的迫切需求，当时的联邦政府不得不想办法采取更为有力的措施来对老年人提供更为全面的保障和服务，最终促使了《美国老年人法》的出台。

第三，20世纪60年代初，美国老年社会学理论的发展为联邦政府出台《美国老年人法》提供了理论基础。60年代初，社会老年学借鉴其他学科的理论和方法，取得了较大的进展。当时最为著名的是伊莱恩·卡明和威廉·亨利提出的脱离学说。脱离学说认为，对于社会中的任何人来说，脱离是一种规范，是每一个走完生命期的人都需要经历的过程。"老年人从角色的要求、焦虑和负担下安逸地解放出来，也会感到愉快"。为此，脱离理论者主张，社会不应该为老年人谋求工作，而应该提供退休后的各种保障条件，鼓励他们在适当的时候退出社会工作领域。这一理论提出后，虽然引起很大的争议，但无疑对后来联邦政府颁布《老年人法》提供了参考和理论指导。

第四，代表老年人的利益集团在1965年《老年人法》的形成过程中发挥了重要的作用。1962年12月，卫生、教育和福利部的部长宣布在部门里设立福利署，老龄特别参谋部被重命名为老龄办公室，成为福利署的一部分。由于美国老年人一向不喜欢将老龄和福利挂钩，而且此举很可能会使老龄问题不再成为卫生、教育和福利部关注的焦点问题。因此，此举一出，立即引起代表老年人的利益集团的不满。当时刚成为美国退休者协会执行主席的威廉·费奇评论说："一直以来，我们致力于使1800万老年人站立起来接受责任，现在你们告诉这些老年人他们正排队接受公共援助或福利，我认为我们原来的目标被颠覆了。"退休者协会发表的社论也在抗议这一举动，并引起了读者的强烈反响。代表老年人的利益集团结合成为稳固的阵线，给政府施加了巨大的压力。为了缓解这些压力，联邦政府不得不加快出台为老年人提供全面保障和服务的法律。

（二）1965年《美国老年人法》的立法过程及主要内容

1963年2月21日，肯尼迪总统成为第一个向国会递交关于老年问题特别咨文的总统。他的咨文名为"关于援助老年人的特别咨文"，在此咨文中，肯尼迪总统建议，建立一个将各种老龄项目集中管理的联邦机构，并且基于1961年白宫会议上的建议和调查结果，要求制定一项新的老年人法案。1963年9月17日，国会对法加第的最新议案（HR7957）举行了听证会，这项标题为"1963年老年人法"的议案建议在卫生、教育和福利部下设立老龄署，并且由联邦对州和公共及私人非盈利性组织的老龄项目提供资助。在1963年9月17—19日召开的听证会上，18名听证人中仅有卫生、教育和福利部的部长安东尼·塞勒布雷瑟不赞同在卫生、教育和福利部里创建新的机构来取代老龄办公室。塞勒布雷瑟坚持认为，老龄办公室能够协调部门内部的老龄项目，有一半以上的联邦老龄项目集中在它那里，它能够和其他有着老龄项目的联邦机构共同工作。法加第于1963、1964和1965年不断对其议案进行修订，在其议案中反映了当前联邦老龄项目组织的无效率性问题，并进一步阐明了自己的观点：老龄署的建立能够为解决老年问题提供充足的人员、资金，是十分必要的。

最终，法加第的议案（HR3708），即1965年《美国老年人法》以仅一票反对，其余全部赞同的投票结果于3月31日在纵议院获得通过。在略微修改后，《美国老年人法》于3月27日在参议院以口头表决的形式被通过了。1965年7月14日，《美国老年人法》被正式签署成为法律。约翰逊总统兴奋地评论说："《美国老年人法》明确地保证了我们所有的老年居民的幸福。这项立法提供了一项有序的和建设性的计划，这项计划帮助我们在这个世纪剩下来的时间里应对新的挑战。"

1965年《美国老年人法》共分为六章，现将其主要内容分述如下。第一章列举了国家为保证老年人的幸福所定的十项战略目标：一是老年人退休后有足够的收入，这一收入是根据当时的生活标准来确定的。二是在科学许可的条件下，老年人可以获得尽可能最好的生理和心理健康保障，而不受其经济地位影响。三是合适的住房，这些住房是特别设计来满足老年人需求的，并且在花费上能够让老年人负担得起。四是对那些需要社会照顾的老年人有良好的服务。五是禁止在雇用过程中对老年人进行年龄歧视。六是由于常年工作对国家经济做出贡献的退休以后的老年人应该得到社会的尊重。七是给予老年人最广泛的参与各种文艺活动的机会。八是当老年人有需要时，对其提供有效的社区服务来进行社会援助。九是老年人能够受益于那些为提高老年人健康和幸福的科学研究。十是老年人能自由独立地计划个人的生活。第二章规定，在卫生、教育和福利部下设立老龄署。其职能包括整理有关老年问题的信息，对州和地方处理老年问题提供协助，并且建立了国家资源中心来宣传和调度各种为老年人的资源和服务。第三章规定,联邦政府对56个州和629个地区的老龄机构的计划、服务和培训给予补助。第四章规定,对于有关老年领域的研究和发展项目给予补助。第五章规定,对那些在老龄领域工作或即将进入老龄领域工作的人进行专业培训,并给予这些培训项目以补助。第六章是总则,规定在卫生、教育和福利部下建立一个咨询委员会,详细规定了这个咨询委员会的工作人员的任命和任期等情况。

(三) 1965年《美国老年人法》颁布的历史意义

第一,1965年《美国老年人法》改变了以往政府对老年人的保障仅停留在经济安全上的做法,而是把保障范围扩大,对老年人提供全方位的服务。如在第一章的10个目标中就提到了对老年人心理健康的保障,以及满足老年人文化生活的需求,这说明美国政府不仅注重老年人的物质生活,同时也开始注重老年人的精神生活。此外,不仅设置了专业的老龄行政机构,也重视专业人员的培训,使其对老年人的服务更加专业化。

第二,1965年《美国老年人法》颁布后,美国逐步形成了老龄工作的行政网络。这一行政网络主要由三层组成:第一层是联邦政府下的老龄署,主要负责对在老年人法下进行的各种活动进行总的调控和监督。第二层是州政府下的老龄单位,主要负责制定本州的对老年人服务的各种计划。第三层是州下根据不同地区划分的区域性老龄机构,主要负责执行州计划,直接提供对老年人的服务。这一行政网络确保了对老年人的服务计划从制定和执行都能够有的放矢、落到实处、协调发展。正如约翰逊总统在老年人法案被签署为法律后评论说:"在《老年人法》实施后,每个州和每个社区都能够协调为老年人服务的项目。"

第三,在1965年《美国老年人法》下建立起的联邦政府和州政府的伙伴关系为后来尼克松总统实行新联邦主义提供了借鉴。《美国老年人法》下形成的老龄工作的行政网络代表了处理中央政府和地方政府间关系的一种新的尝试,即中央把更多的权力授予州和地区政府,加强州和地方在解决社会问题中的作用。《美国老年人法》颁布后,老龄署、州的老龄单位和地区性的老龄机构在各自的政治环境下有效运行,并通力合作,既缓解了中央政府的压力,也调动了地方政府的工作积极性,增强了地方政府的社会责任感,因而对后来尼克松总统实行新联邦主义提供了参考。可以说，1965年《美国老年人法》下建立起的联邦政府和州政府间的伙伴关系成为后来新联邦主义的先驱。

第四，1965年《美国老年人》颁布后，有利于代表老年人利益的集团和组织的发展。在1965年《美国老年人法》的规定下建立起的新的机构——美国老龄署，如同其他所有新成立的政府里的机构一样，这个新生机构的发展需要寻求和谐的政治环境，特别需要代表老年人的利益集团的的支持，因而代表老年人的利益集团将在其中发挥越来越重要的作用。另外，根据当年实际情况，联邦政府每年都对《美国老年人法》中规定的有关项目的拨款数额以及权限等问题进行调整，这其中经常需要举行听证会，如此多的听证会给了代表老年人的利益集团对国家的老龄政策更多回应的机会，有利于其更多地介入老龄政策的决策过程，也推动了《美国老年人法》的不断修订和完善。

（四）1965年《美国老年人法》对我国老龄政策的启示

第一，根据1965年《美国老年人法》的规定，美国老年人在经济、医疗、心理、文化生活等方面获得了全方位的保障和服务。而当前我国在对老年人的经济保障方面十分重视，但在老年人的精神文化生活等方面还重视不够，即使有政策出台，有时也未得到真正贯彻执行。如经常有新闻报道，社区里为老年人准备的文化活动场所被占为他用。因此，我国政府应采取措施，大力建设老年文化娱乐场所，发展老年教育，满足老年人文化生活的需求，真正让老年人做到老有所乐。另外，还应出台老龄产业政策，大力扶持老龄产业发展，满足老年人各方面的需求。

第二，在《美国老年人法》的规定下，美国建立起老龄工作的三级行政网络，三级部门分工明确、通力合作，保证了老龄政策能够真正得以执行。这进一步说明，健全老龄工作机构和社会化的老龄服务网络，是做好老龄工作的保证。而目前，我国县、乡两级老龄工作机构有待进一步加强和完善，基层老龄服务十分薄弱。如，在一些经济落后的地区，地方政府缺乏资金建立老年服务设施，有的将本该用于老年服务上的资金挪为他用，造成养老院这样的老年服务设施稀缺，且条件简陋，不能满足一些孤寡老人的需求。因此，建立健全基层老龄服务机构的建设,加强中央对地方老龄政策的执行情况的管理和监督已成为当务之急。

第三,从《美国老年人法》的相关条款里看出,美国十分重视老年领域从业人员的教育和培训,这确保了美国老龄服务人员的专业化,使老年人享受到高水平的服务。在我国,养老领域从业人员短缺的问题十分突出,由于待遇较低,发展前景黯淡,很多人都不愿意从事老年护理方面的工作。在现存的从业人员中,拿社区的基层护理人员来说,多为40~50岁的当地就业困难人员,不仅年龄偏大,且文化基础低,缺乏正规的培训,其业务能力、服务质量都不能有效地满足服务对象的要求。因此,我国应该更加重视老年领域工作人才的教育和培养,提高其待遇和社会地位,吸引更多的人加入,真正建立起一支高素质队伍来满足老年人的需求。

第五节 传统"敬老"文化在新时期的发展

一、弘扬孝亲敬老文化,促进代际和谐

(一)去粗取精,汲取中华传统孝亲敬老文化的精华

传统孝亲敬老文化,内容丰富,纳入了历代社会道德规范、法律规范范畴,已发展成为一种根深蒂固的传统文化。下面有选择性地引用孔子、孟子和过去启蒙教育有关孝亲敬老的论述,加以剖析,以便汲取其中精华,做到古为今用。

在《论语》《孝经》中,孔子对"孝"的内容、要求、作用、意义有诸多论述。如"夫孝,天之经也,地之义也,人之行也。""天地之性,人为贵,人之行,莫大于孝。""弟子入则孝,出则弟。""用天之道,分地之利,谨身节用,以养父母。""今之孝者,是谓能养。至于犬马,皆能有养。不敬,何以别乎。""身体发肤,受之父母,不敢毁伤,孝之始也。立身行道,扬名于后世,以显父母,

孝之终也。""夫孝，始于事亲，中于事君，终于立身。""孝子之事亲也，居则致其敬，养则致其乐，病则致其忧，丧则致其哀，祭则致其严，五者备矣，然后能事亲。"孔子还指出，子可谏其父母。如说："事父母几谏，见志不从，不敬不违，劳而不怨。""父有争子，则身不限于不义。故当不义，故子不可以不争于父。"《孝经》对于天子、诸侯、卿、大夫、士的孝，都分别规定了具体的守则。

孟子则进一步将孝亲敬老爱幼推而广之及社会，并将"孝"与"仁"联系在一起，强调君主要"施仁政于民"。孟子曰"老吾老以及人之老，幼吾幼以及人之幼。""仁之实，孝亲是也""申之以孝悌之义，颁白者不负载于道路矣。"孟子答梁惠王曰："王如施仁政于民，省刑罚，薄赋税，深耕易耨，壮者以假日修其孝悌忠信，入以事其父兄，出以事其长上，可使制挺以达秦楚之坚甲利兵矣。"

由清代李毓秀编、经贾有仁修订的《弟子规》，汲取了《论语》《孟子》《孝经》《礼记》中的精华，对于孝敬父母、尊敬长辈、处理好各种关系的许多阐述，都有可取之处。如书中云："首孝悌，次谨言。""泛爱众，而亲仁。""父母叫，应勿缓；父母命，行勿懒""亲所好，力为具；亲所恶，谨为去。""亲有过，谏使更，怡吾色，柔吾声。""谏不入，悦复谏，号泣随，挞无怨。""兄道友，弟道恭，兄弟睦，孝在中。""财物轻，怨何生？言语忍，忿自泯。""事诸父，如事父；事诸兄，如事兄。"还有过去一些启蒙教育的内容，对弘扬孝亲敬老文化，也有可取之处。如《三字经》云："首孝悌，次见闻。"《增广贤文》云："百行孝为先。""羊有跪乳之恩，乌有反哺之义。"《神童诗》云："心血为儿尽，亲年不再来，及时勤孝养，岁月苦相摧。"《幼学琼林》云："得亲顺亲，方可为人为子。"《名贤集》云："家和贫也好，不义富何如。"《千字文》云："外受傅训，入奉母仪。诸姑伯叔，犹子比儿。"

由上可见，孝亲敬老文化规定了"孝"的内容、要求、措施、方法，以及"孝"在历代的地位、作用、意义。"孝"涉及个人自尊、自爱、自强、自立等修身问题，"孝"涉及人人要孝敬父母、尊敬长辈、亲爱家人、效忠民族、回报国家等一系列道德行为规范。"孝"与个人、家庭、社会、政治、经济、文化方方面面都有密切联系。"孝"不是一个空泛的概念，它是规范社会成员行为、具有凝聚力、感召力的伦理道德标准。"孝"与"敬""仁""义""礼""忠""信"等融合在一起，形成中国传统孝亲敬老文化。以之修身则能成圣贤，以之齐家则家和，以之治国则可使天下安享太平。它的作用可概括为以下4个方面。

（1）"孝"是人人应尽之责。"孝"的起码要求是子女对父母要"养"。子女要"谨身节用，以养父母。"但更为重要的是"敬"。如果只"养"不"敬"，那么，和饲养犬马又有什么区别。对于孝子的要求，则是对其父母的"居""养""病""丧""祭"等五个方面，分别尽力做到"敬""乐""忧""哀""严"。这五个方面都做到了，才算是一个孝子，才算是完全彻底地对父母的一生尽到了孝的责任。可见，传统孝道文化对"孝"的要求也是分层次的。家家有老人，人人都尽孝，则代际关系必然融洽，家庭成员必然会和睦相处。

（2）"孝"是立身之本。孔子曰："夫孝，始于事亲，中于事君，终于立身。"孔子还指出，要保护好父母给予的发肤，使之不受毁伤，这是孝的开始。而"立身行道，扬名于后世，以显父母，孝之终也。"如何检验个人的孝与不孝，孔子曰："父在观其志，父没观其行，三年无改于父之道，可谓孝矣。"由上引文可知，孝顺父母，忠于君主，是立身的前提。而"孝"则始于自我保护，终于立身行道。所谓"立身行道"，就是要自尊、自重、自爱、自强、自立，言行端正，诚实守信，成就一翻事业，以扬名身，显父母。

（3）"孝"是齐家之道。家庭是社会的细胞。传统的大家庭，几代同堂，关系复杂。在众多关系中，最主要的是代际关系。而传统的孝亲敬老文化，则是处理好家庭代际关系、直系亲属、旁系亲属等各种关系的道德标准和行为规范。如"百善孝为先"，"孝为德之本"，"兄道友，弟道恭，兄弟睦，孝在中。""财物轻，怨何生？言语忍，忿自泯。""事诸父，如事父；事诸兄，如事兄。"等等，都可以规范家庭成员行为，协调代际关系，促进家庭和睦。

（4）"孝"是治国之基。如《孝经》对天子、诸侯、卿、大夫、士，分别规定了具体的守则。如果从天子到士庶人，都能按孝的要求践行孝道，在家都能孝顺父母，并能按不同等级所担任的职务，各司其职，各负其责，天子能将"德教加于百姓"，诸侯能"保其社稷而和其人民"，卿大夫能遵纪守法，士能"忠顺不失，以事其上"，则国家必然能得到治理，民众必然能安享太平。

对中华传统孝亲敬老文化，应批判继承，去其糟粕，取其精华，古为今用，发展创新。如传统孝亲敬老文化中的"三从四德""三纲五常"。父母辞世，要"守孝三年。""父母在，不远游，游必有方。""君要臣死，不得不死；父要子亡，不得不亡。"男婚女嫁，要由"父母之命，媒妁之言"来决定。以及君对臣、官对民、父母对儿女的绝对专权，旧的忠君、愚孝、贞节观念、宗法观念等等糟粕，应一律摒弃，并根据时代发展的要求，建设新的孝亲敬老文化，以适应协调代际关系，构建和谐社会需要。

(二) 党和政府重视弘扬孝亲敬老文化，协调代际关系

中华人民共和国成立60多年来，党和政府十分重视孝亲敬老文化教育。如1989年规定每年农历九月初九为老人节。各省市区相继出台了一系列优惠老人的政策。1996年颁布了《中华人民共和国老年人权益保障法》，以法律形式保障老年人合法权益。还制定了老龄事业发展规划，提出了"党政主导、社会参与、全民关怀"的老龄工作方针，实现"6个老有"的长期工作目标。在组织上，从中央到地方建立了老龄工作委员会及其办事机构，各级老年学会、老教授协会、老年协会等老年群众组织以及老年文娱、体育团体也相继建立，并发挥了重要作用。2003年，在全国开展了以敬老爱老助老为主题的教育活动，2006年评选出10名"中华孝亲敬老楷模"和36名"中华孝亲敬老楷模提名奖"，还编辑出版了《中国敬老故事精华》一书，开展了孝心进社区活动。还在全国开展了为老年人多方照料服务的"金晖行动"，制定并实施为城市社区增加老年活动场所的"星光计划"，组织开展老年知识分子援助西部大开发的"银龄行动"，从中央到地方还举办了各级各类老年大学、老年福利院、老年活动中心，各省市区为维护老年人的合法权益，对老年人广泛实施法律援助。

60多年来，党和政府传承、弘扬孝亲敬老文化，融入了时代精神，有所创新发展，主要表现在协调代际关系，促进家庭和睦、社会和谐方面，有以下4个特点。

(1) 平等。传统家庭的代际关系是"长辈专权，晚辈顺从"的关系，新型家

庭的代际关系是在人格和权益平等的基础上，晚辈对长辈的孝敬和赡养，长辈对晚辈的理解和关爱。"平等"是实现代际和谐的前提。

（2）共享。如《中华人民共和国老年人权益保障法》规定，"老年人有从国家和社会获得物质帮助的权利，有享受社会发展成果的权利。"不少省市区结合所在省市区的实际制定了具体的共享政策，并按政策逐步落实共享比例。"共享"是实现代际和谐的基础。

（3）参与。《老年人权益保障法》把老年人参与社会发展单独列为一章，强调要"根据社会需要与可能，鼓励老年人在自愿量力的前提下"从事教育、科技、咨询、开发、经营等8个方面的活动。"参与"是实现代际和谐、共同构建和谐社会的关键。

（4）保障。《老年人权益保障法》规定：要"保障老年人生活、健康以及参与社会的条件，实现老有所养、老有所医、老有所为、老有所学、老有所乐。""国家建立养老保障制度，保障老年人的基本生活。""国家建立多种形式的医疗保险制度，保障老年人的基本医疗需要"。对农村"无劳动能力、无生活来源、无赡养和扶养人的"要求"农村集体经济组织负担保吃、保穿、保住、保医、保葬的五保供养"等。这就从法律上保障了老年人的"五个老有"，同时也为协调代际关系提供了法律依据。"保障"是实现代际和谐的必要条件。

（三）加强新时期孝亲敬老文化建设，促进代际和谐

孝亲敬老已成为当代的主流风尚。但也还存在一些不可忽视的问题。

（1）在经济转型的关键时期，面临着广大人民群众日益增长的物质和精神需求更为突出的严峻挑战，老年弱势群体的"共建""共享"、物质和精神需求，容易被忽视，从而拉大老年弱势群体与成年强势群体之间的利益差距，加深代际隔阂，影响代际和谐。

（2）"四二一"家庭，空巢老人家庭急剧增长。传统家庭养老功能弱化，子女孝亲敬老观念淡化，不利于代际和谐。

（3）社会上还存在许多与孝亲敬老传统美德相背离的思想行为，影响代际和谐。如有的子女在家啃老，加重老人经济负担。有的好赌，搜刮老人钱财。有的

骗取老人房屋，抢夺老人钱财，干涉老人婚姻，侵犯老人合法权益，甚至打骂老人，使老人的生活、生存都受到威协。在社会上，歧视、侮辱、漫骂、殴打老人，骗取老人钱财，侵犯老人权益等事件也时有发生。尽管这是一些支流问题，但对加深代际隔阂带来的危害是不可低估的。

那么，如何加强新时期孝亲敬老文化建设，促进代际和谐呢？

要树立马克思主义的老年观，为加强孝亲敬老文化建设奠定理论基础。

一是要辩证地认识人生老年阶段。老年人作为自然人，身心日益衰老，思维不够敏捷，行动比较迟缓，这是老年人的劣势。老年人作为社会人，是人生最成熟的阶段，他们的知识、能力、经验，是宝贵财富，这是他们的优势。如果只看到老年人的劣势，把老年人当成"老朽""包袱"，这就违背了马克思主义老年观，必然会加深代际隔阂。

二是要以发展的观点来认识当代老年人的作用。

（1）中华人民共和国成立前，我国人均寿命仅为35岁，现在人均寿命已提高到73岁。过去的老年人是处在贫穷落后的旧中国，知识、能力、经验很有限；现在的老年人处在我国繁荣昌盛时期，他们的思想、观念、身体、心理、知识、能力、经验、寿命与过去老年人是无法相比的。如果人们还以过去老年人的仪表形态和某些方面的不足来描述当代老年人，否认当代老年人的作用，既不符合马克思主义老年观，也不符合老年人的实际，还会有损老年人的尊严，影响代际和谐。

（2）加大宣传力度，进一步形成孝亲敬老、代际和谐的良好社会风尚。通过宣传，一是要使子女明确赡养老人的义务和责任，懂得"百善孝为先"的道理，懂得孝的本质就是对父母呕心沥血、辛勤抚育的回报，懂得作为子女应当知恩、感恩、报恩，切实履行"经济上供养、生活上照料和精神上慰藉"三项义务。二是要宣扬孝亲敬老的典型人物。如有的大学生背着害病的母亲上大学，付出了辛勤劳动，既较好地完成了大学学业，又精心地照料了母亲，获得了学校及社会的好评。有的好媳妇背着害病的婆婆外出打工赚钱，为婆婆治病，在社会上传为美谈。还有不少公职人员，在百忙中尽力赡养老人，使老人能安享晚年，获得好评。榜样的力量是无穷的。宣传孝亲敬老模范人物,对于加强孝亲敬老文化建设,作用极大。

(3)建立多元化养老模式,缓解单一家庭养老困难,促进代际和谐。传统的单一家庭养老模式,远不能适应养老需要。但大多数老年人不愿入住养老机构,子女也不同意老年人入住养老院。其原因是老年人怕住养老院,会给子女脸上摸黑,影响子女的前途和发展;子女怕老人入住养老院,背上不孝的罪名,在所在单位和亲友面前抬不起头来。旧的观念,影响代际和谐。解决这一矛盾的关键,是两代人在养老模式上都要转变观念。即由传统的单一家庭养老模式观念,转变为以居家养老为基础、社区养老为依托、机构养老为补充的三结合新型养老模式观念。这样,才能促进代际和谐。

(4)老年人要树立积极养老观,共同建设一个代际和谐、不分年龄人人共享的社会。以什么样的养老观指导养老,关系我国1.53亿老年人的生活质量和经济社会发展的全局,应引起全党、全社会的关注。以消极养老观指导养老,只注重在物质生活方面保障老有所养,忽视老年人参与经济社会发展的"共建""共享",这样必然导致老年劳力智力资源的浪费,拉大老年群体与广大社会成员之间的差距,加深代际隔阂。因此,应摒弃消极养老观,树立以积极老龄化精神指导的积极养老观。

积极养老观与消极养老观的主要区别在于,积极养老观不仅强调老年人在物质生活方面保障老有所养,而且还强调老年人在自愿量力的原则下,积极参与经济社会发展,实现老有所为,共同建设一个代际和谐,社会成员互尊、互爱、互助、共融、共建、共享的社会。可以说,积极养老观是以"为"促"养"、"养""为"结合,共同建设和谐社会的养老观。

(5)加强孝亲敬老文化建设,促进代际和谐,是一项系统工程,应整体规划,全面推进。首先,"四二一"家庭对独生子女不能溺爱,要结合实际有计划地进行孝亲敬老、热爱劳动、团结互助方面的教育,使小孩懂得为什么要孝亲敬老,怎样孝亲敬老。其次,中小学要组织中小学生读敬老书、写敬老文、组织孝亲敬老主题班会活动、开展为老年人做好事、办实事活动。再次,全社会要通过舆论宣传，使尊老、敬老、爱老、助老的良好社会风尚，家喻户晓，人人皆知。在全社会还要开展维护老年人权益的法制教育和普法工作，加强老年人法律服务工作，要依法处理和打击侵犯老年人权益的不法行为。

二、试论我国传统尊老文化的表现、变迁及影响

文化、价值观取向是决定一个国家社会保障模式的重要方面。探究一个国家的民族文化、历史习俗，将有助于更好地解释该国的相关政策。养老制度背后有表现多样的尊老文化，作为社会行为，中国历史上的养老受中国传统尊老文化的深刻影响并延续至今。

"文化"一词在中国出现比西方早。国内大多数学者认为，狭义的文化是人类精神活动的产物，是纯粹精神创造的成果，如哲学、科学、文学、艺术、道德、风尚与宗教等方面的内容，是一种观念形态。广义的文化是人类一切精神文明与物质文明的总和。本书将使用狭义文化的概念，着重对精神文化中与养老（尊老、养老、敬老）相关的文化（文中将其一概论为"尊老文化"）的表现形式及影响等进行阐述。

（一）中国传统尊老文化的产生

人类社会还处于狩猎阶段时，男女老少一齐出动，共同围捕野兽，力量是族群求得生存的关键因素，老人因力量不如青年人而不受重视。同时氏族部落为追随野兽群而发生大规模的迁徙，老人身体衰弱，行动迟缓，被视为累赘。由于生活条件艰苦，能生存下来是最重要的法则，基于上述原因，侮老倾向普遍存在。《史记》记载古代匈奴"壮者食肥美，老者食其余，贵健壮，贱老弱"。

中国进入农业社会后，老人的地位发生了变化。由于生产力水平相对于狩猎时期有了很大的提高，农业收入较稳定。仓廪实而知礼节，衣食足而知荣辱，尊老有了物质基础。相伴而来的是人类文明的进步，人们逐渐认识到，衰老是人生必经的阶段，尊老自尊。同时，受人类自然情感因素的影响，出于人类敬老扶弱的本性，人们表现出对老者生理功能减退、心理功能衰竭的深切同情，尊老观念

的产生有了情感基础。加之农耕时代是依靠经验而生产的，老人历经生产生活，将生产知识、生产经验和生产技能集于一身，在教育只能依赖口耳相传的情况下，老人德高望重，成为受人尊敬的对象。老人还是部族内部维系血缘关系的纽带，使整个族群部落团结凝聚。

（二）中国传统尊老行为及其表现

从某一方面而言，中华民族的文明史是一部尊老史。尊老文化自从产生后，延续不断，渗透到社会生活的一切方面，从统治阶级到人民大众，都体现了中国文化是孝文化的特征。人之行，莫大于孝。中国传统伦理观念中"孝"的观念的产生，当是随着传统家族制度的父家长专制的形成而确立的，时间可推溯到夏商周三代，随着个体家庭和私有制的产生，小农经济的出现，逐渐形成了一家之长在生活、生产上的权威。由子女尊敬、侍奉家长的义务观演化而成的"孝"的思想，早已深深根植于中国传统文化的土壤之中。孝观念在行动中的体现，便是尊老行为。

1. 统治阶级的尊老行为及其表现

统治阶级在尊老的历史中扮演着重要角色，这是因为统治阶级不但控制社会的经济、政治，而且控制社会的舆论导向。其尊老的政策及措施有：

（1）实施优抚政策。包括赐物（给予老者一定的义务、器具、食品等，表示关怀或优待）、免征税赋（有"八十者，一子不从政"等规定，"不从政"指免去赋役）、给侍（派专人服侍老人）、授衔（有"八十以上赐爵一级"的规定）等。

（2）给老人以特权。包括赐杖（以示尊敬年高老人）、科举优老（表现为科举不设年限和嘉奖年高考生）等。

（3）推行"举孝廉"制度。对广为赞誉的孝子，由地方长官向上举荐，极大促进了尊老风气的盛行。

（4）皇帝厉行尊老行为，以起到鲜明的示范作用。

（5）在法律上对老人采取法律上的宽容，对辱老者施以苛刻的处罚。

（6）树立孝子典型，倡导尊老的社会风尚。比如广泛宣传二十四孝子的故事，促进了尊老传统道德的发展。

2. 人民大众的尊老及表现

（1）教育中的表现。最早的学校叫庠（养老之意）、序（按年龄排序之意）。孔子在《礼记·礼运篇》中广为宣传"大同社会"的理想，说："人不独亲其亲，不独子其子，使老有所终，壮有所用，幼有所长，鳏寡孤独废疾者皆有所养。"中国古代思想家、教育家在宣扬思想、推进教育时所体现的养老尊老风尚，大都有据可查，不胜枚举。

（2）节日中的表现。春节是最重要的综合性节日，在崇"父母在，不远游"的传统文化影响下，只要父母在，新年之前总会义无返顾地回家看望父母。清明节是祭祀祖先与已逝去的长辈的节日。阳节是敬老日，充满吉祥安宁、敬老祝寿的愿望。这些都体现了中华尊老文化精神。

（3）饮食中的尊老表现。年长者居上席，尊卑有别。每餐有汤，以润老人，不至于因唾液减少而哽咽。饮食味重，以刺激老人食欲，不至于因年老味觉衰退而食之无味。甚至养猪养鸡，以保证老年人日常的肉食，满足其对蛋白质的更大的需求。

（4）文学中尊老。文学是人生的反映。西方文化无视老年，其文学也极少反映人生的老年阶段，而中国的老年文学极其发达，并名为"老境文学"。抒发老人情感，反映其心理的文学。另外，文学中也有教诲晚辈尊老的作品，如班昭专书《女诫》七篇，对行孝者之一的广大女性提出了严格的行孝要求，劝戒诸女"不渐教诲，不闻妇礼"而"失容它门，取耻宗族"，希望她们能以母为范，以诫为则，善为人女、人妻、人媳、人母。

（三）我国传统家庭尊老文化的变迁及影响

养老保险制度的建立受经济、政治、文化等多方面因素的影响，其中，文化是不可忽视的重要因素之一。文化是社会经济状况的集中反映，受制于社会经济发展状况，但作为意识形态，它具有相对独立性、继承性，并会反作用社会经济——或促进或延缓社会经济的发展。对养老模式也一样，尊老文化对其起着强化和弱化的作用。

1. 我国传统家庭尊老文化在传统社会系统中的历史地位

在我国传统社会中，家庭养老作为一种养老的文化模式，不是独立于整个社会系统之外的，其运行与整个社会系统的运行是相互交融的。在我国表现为：第一，我国传统社会中养老是一种国家主导型家庭养老，具有国家性；第二，我国传统社会中养老即家庭养老具有深厚的社会根基，在社会中普遍认同并广为推行；第三，传统尊老文化与传统三大社会子系统呈现一种密切的整合关系。小农经济奠定了家庭养老的经济基础，家庭养老也为小农经济提供必须的劳动者。所以说，传统尊老文化与这个社会系统的稳定和变化息息相关，其间的整合关系体现为互相作用、和谐统一。

2. 中国传统尊老文化的衰弱

基于自然情感的尊老，在其发展过程中，逐渐走向了片面化和绝对化。原始氏族公社解体后，中国进入阶级社会，但不管是奴隶社会还是封建社会都建立在以血缘关系为纽带的宗法制度之上，以"孝"为特征的尊老不仅被当作调节父子关系的规范，而且成了维护社会伦理关系的普遍行为准则和社会教化的基本内容，成为统治阶级巩固政权的重要手段。家国一体的政治结构，又导致了忠孝一体的出现。东汉明帝提出三纲"君为臣纲，父为子纲，夫为妇纲"，出现了君、父、夫与臣、子、妇的地位不平等的现象，尊老一步步走向片面化和绝对化，尊老变成了遵老，从而走向了衰弱。近代以来的一系列历史事件，包括鸦片战争、太平天国运动、洋务运动、戊戌变法、辛亥革命和"文化大革命"都对尊老文化产生了重大冲击，尊老的思想丧失了很多。

改革开放的实施和市场经济的引入对尊老文化的冲击更是前所未有的。经济上，人们的生活水平有了显著提高，家庭成员的经济有了很大的独立性，在生活开支日益增加的情况下，老人被视为负担。另外，由于科学技术迅速发展，农村老人的技能经验差不多已过时，这必然会带来农村尊老文化的弱化。改革开放还带来人们对私人利益的突出重视，族规家法的影响相当微弱甚至不存在。改革开放以来，我国对公民的个人价值给予一定的承认，使子女不再依附于父母，这动摇了传统家庭伦理的基础，进而老人失去家庭财产的支配权，也失去对子女的人身、就业、婚姻控制权，老人的家庭权威丧失。在得不到应有的尊重和照顾的情况下，老人产生沉重的失落感和孤独感，导致家庭代际之间沟通的困难和冲突的增多。

3. 传统尊老文化对我国现代养老体系的现实影响

我国是农业大国，历经变迁的传统尊老文化对我国现代养老体系的现实影响主要体现在农村社会养老保险制度的建立上。农村社会养老保险制度的建立是农村社会经济结构变化的客观要求，也是对传统养老模式的"扬弃"，必然受传统尊老文化的影响。在传统社会里，传统尊老文化的核心——孝观念在传统社会里被绝对化、宗教化，强调父亲为子纲，"未有父子，已先有父子之理。"这种经过数千年沉积形成的传统尊老文化理念在人的思想中根深蒂固，虽然随着社会经济的变迁而有所弱化，但短期内不可能完全消亡。孝道的实质是互助互惠、父慈子孝。现代孝的变革之一是孝道已不再是单一纬度的伦理关系，而是越来越多地加入了经济交换的内容。因此，在我国农村建立现代养老制度即社会养老保险制度时必须考虑我国具体的文化背景及其变迁。

第一，要批判继承其传统尊老文化中的合理成分。传统尊老文化是将个人养老行为纳入规范性养老行为之中，也就是说，个人养老行为受制于社会养老行为（指当时公认的养老行为规范）。这种因素可能产生双重影响：一方面它可以促进和保证儿女的养老行为。在社会舆论较强的约束力下，特别是在受传统文化影响较深的农村，子女不赡养孝敬老人会受到他人的指责，背上不孝的罪名，他们至少要尽儿女的义务。这在我国社会养老保障体系和社会养老服务体系还不完善的情况下，有利于保障老年人生活安度晚年。另一方面，人们长期形成的老来有儿养的观念使人们参加社会养老保险的积极性不高。甚至有人认为参加社会养老是不光彩的，是儿女不孝，会给儿女丢脸，是家势衰弱的表现，即使子女不孝不敬生活不如意，也要顾全面子委屈自己，不求助其他供养方式养老。这样就可能导致扭曲性养老行为，比如生前不养、死后厚葬。因此，在研究现代养老模式时，要充分考虑这些文化心理，避免其消极影响。

第二，要深刻理解传统尊老文化的内涵，既要抓物质赡养，又要抓精神赡养。传统尊老文化特征之一是重视物质赡养，更重视精神赡养。虽然传统尊老文化强调的精神赡养有特定的含义，有时会脱离物质赡养而强调精神赡养。但对老年人老说，精神赡养却是不容忽视的。许多老人在物质上并没有过高的要求，只要吃饱穿暖就行，但精神空虚无寄托、孤独，需要精神慰藉。因此，在研究现代养老方案时，既要研究具体的养老保险问题，又要研究尊老敬老的社会风气问题。

第三，要充分发挥国家的主导作用，正确估计和利用国家的权力和威望，在国家政策等相关制度的正确引导下建立和完善现代养老模式。如前所述，传统尊老文化的模式是国家性家庭养老。也就是说，国家的支持在家庭养老过程中的作用是非常重要的。事实上，无论在哪个历史阶段，一个有力的国家都能在社会发展中起主导作用。在我国现阶段社会经济还不够发达时，国家不能以暂时条件不够成熟为由拒绝承担责任。在研究现代养老方案、建立现代养老模式时，要借鉴传统社会国家在家庭养老的文化形成中所起的作用。

第四，要正确认识养老问题，努力揭示养老对社会发展的积极作用。传统尊老文化与社会系统的整合关系体现为互为作用、和谐统一。也就是说，无论是作为一种关系还是一个过程，养老都不是一个单纯的受体，而同时还是一个授体。尊老文化在巩固整体、纯洁风气、准备社会运转等方面功不可没。因此，在建立现代尊老文化时，国家应把它放在整个社会系统背景中，使两者协调发展。

三、中国古代礼俗——尊老养老

尊老养老是中华民族的优良传统。在文字尚不发达的上古时代，文化知识主要是靠老一代向下一代口耳相传。在以农业为主要生产部门的古代社会里，生产周期长，技术性强，一般要到一定年纪才能掌握相当的知识和技术。在政治与外交的复杂场面中，也只有一定年纪的人才能积累丰富的经验，并运用这些政治经验发挥巨大的作用。此外，有经验的老年人不但能够管束子弟，教导平民百姓，还可以做帝王的老师和顾问。由于尊老敬老具有安邦治国的意义，因此古代统治者把它纳入了礼仪制度之中，这种制度在周代的前、中期发展到了顶点，后代也大多沿袭。

"老"在古代有两重含义：一是指本族的长辈，二是泛指老年人。后者的起始标准或以50岁为开端（如《仪礼》），或以60岁（如《周礼》）、70岁（如《管子》）为起始，略有出入，但都以10年为界隔分为几个层次。古人认为，"五十始衰，六十非肉不饱，七十非帛不暖，八十非人不暖，九十虽得人不暖矣。"（《礼记·内则》）因而周代规定，老人年50岁即养于乡，60岁养于国，70岁养于学。由于老人寿数渐少，故预先须为送终作准备，提前制作老衣，60岁老人以年为单位准备，70岁以季准备，80岁以月，90岁则要以日计算，天天都预备，只有被、褥、帽、带之类才在死后制作。就是在平常活动中，也以10年为单位区分等级。如举行乡饮酒礼时，"六十者坐，五十者立侍，以听政役，所以明尊长也。六十者三豆（古代食器），七十者四豆，八十者五豆，九十者六豆，所以明养老也。"（《礼记·乡饮酒义》）

古代国君最隆重的尊老礼仪是三老五更礼。三老是国老（有德望、有爵位的老人），五更是庶老（庶人及效忠国事而死者的父祖），各选择德高望重、阅历丰富、精通世故，且已致仕（辞去官职）的一位老人担任。为何以"三""五"命名，古人有不同解释。其中之一认为，他们通晓三德（正直、刚、柔）五事（貌、言、视、听、思），故称三老五更。三老五更礼各代的程序存在差异，但举其一例即可窥见大概。东汉明帝于永平二年（公元59年）曾率群臣躬养三老五更于大学。当时选定的三老是李躬，五更是桓荣。行礼之日，三老五更穿戴一新，三老还手拄玉杖，乘车进入大学，明帝亲自迎接，行肃拜礼。然后设宴，明帝亲手为三老摆桌子。席间明帝还捋袖割肉，劝吃劝喝，并伴奏周武王伐纣之乐烘托气氛。此外赐三老、五更各二千石俸禄，另有酒一石、肉40斤。魏晋时期，三老五更礼更为兴盛，尤其突出了三老五更以师道自居，训示皇帝的礼仪。唐代规定，每逢中秋吉辰，皇帝必须在太学举行奉养三老五更礼。这一礼仪直到明代才随着皇权的膨胀而被取消。举行三老五更礼，是古代统治者树立道德楷模的实践，对弘扬尊老养老的社会风气起到一定作用。

除了三老五更外，周代对其他高龄老人也设置专门机构，加以供养。《礼记·王制》载："有虞氏养国老于上庠，养庶老于下庠。夏后氏养国老于东序，养庶老于西序。殷人养国老于右学，养庶老于左学。周人养国老于东胶，养庶老于虞庠，虞庠在国之西郊。"这里的庠、序、学、胶均为学宫名，实际类似于老年学校或敬老院。国中老人集中于此，依靠国家的物质支持，可以安享晚年。有虞氏、夏后氏等是否真如《礼记》所说集中奉养老人，尚待考证；但周代确实推行了养老制度。周天子之所以这样做，是认为"朝廷敬老则民作孝"（《礼记·坊记》），故通过尊老推动孝悌，进而稳定社会秩序。每逢节庆及国中大事，周天子都要进行视学，即亲自到老人聚集的学宫举行春秋祭奠及养老之礼。其时不仅载歌载舞，向老人进献酒食，而且还亲切交谈，向老人请教施政方略。平时如果老人生病，还设有专职人员定期慰问，"九十以上，日一问；八十以上，二日一问；七十以上，三日一问"（《管子·入国》）。战国以后，周代的养老制度逐步遭到破坏，许多具体规定已难以实施，但这种集中赡养老人的做法并未绝迹。直到明代，还曾在各郡邑设养济院收养"孤老"，逢"改元或国有大典礼"就下诏收养"老病孤贫者"。特别是顺天府的宛平、大兴二县，一次即收数百上千名，"每名口月给太仓米三斗，岁给甲字库布一匹"（《宛署杂记》卷十一）。

尊老不只限于对老人生活上的关照，还表现在达到一定年龄的老人可以享受免除赋税、徭役甚至刑罚的待遇。《礼记》的《王制》《祭义》等篇规定，从50岁开始不服徭役（秦以后一般改为60岁），80岁开始允许有一个儿子不服徭役，90岁以上则免除全家赋役。在法律上对老人也给予宽容，对于年至80、90高龄的"耄（mào）"，"虽有罪，不加刑焉"（《礼记·曲礼上》）。由于古代"刑不上大夫"，所以这种规定实际上已把八九十岁的老者看作与大夫同一等级的人了。

古代尊老还有一种王杖制度，即国君于每年秋季向境内老人赐予特制的手杖，称为王杖。老人可用此杖在行走时支撑身体，还能凭借此杖仲裁民事纠纷，惩罚不法乡民。可见，王杖是老人荣誉、地位和特权的象征。至于特权的大小，则依年龄的差别分为不同等级。《礼记·王制》云"五十杖于家，六十杖于乡，七十杖于国，八十杖于朝，九十者，天子欲有问焉，则就其室，以珍从。"也就是说，50岁持杖只能在自家显示权威，60岁老人所持王杖在本乡范围有效，70岁持杖老人已在城邑中占据地位，80岁老人就可以持杖出入朝廷，发表意见了。年至90岁的老人，就是天子有事也不能召唤他了，而需亲自登门请教，并且要携带珍贵的礼物。西汉时期，曾专门颁布了《王杖诏书令》，规定每年仲秋之月，朝廷授王杖给70岁以上的老人，并哺以糜粥，对80岁以上的老人还另加赏赐。汉代的王杖长九尺，顶端雕有斑鸠形象，斑鸠为不噎之鸟，意谓老人不噎，安享天年。自此之后，70岁的老人才具备持杖资格。《王杖诏书令》还规定了持杖老人享有多种社会特权，如社会地位相当于年俸六百石的地方官吏；侮辱或殴打持杖者要以大逆不道罪论斩；享受免除赋税、徭役的优厚待遇，等等。王杖制度主要行于汉代之前，魏晋南北朝时期礼仪松弛，只有少数皇帝行王杖之礼，唐代之后，王杖制度就逐渐消亡了。

长寿是每个人的愿望，而老寿星成批出现也被统治者视为当朝盛事，颇值宣扬。因而，在王杖礼废弛后，宋代又创设了宴千叟的礼仪，并在明清盛行一时。其具体程序是：国君谕令诸司布告一定年龄（一般为70岁）以上的老人参加，约期在皇宫举行千叟宴。届日，伴随着中和韶乐，京官和众叟分列并进，于固定席位上相向而坐，行一叩礼，就位进茶；接着奉觞饮酒，年90以上的老人亲赴国君宝座前行跪拜礼，国君亲赐一卮（zhī支，酒器）酒；再分赐食品，受赐者皆于座位上行一叩礼，表示感激；又赐群臣及众叟膳食佳肴，受者于座位上行一跪三叩礼；然后国君根据老人的年龄及德行分别给予赏赐；最后，众叟于宫门外行三拜九叩礼谢恩。由于千叟宴突出地显示了对老人的尊重，每当举行均引起社会轰动，有时还令地方官为老叟赴京提供车马，故每次参加者都逾千人。清代康熙五十二年（1713年），康熙帝为庆祝大寿举行的千叟宴更是盛况空前。当时赴京的老人达4000多人，其中80岁以上的就有570余人。乾隆五十年（1785年）在乾清宫举行的千叟宴，参加者亦达3000多人。千叟宴推动了民间尊老礼俗的流行，但每次均兴师动众，所费颇多，难以经常举行，清朝后期因战乱频仍，就逐渐废止了。

聚集千叟设宴庆贺规模盛大，非帝王难以施行；但仅为本家族老人贺寿，则既符合尊老规范，又很容易做到，故在老人生日"做寿"的礼俗在民间广为流行。做寿一般自50岁开始（50以前称"做生日"），60岁或80岁以上的老者生日称"做大寿"。民间做寿大部分在家中，通常要设寿堂、燃寿烛、结寿彩。寿堂一般设在正厅，为拜寿之地。若寿星为老翁，堂上正面高悬红缎彩绣的"百寿图"或八仙图所拼的巨形"寿"。两边是寿联，内容多为"福临寿星门第，春驻年迈人家"；"觞飞瑶阶来仙祝，瑞霭锦屏见寿星"之类。正中供"寿星"（南极老人星），或供"福""禄""寿"三星。案前陈设蜡烛、花筒、香炉等讲究延年的饰物。桌子上还供有寿桃、寿面、寿酒、寿点等物品。如给老妇做寿，则堂上正面悬挂彩色"五福（蝠）捧寿图"，正中供"麻姑（传说中的女仙）"一尊，其他相同。做寿要宴请宾客，来贺者多执寿礼，其中以寿桃、寿幛、寿联为多。寿礼开始，寿星穿戴一新，依男左女右坐于堂中供案旁，接受亲友和晚辈的拜贺。拜寿照例是两揖三拜，晚辈行跪拜礼。如遇平辈拜寿，受贺者须起身请对方免礼。若晚辈中未成年的小儿叩拜，须给些赏钱。若受贺者尚有长辈健在，须让长辈坐在受贺席上。此外，凡直系亲属拜寿，在上午寿宴前进行。远亲或朋友则随来随拜。受贺者的晚辈须在寿堂两旁八字排开，对前来贺寿的跪拜者逐一还礼。行完拜礼后，摆设宴席，共同饮寿酒，吃寿面。之后，寿星还要携全家于寿堂祭祀"寿星"或"麻姑"。另外有的人家最后还要"点灯花"，即用一批灯盘，每个灯盘上放一个用彩色灯花纸捻成的灯花，蘸上香油点燃。灯花的数目须同寿星岁数相同，一岁一盏，最后再增加两盏，谓之"本命年"一盏，"增寿年"一盏。然后由寿星上香，其儿女亲友依次跪拜行礼。最后，由拜寿的人们每人托一灯盘，列队"送驾"，称"送灯花"。至大门外，将"神码""敬神钱粮"等焚化，寿礼才告完成。

总之，尊老养老，特别是孝敬本家族长辈老人，是儒学文化中最基本的道德规范，在古代社会颇为深入人心。就连《水浒》中那位在战场上杀人不眨眼的好汉李逵，在母亲面前也是比绵羊还要温顺的孝子。元朝有人曾收集古代从虞舜、曾参、汉文帝，到丁兰、孟宗、黄庭坚等24人的孝行传说，编成《二十四孝图》一书，反映了古人孝敬的礼俗。《清稗类钞·孝友类》中也采录了许多为赡养父母而辞官、为侍奉老父而不嫁、以自身为质赎父亲之罪等孝敬老人的事例。这种种孝行常有浓厚的封建色彩，应有分析地加以批判，但其确实是古代社会礼教风俗的真实反映。

参考文献

[1] 王舜华. 老年人权益的法律保障 [M]. 北京：经济管理出版社，1995.

[2] 李超. 老年维权之利剑：老年人法律保障制度研究 [M]. 上海：上海人民出版社，2007.

[3] 曾庆敏. 老年立法研究 [M]. 北京：社会科学文献出版社，2010.

[4] 邬沧萍. 社会老年学 [M]. 北京：中国人民大学出版社，1999.

[5] 曾庆敏. 老年人权益保障与社会发展 [M]. 北京：社会科学文献出版社，2008.

[6] 张桂琳，彭润金. 七国社会保障制度研究——兼论我国社会保障制度建设 [M]. 北京：中国政法大学出版社，2005.

[7] 李建新. 转型期中国人口问题 [M]. 北京：社会科学文献出版社，2005.

[8] 朱景文. 法社会学 [M]. 北京：中国人民大学出版社，2005.

[9] 申建林. 自然法理论的演进：西方主流人权观探源 [M]. 北京：社会科学文献出版社，2005.

[10] 张纯元. 中国老年人口研究 [M]. 北京：北京大学出版社，2006.

[11] 李超. 老年维权之利剑. 老年人法律保障制度研究 [M]. 上海：上海人民出版社，2007.

[12] 尚晓援. 中国社会保护体制改革研究 [M]. 北京：中国劳动社会保障出版社，2007.

[13] 莫邦豪. 中国社会福利研究文集 [M]. 北京：社会科学文献出版社，2007.

[14] 曾庆敏. 老年人权益保障与社会发展 [M]. 北京：社会科学文献出版社，

2008.

[15] 宋世斌. 中国老龄化的世纪之困［M］. 北京：经济管理出版，2010.

[16] 赵立新，周秀芹. 日本护理保险法实施之浅见［J］. 思想战线，2002年（02）.

[17] 李林. 法治社会与弱势群体的人权保障［J］. 前线，2001（05）.

[18] 贺航洲. 论法律移植于经济发展法制建设［J］. 中国法学，1992（05）.

[19] 周竟，糜晓燕."常回家看看"：道德入法引尴尬［J］. 法治与社会，2012（10）

[20] 王宏翼. 当前老年人维权问题初探［J］. 大理学院学报，2005（01）.